経営学概論

佐久間信夫 ［編著］

石井泰幸・犬塚正智・浦野倫平
金　在淑・矢口義教・山口厚江 ［著］

創 成 社

はしがき
Preface

　経営学は現実の企業経営における変化とともにその内容を深化・拡充し，発展を遂げてきた。1960年代以降の多国籍企業の活動が世界的な広がりをみせるのに合わせて，国際経営論や多国籍企業論などの研究が充実し，経営学の新領域に加えられるようになった。1970年代以降は経営現場に広く情報機器が採用されるようになると，情報管理論という新領域が経営学の研究や教育の中に加えられるようになった。1990年代以降さらにコーポレート・ガバナンス論や企業倫理，環境経営，CSRなどの新領域が登場した。

　さらに1970年代からはきわめて実践的なアプローチをとる経営戦略論が大きな注目を集めており，近年は，この経営戦略論を中心とした経営学の体系化の動向も見られる。経営学が目まぐるしく変化・発展する企業経営を主たる研究対象とする以上，経営学を体系化することの困難さが常につきまとうことになる。

　経営学は従来，企業論と管理論から構成されると考えられてきたが，本書もこのオーソドックスな体系に基づき，前半第1章から第9章までが企業論，後半第10章から第16章までが管理論の内容で構成されている。本書は大学生やビジネスマンなど初学者向けのテキストとして編集されたが，CSRや企業倫理，環境経営など，経営学の新しい領域についても取り上げている。経営学の基礎的な知識の修得と同時に，経営学の新領域を学ぶことによって，経営環境の変化の動向を読み取っていただければ幸いである。

　最後に出版事情の厳しい中，本書の出版に助言と助力をいただいた創成社の塚田尚寛氏に心より御礼申し上げる。

2011年　立春

編　者

目 次
Contents

はしがき

第1章　現代企業の諸形態 ― 1
- 第1節　はじめに …………………………………………1
- 第2節　企業の概念 ………………………………………1
- 第3節　私企業の歴史的発展形態 ………………………4
- 第4節　今日の法制上の企業形態 ………………………10

第2章　日本の会社機関とコーポレート・ガバナンス ― 17
- 第1節　1990年代までのトップ・マネジメント組織 ……17
- 第2節　株主総会 …………………………………………19
- 第3節　監査役会 …………………………………………23
- 第4節　1990年代までの取締役会の問題点 ……………26
- 第5節　執行役員制と取締役会改革 ……………………27
- 第6節　委員会設置会社と新しい企業統治制度 ………29

第3章　アメリカの会社機関とコーポレート・ガバナンス ― 33
- 第1節　トップ・マネジメント組織と企業統治 ………33
- 第2節　株主総会 …………………………………………36

第3節　取締役会 ………………………………………………… 38
　　第4節　機関投資家と企業統治活動 …………………………… 42
　　第5節　アメリカにおける企業統治活動の歴史 ……………… 45
　　第6節　エンロンの破綻と企業改革法 ………………………… 48

第4章　現代企業とステークホルダー ——————— 54
　　第1節　はじめに―企業と社会 ………………………………… 54
　　第2節　ステークホルダーとは ………………………………… 56
　　第3節　ステークホルダーの分類 ……………………………… 58
　　第4節　ステークホルダーをめぐる新たな潮流
　　　　　　―CSRからMSPへ ………………………………… 61

第5章　現代企業の社会的責任 ——————————— 65
　　第1節　はじめに ………………………………………………… 65
　　第2節　CSRの概念 ……………………………………………… 66
　　第3節　CSRの背景 ……………………………………………… 69
　　第4節　CSRの近年の動向 ……………………………………… 72
　　第5節　むすび …………………………………………………… 77

第6章　現代の企業倫理 ————————————————— 80
　　第1節　はじめに ………………………………………………… 80
　　第2節　アメリカの企業倫理の現状 …………………………… 81
　　第3節　1990年代までの日本の企業倫理 …………………… 85
　　第4節　日本における企業倫理制度化の進展 ………………… 92

第7章　現代企業の環境経営 ——————————————— 97
　　第1節　世界の環境に関する規制 ……………………………… 97
　　第2節　環境経営に向けた実践 …………………………………101

第3節　環境ビジネス …………………………………………111

第8章　経営戦略論における理論体系 ─── 116
　　　第1節　経営戦略論の系譜 ………………………………………116
　　　第2節　ポジショニング・アプローチ理論 …………………………120
　　　第3節　リソースベース・アプローチ理論 …………………………125
　　　第4節　むすびに―コア・コンピタンスをめぐる議論 ……………134

第9章　3つのレベルの経営戦略 ─── 138
　　　第1節　はじめに―経営戦略のレベル …………………………138
　　　第2節　全社戦略（Corporate Strategy）…………………………140
　　　第3節　事業戦略（Business Strategy）…………………………149
　　　第4節　機能別戦略（Functional Area Strategy）………………152
　　　第5節　むすび―マーケティング・ミックス ………………………157

第10章　テイラーの管理論 ─── 161
　　　第1節　テイラーの生涯と主要業績 ………………………………161
　　　第2節　科学的管理論の背景 ……………………………………163
　　　第3節　課業管理 …………………………………………………164
　　　第4節　精神革命論 ………………………………………………167
　　　第5節　科学的管理に対する批判と労働組合 ……………………169
　　　第6節　科学的管理法の継承者たち ……………………………172

第11章　ファヨールの管理過程論 ─── 176
　　　第1節　ファヨールの生涯と主要業績 ……………………………176
　　　第2節　企業管理と管理教育 ……………………………………177
　　　第3節　管理原則 …………………………………………………181
　　　第4節　経営管理の要素 …………………………………………184

第5節　ファヨール管理論の特質と管理過程学派 ……………187

第12章　人間関係論と行動科学 ── 193
　第1節　はじめに ……………………………………………193
　第2節　人間関係論の誕生とホーソン実験 …………………194
　第3節　人間関係論から行動科学へ …………………………198
　第4節　むすび ………………………………………………203

第13章　バーナードの組織論 ── 207
　第1節　はじめに ……………………………………………207
　第2節　現代社会における組織 ………………………………208
　第3節　バーナードの人間観（全人仮説） …………………208
　第4節　個人と組織 …………………………………………209
　第5節　協働体系と公式組織 …………………………………210
　第6節　オーソリティー受容説 ………………………………215
　第7節　経営者の役割（管理職能） …………………………216

第14章　サイモンの組織論 ── 222
　第1節　はじめに ……………………………………………222
　第2節　意思決定の前提（価値と事実） ……………………223
　第3節　限定合理性と満足化 …………………………………224
　第4節　組織の影響力の理論 …………………………………227
　第5節　組織の参加と組織均衡 ………………………………231

第15章　経営組織の基本形態と発展形態 ── 236
　第1節　ライン組織 …………………………………………236
　第2節　ファンクショナル組織 ………………………………238
　第3節　ライン・アンド・スタッフ組織 ……………………240

第4節　事業部制組織 …………………………………………………241
　第5節　マトリックス組織 ………………………………………………244

第16章　現代企業における情報管理 ──── 250
　第1節　はじめに …………………………………………………………250
　第2節　情報管理とは何か ………………………………………………251
　第3節　わが国の情報管理 ………………………………………………257
　第4節　情報セキュリティの脅威の動向 ………………………………262
　第5節　これからの情報管理 ……………………………………………267
　第6節　結　び ……………………………………………………………269

第1章
現代企業の諸形態

第1節　はじめに

　経営学は組織を対象とする学問である。経営学を学ぶにあたり、その第一歩としてまず組織の中でも中心的な研究対象となる企業の概念を理解し、そして現代社会における企業の諸形態について確認しておくことが不可欠である。本章では企業について広義、狭義、2つの企業概念について整理し、さらに今日の法制上の企業形態について紹介していく。

第2節　企業の概念

　現代社会は組織社会といわれる。これは社会に有用な財やサービスの提供、雇用の確保といった今日の社会におけるあらゆる機能が組織を通じて遂行される現実を捉えたものである。その組織社会の中にあって中心的な存在は大規模企業であり、これら大規模企業について高名なドラッカーは現代社会における決定的、代表的、社会的制度であると述べている。
　では企業という組織はどのように定義されるのであろうか。広辞苑によれば、企業とは「生産・営利の目的で、生産要素を総合し、継続的に事業を経営すること。また、その経営の主体」とある。この定義が意味するところは何か。以下、これを起点にして企業概念をさらに深く掘り下げて行くことにしよう。

1．広義の企業概念

上記の企業の定義から，企業とは，①営利（収益性追求）を目的とした組織であり，かつ，②その目的を達成するために継続的に事業を行う組織であることがわかる。ちなみに「事業を行う」とは社会的規模で行われる大きな仕事を遂行するという意味である。では，社会にはいかなる事業が存在するのであろうか。

まず，提供するサービスそのもの，あるいはそれらを提供するための活動が本質的に営利目的にふさわしいものではなく，社会通念として営利追求が厳しく否定される事業がある[1]。行政事業，福祉事業，医療事業，教育事業，布教（宗教）事業といったサービス事業がこれに該当するもので，それぞれ官公庁，福祉団体，病院，学校，寺社・教会といった組織により遂行されている。これら事業の目的はそれぞれが社会的使命とするサービスの提供を安定的に継続することにある。

一方，それら以外の事業は経済事業と総称される。経済事業とは，人間生活にとって不可欠もしくは生活向上に必要な財・サービスを限りある資源に働きかけて生産・供給・配分することを通じて，財貨を調達し消費する活動である。そして，そのような活動を行う組織を経済事業組織という。

ここで注目すべきは，経済事業は社会的に有用な財・サービスの生産・交換という社会的活動の側面と同時に金銭の調達，消費という財務的活動の側面も併せ持つ事業であるという点である。この経済事業における財務的活動の側面は，将来のリターン獲得を目指して資金を調達し投下する投資活動に他ならず[2]，このことを勘案すれば，経済事業は，本質的に活動それ自体が財やサービスの提供という社会的活動（社会性）にとどまらず，事業主による事業主のための投資の側面すなわち私的な営利追求（営利性）も内包しているといえるのである。経済事業組織はそのような事業を行う組織として社会に存在している。つまり，経済事業組織においては営利を目的として事業を遂行することは

不可能ではないのである。

　このように社会の事業は営利を目的とすることに対する可否を基準にして，それが社会的に容認される経済事業とそうではない事業に分類される。当初の企業の定義は営利を目的とした事業組織というものであった。これに照らせば，企業とは，まずは営利を目的とすることが可能である経済事業を行う組織，すなわち経済事業組織であると定義することができる。これが広義の企業概念である。

2. 狭義の企業概念

　しかしながら，経済事業を行う企業の中にもあえて営利を目的としない特殊なものが存在する。1つは投下された資本が公的性格を持つことに起因して非営利的な性格を有するもので，公企業や第3セクターのような公私混合企業といったものがこれに該当する。いま1つは，私的資金が投下され，営利を目的とすることは十分可能であるにもかかわらず，経営方針の中に民主的原理を導入することによってあえて非営利性を貫徹しているもので，農協や生協といった協同組合がこれに該当する。これら公企業，公私混合企業，協同組合は経済事業を遂行しながらもあえて非営利を貫いており，その特殊性を明示するために非営利経済事業組織と呼ばれている。

　これに対して一般の私的資本（いわゆる民間資本）が投下されている経済事業組織は多かれ少なかれ営利を目的としており，これを明確にするべく非営利経済事業組織に対して営利経済事業組織と呼ばれるようになっている。

　このように広義の企業（経済事業組織）は，さらに非営利経済事業組織と営利経済事業組織に分類される。このうち営利を目的とした事業組織という当初の企業の定義に照らせば，厳密に企業と呼べるものは広義の企業（経済事業組織）のうち営利経済事業組織だけということになる。これが狭義の企業概念となる。なお，営利経済事業組織は，非営利経済事業組織の公企業，公私混合企業との呼称に対して，私企業と呼ばれている。

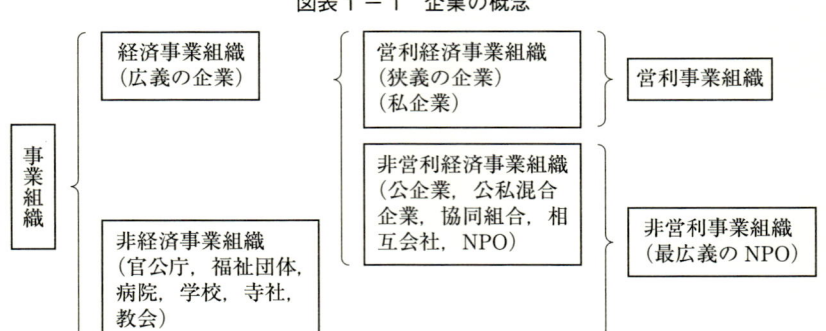

図表1－1　企業の概念

私企業：個人企業，合名会社，合資会社，株式会社，合同会社，有限責任事業組合
公企業（政府公企業）：現業官庁，公庫，日本輸出入銀行，日本開発銀行，公団，事業団
公企業（地方公共企業）：地方公営企業，地方公社
公私混合企業：日本銀行，商工中金，電源開発，JT，NTT，JRグループ7社，第3セクターなど
協同組合：JA，生協，信用金庫，信用組合，労働金庫など

　これまで述べてきた企業概念について整理したものが図表1－1である。参照されたい。

第3節　私企業の歴史的発展形態

　前節では広義，狭義という2つの企業の定義を紹介したが，歴史的に見れば狭義の企業，すなわち私企業こそが企業の原点であり，現代の各種企業形態は私企業が大規模化を目指して発展する中から登場したもの，あるいは登場した私企業形態をモデルとしてそれらを組み合わせて派生的に生み出されたものと見ることができる。以下，制度的私企業の歴史的展開について出資の拡大（大規模資本調達）と支配権維持をキーワードにしながら見ていくことにする。なお，出資の拡大とは，資本調達方法を工夫しながら企業を大規模化させて行くプロセスのことであり，一方の支配権維持は，出資者（所有者）が経営に自らの意思を反映させるだけの発言権を保持し続けることを意味している。

1. 個人企業

現在の私企業形態のうち最も単純かつ原初的なものが個人企業である。個人企業における出資者（所有者）は単独の個人であり，彼は出資をすると同時に経営に万一のことが生じた場合に無限責任[3]を負担することを根拠に，支配権を独占的に保持して経営のすべての意思決定を行う。また，個人企業では出資者（所有者）が意思決定のみならず，実際の経営にも深く関与する場面が多い[4]。

このように個人企業では出資者個人が支配権を独占しており，支配権については安定的に維持される。しかし，一方で出資の拡大については個人財産を限度とし，また借入れについても出資者個人の人的信用の範囲にとどまる。また事業の継続についても出資者個人の意向次第という側面が大きい。

したがって個人企業である限り大規模に出資を拡大することは困難で，出資を拡大するためには新たな資金調達方法が工夫されることが必要になる。

2. 合名会社

まず最初に考案された資本拡大の方法は，個人企業の出資者に加えて，彼と同等の権利・義務を負う出資者を導入することであった。これが制度化されたものが合名会社である。

合名会社の出資者（所有者）は，全員が同額の出資を行い，同等の無限責任を負う無限責任社員であり[5]，これを根拠に全員に平等な権利を付与される。平等な権利とは具体的には出資者各人が経営に対して同等の発言権（つまり同等の支配権）を有することで，合名会社ではそれを保障するために経営意思決定については出資者全員参加の合議制（一人一票）が採用されている。また，自分の出資分（持分）の譲渡については他の社員の承諾が必要である。

ところで，出資者が複数である企業は個人企業に対して集団企業と呼ばれ

る。日本ではこれまで法的に「出資者の集団を指して特殊に『会社』と定義してきた」[6]経緯があり，それゆえ集団企業についてのみ「会社企業」略して「会社」という呼称が使われるようになっている。このような日本の会社についての法的定義からすると出資者が一個人である個人企業が会社と呼ばれることはない。個人企業について会社とはいわず，あくまで個人企業としてきたのはこうした歴史的経緯に由来している。

さて話を合名会社に戻そう。合名会社における資本の拡大は既存の出資者と同等の権利を持つ新たな出資者を増やすことで解決を図るものであった。では既存の出資者は自らの支配権を維持するためにどのような配慮をしたのであろうか。それは新たな出資者の限定である。既存の出資者は，新たな出資者につき何よりもまず自らの経営方針に賛同してくれる者，さらには自分と同額を出資し，自分と同等の無限責任負担を理解してくれる者に限定することで一人一票の合議制における自らの発言権を保持しようとしたのである。それゆえ合名会社での出資者の増大はおのずから既存の出資者との人的信頼関係が保てる範囲に限定されることになる。

そのような制約の中での合名会社の資本の拡大方法は2段階に分けられる。最初はすでに述べたように新たな出資者を増やすことである。しかしこれは既存の出資者の支配権維持の観点から人的信頼関係の範囲に限定される。そこで次に出資者数はそのままに各出資者に追加出資を要請し，1人当たりの出資額を増大させる方法が採用される。この追加出資の際に注意すべき点は，合議における一人一票という権利の平等性を保持するために全員に同額を要請することである。しかしながらこの追加出資による資本の拡大にしても，追加出資要請が度重なれば，そのうちに要請に応じることができない出資者が出てくるのは当然の帰結であり，おのずから限界がある。また借入れについても信用の基礎は個人企業と同じく出資者の人的信用の範囲にとどまるのであり，出資者が複数になるとはいえ，これについても人的限界がある。

このように合名会社制度における資本の拡大は，支配権維持の観点から出資者同士の人的結合，借入れにおける人的信用という限界が存在し，また事業の

継続性についても出資者全員の意向次第という側面があり，すべてにおいて出資者（所有者）の人的側面が強調される。それゆえ合名会社は人的会社と呼ばれている。

3. 合資会社

　合資会社は，出資者として合名会社と同様の無限責任社員に加えて，出資額を限度とする有限責任の負担だけで許される有限責任社員を誕生させることで資本の拡大を図ったものである。合資会社の有限責任社員は，無限責任を免除される代わりに合議には参加しない。それゆえに出資額に関する制約もない。また彼らの出資は譲渡可能であるが，譲渡の際には経営に携わる無限責任社員全員の同意が必要である。

　合資会社の萌芽は合名会社のさらなる大規模化過程の中に見ることができる。合名会社としての資本の拡大には人的限界があることはすでに述べた。しかし，競争に打ち勝つための大規模化（資本拡大）要請はとどまることを知らず，ついにはその一線を越える。具体的には①匿名出資の発生と②出資者の平等性の崩壊という2つの事象が起こるのである。

　まず匿名出資発生の経緯は次のようなものである。追加出資要請が続く合名会社の中において，すでに個人財産が底をつき追加出資に応じることができない出資者が出てくる。しかし，それでも彼は同額出資を維持するべく自分の知人（合名会社から見れば第三者）から融資を受けてまで何とか追加出資に応じようと試みる。合名会社の無限責任社員に資金を融資した知人は，実質的には合名会社の出資者である。しかしながら，合名会社から見れば，彼は正式な出資者として認識されることはない。もちろん出資者のリストに記録されるはずもなかった。これが匿名出資といわれる事象の発生である。

　しかし，その匿名出資による追加出資への対応もそれを利用する無限責任社員の個人的な人的信頼関係の範囲に限定されるのであり，ついには追加出資に応じられない者が現れる。ここに合名会社における無限責任社員全員の同額出

資という原則が崩壊するのである。

　これに対して合名会社のその他の無限責任社員はどのように対応するのか。合名会社は同額出資，同等の無限責任負担を条件に，各出資者に一人一票による合議制への参加という平等の権利を付与する制度であった。今，その平等の権利の根拠となっていた同額出資が崩れたわけである。そこで他の無限責任社員は，支配権維持の観点から次の措置を取る。つまり，追加出資に応じられない出資者を合議に参加させないこととし，一方で無限責任についてはこれを免除したのである。

　ところで，先に見た匿名出資と追加出資に応じられなくなった元無限責任社員には共通点がある。1つは両者とも合名会社の合議に参加することはなく，経営に対する発言権は一切ないこと。いま1つは共に実質的に出資額を限度とする有限責任となっていることである。合名会社が倒産した場合，匿名出資の資金はまったく回収される見込はないが，これはまさに合名会社に対して出資額を限度とした有限責任を負担することと同じである。一方，合議から外れた元無限責任社員は無限責任こそ免除されるが，出資額分については責任負担は残る。つまりこちらも出資額を限度とする有限責任負担は残るのである。

　このように合名会社の大規模化の中で発生した匿名出資と追加出資に応じられなくなった元無限責任社員は，出資はするが有限責任でかつ支配権とは無縁の出資者層として同義に扱われるようになる。そして，この新たな出資者層を有限責任社員として正式に取り込んだものが合資会社なのである。

　合資会社制度であれば，無限責任社員は出資額を自由に決められる有限責任社員を増やすことにより，自らの支配権を維持しながら無限に資本の拡大を図れるように見える。しかしながら，有限責任社員の持分の譲渡については依然として無限責任社員の同意が必要とされたことから，有限責任社員といえどもやはり無限責任社員との人的信頼関係がなければ出資は困難であった。また，有限責任社員を利用した資本の拡大（大規模化）は無限責任社員が実際に無限責任を負担できる現実的な範囲までという人的限界が存在する。それゆえ，合名会社と同じく合資会社も人的会社と呼ばれている。

4. 株式会社

　ところが，企業間競争の激化とともに資本の拡大は合資会社の限界をも超えていく。そして，無限責任社員の支配権維持の根拠となっていた無限責任負担は有名無実化していく。その中で誕生したのが株式会社である。株式会社の起源は，1602年設立のオランダ東インド会社とされているが，これは既存の大規模な合資会社同士の大合併により誕生したものであり，制度的にはまだ株式会社として完成したものではなかった。

　株式会社は，合資会社制度における無限責任の有名無実化に対応して，全出資者につき有限責任とし，かつ全員に経営意思決定の場に参加する機会を付与して平等性を演出する一方で，株式制度を考案し，それを利用して出資額の差がそのまま発言権の差に結びつくように工夫することで，資本の拡大と支配権維持の両方を可能とした画期的な制度である。

　合資会社に至るまで出資を証明する証券は存在しない。それに対して株式会社では，同額の小口額面が記載された譲渡自由な出資証券（株式）が考案され，出資者はそれぞれ出資額（持分）相当分の株式（株式数＝持分÷株式額面）を受け取って株主と呼ばれるようになる。また，株式会社においては合資会社までの無限責任社員だけの合議に代え，最高意思決定機関として株主総会を制度化して株主であれば誰でも自由に参加できるように門戸を開いた。

　このように株式会社においては出資者全員が有限責任，出資額も自由，株式の譲渡も自由，そして意思決定の場である株主総会への参加も自由とすることで，人的信頼関係に縛られない広範囲な資本の拡大調達を可能にした。

　一方，支配権維持については株主総会における決議を一人一票の合議ではなく一株一票の多数決に変更することで出資額の差がそのまま経営に対する発言権の差に反映されるように工夫された。これにより元来出資額（持分）において他を圧倒していた旧合資会社の無限責任社員は，株式会社制度の下でも合理的に大株主として支配権を維持し続けることが可能となった[7]。

しかし，株式会社制度であっても2つの意味で支配権維持は万全ではない。まず，株主が保有する株式は譲渡自由であり，とくに上場された株式会社の株式は証券市場においていつでも売買可能である。このため常に株式を大量取得して支配権を獲得しようとする者が登場する危険性が存在している。いま1つは株式会社のさらなる資本の拡大の中でそれまで支配権を維持してきた大株主の持株比率が低下して支配権を失うこともある。後者については「所有と経営の分離」のみならず「所有と支配の分離」をもたらし，経営を担う専門経営者が大株主に代わって実質的に支配権を握るいわゆる「経営者支配」の状況が続くことも想定される。

第4節　今日の法制上の企業形態

今日の法制上の企業形態は前節で見た私企業の歴史的発展の延長線上にある。ここでは現在の日本における法制上の企業形態について見ていくことにする。

現在，わが国に存在する企業形態は図表1－2にあるように8種類である。このうち会社法（2005年）において会社と認められているのは株式会社，合名会社，合資会社，合同会社の4種類で，株式会社以外は持分会社と総称される。個人企業は，すでに述べたように法制上は「会社ではないその他の企業として，消極的に位置づけられ」[8]ているにすぎない。また，有限会社，有限責任事業組合，相互会社については各々独自の法律により制度化されたものでその他の企業形態とされている（日本における会社の実態については図表1－3，参照）。以下，各々につき詳しく見ていくことにするが，個人企業，合名会社，合資会社については前節での説明で十分であるのでここでは省略する。

1. 株式会社

2005年に制定されたわが国の会社法の株式会社規定における思想的骨格は，

第1章　現代企業の諸形態　11

図表1-2　日本における企業形態

	企業形態	備考
	(1) 個人企業	(法的規定なし)
会社法上の会社／持分会社	(2) 株式会社	
	(3) 合名会社	1890年法制化，2005年に会社法に移行
	(4) 合資会社	
	(5) 合同会社	2005年会社法により法制化
その他の企業形態	(6) 有限会社（特例有限会社）	1938年有限会社法により法制化。2006年会社法施行に合わせて，有限会社法は廃止。それに伴い有限会社の新規設立は不可に
	(7) 有限責任事業組合	2005年有限責任事業組合契約に関する法律により法制化
	(8) 相互会社	保険業法により法制化

出所：小松　章『企業形態論（第3版）』新世社，2006年，58，59ページを一部改変。

図表1-3　組織別・資本金階級別法人数（平成20年度）

区　分	1,000万円未満	1,000万円以上1億円以下	1億円超10億円未満	10億円以上	合　計	構成比
（組織別）	社	社	社	社	社	％
株式会社	1,439,700	1,039,069	22,155	6,737	2,507,661	96.3
合名会社	4,221	393	—	—	4,614	0.2
合資会社	23,653	1,502	17	1	25,173	1.0
合同会社	11,063	715	44	9	11,831	0.5
その他	21,589	30,606	1,226	665	54,086	2.1
合　計	1,500,226	1,072,285	23,442	7,412	2,603,365	100.0
構成比	(57.6)	(41.2)	(0.9)	(0.3)	(100.0)	—

出所：国税庁長官官房企画課『税務統計から見た法人企業の実態』（平成20年度分），2010年。

中小規模で定款で全株式につき譲渡制限する「株式譲渡制限会社」を株式会社の基本型として規定し，「公開会社」「大会社」にはその特則を定めるスタイルをとっている[9]。

　ここで「公開会社」とは，定款で株式譲渡制限を定めていない株式が一部でも存在する会社のことで，全株式に譲渡制限がある「株式譲渡制限会社」以外はすべて「公開会社」となる。また，「大会社」とは資本金5億円以上もしく

は負債200億円以上の会社のことで、会計監査人の設置が義務づけられる。さらに「大会社」にして「公開会社」である場合には会計監査人以外に監査役会（委員会設置会社ならば監査委員会）の設置が義務づけられている。このような特則から「公開会社」にして「大会社」である株式会社の機関の選択肢は監査役会設置会社、もしくは委員会設置会社のいずれかということになる（図表1－4、参照）。監査役会設置会社、委員会設置会社はすべての株式会社において選択可能であるが、両者のどちらかを選択することが義務づけられている「公開会社」にして「大会社」の株式会社以外でこれらの会社機関を選択する株式会社は少数である[10]。

図表1－4　会社法による機関設計

		大会社以外	大会社
株式譲渡制限会社	取締役	
	取締役＋監査役（注1）	
	取締役＋監査役＋会計監査人	取締役＋監査役＋会計監査人
	取締役会＋会計参与（注2）	
	取締役会＋監査役（注1）	
	取締役会＋監査役会	
	取締役会＋監査役＋会計監査人	取締役会＋監査役＋会計監査人
	取締役会＋監査役会＋会計監査人（監査役会設置会社）	取締役会＋監査役会＋会計監査人（監査役会設置会社）
	取締役会＋三委員会＋会計監査人（委員会設置会社）	取締役会＋三委員会＋会計監査人（委員会設置会社）
公開会社	取締役会＋監査役	
	取締役会＋監査役会	
	取締役会＋監査役＋会計監査人	
	取締役会＋監査役会＋会計監査人（監査役会設置会社）	取締役会＋監査役会＋会計監査人（監査役会設置会社）
	取締役会＋三委員会＋会計監査人（委員会設置会社）	取締役会＋三委員会＋会計監査人（委員会設置会社）

（注）　1．定款により、監査役の監査の範囲を会計に関する事項に限定することが可能である（会社法389条1項）。
　　　　2．会計参与は、これ以外にもすべての機関構成の会社において設置可能である。

出所：江頭憲治郎『株式会社法（第2版）』有斐閣、2006年、286ページを一部改変。

2. 合同会社

　合同会社はアメリカの LLC（Limited Liability Company）をモデルにして，2005年会社法で初めて導入された新しい企業形態で，会社法では合名会社，合資会社と共に持分会社に分類されている。

　合同会社は，株式会社のメリットと合名会社，合資会社のメリットを取り出して組み合わせたものである。まず，全出資者につき有限責任が認められる。これは株式会社に由来する。一方，議決権の割合や利益処分の割合等については各自の出資額（出資比率）とは別に自由に定款に定めることができる。これを定款自治というが，こちらについては合名会社，合資会社に由来するものである。出資者に持分譲渡の自由はないが，やむをえない事情があれば定款の定めにかかわらず退社し，持分の払戻を受けることができる。

　合同会社はアメリカの LLC をモデルとしているが，LLC と異なり法人税の免除はなく，税制面のメリットに欠ける制度となっている。

3. 有限会社

　1938年に制定された有限会社法により制度化された中小企業向けの企業形態で，これも株式会社のメリットと合名会社，合資会社のメリットを生かしたものである。2005年会社法制定に伴い有限会社法が廃止された現在では，法的には定款上全部の株式につき譲渡制限を定めた株式会社，すなわち「株式譲渡制限会社」の一類型とみなされるようになった。現在では新規に有限会社を設立することはできない。既存の有限会社についてはそのまま有限会社の名称で存続することも可能であるが，法的にはそれらは特例有限会社という名の株式会社（株式譲渡制限会社）と考えられている。

4. 有限責任事業組合

イギリスのLLP（Limited Liability Partnership）をモデルに，2005年制定の有限責任事業組合契約に関する法律で制度化されたものである。有限責任事業組合は，出資者（組合員）全員が経営に携わる権利を有し，組合員全体で経済事業を行うことを目的とする営利経済事業組織である。

有限責任事業組合では，組合[11]ゆえに定款自治が尊重され，また法人税が課されることもない。一方で組合でありながら出資者（組合員）全員の有限責任が認められる特殊な企業形態である。

5. 相互会社

相互会社は保険業法により保険業を営む企業に限定して認められた特殊な企業形態である。相互会社では保険加入者が払い込む保険料が出資に相当し，保険加入者全員が出資者（社員）である。彼らは全員，払込み保険料を限度とする有限責任社員である。

法制上の相互会社の最高意思決定機関として社員総会が設定されており，出資（払込み保険料）の大小に関係なく一人一票の合議制が採用されている。

しかし，保険加入者全員が集合して社員総会を開くことは理念として存在しても実際に開催することは不可能である。そこで相互会社では社員総会に代えて，社員の代表者が参加する社員総代会が設置されている。こちらも社員総会と同じく一人一票の合議制となっている。

近年，相互会社であった保険会社が株式会社へ転換する事例が多く見られる。

【注】

（1）ここで営利，非営利の意味を確認しておく。まずは営利とは，獲得された収益を組織の構成員（出資者のことで，株式会社の場合には株主）に分配することを意味する。一方，非営利とは収益が上がってもその収益を組織の構成員に分配しない，「非分配」を意味する。つまり，非営利というのは，事業活動を通じて収益を獲得してはいけないということではなく，事業で得た収益につき，構成員に分配せずに組織本来の事業活動の継続・発展のために再投下されればよいのである。非営利事業組織（図表1-1，参照）による収益の獲得は，当該事業活動の継続に必要な合理的経費を確保するものであると考えると理解しやすいであろう。

（2）手許にある資金は，営利を目的として何らかの投資案件に投下された時点で資本と呼ばれるようになる。

（3）無限責任とは経営上の債務につき出資額のみならず個人財産を処分してでも返済する義務を負うものである。一方，責任の上限を出資額までとし，それ以上の責任が免除されるものを有限責任という。

（4）個人企業に典型的に見られるような出資者（所有者）が経営を左右する強大な発言権，すなわち支配権を掌握している状況を経営学では「所有と支配が一致している」という。また，出資者（所有者）が同時に経営にも携わるような状況については「所有と経営が一致している」という。

（5）会社への出資者は，法律上，会社の構成員と位置づけられ「社員」と呼ばれる。社員のうち無限責任を負担する者は無限責任社員，のちに合資会社にて登場する無限責任を負担しない者は有限責任社員という名称が用いられている。一般的に社員といえば従業員のことを意味するが，法律上はまったく異なる概念であるので注意されたい。

（6）小松　章『企業形態論（第3版）』新世社，2006年，20ページ。

（7）株式会社は資本結合において社員（出資者）同士の人的結合を完全に打破し，借入れについても出資者個人の人的信用から会社財産という物的信用に転化するなど，出資者個人よりも会社それ自体が前面に出てきている。それゆえ，合名会社，合資会社が人的会社と呼ばれるのに対して，株式会社は物的会社と呼ばれる。

（8）小松　章『企業形態論（第3版）』新世社，2006年，59ページ。

（9）江頭憲治郎『株式会社法（第2版）』有斐閣，2006年，1～7ページ。

（10）監査役会設置会社ならびに委員会設置会社における会社機関の詳細については第2章を参照されたい。

（11）組合とは複数人の間の契約は認めるが団体としての独自性は認められない組織である。組合内部において組合員同士は相互に個人として結びつく（人的結合）。また対外的にも原則として各組合員が個人として無限責任を負う。

◆参考文献◆

小松　章『企業形態論（第 3 版）』新世社，2006 年。
佐久間信夫編『よくわかる企業論』ミネルヴァ書房，2006 年。
佐久間信夫編著『現代企業論の基礎』学文社，2006 年。
佐久間信夫・浦野倫平編著『経営学総論』学文社，2008 年。

第2章
日本の会社機関とコーポレート・ガバナンス

第1節　1990年代までのトップ・マネジメント組織

　日本の株式会社には株主総会，取締役会，監査役，代表取締役などの機関が法律で設置を義務づけられている。これらの機関は十分その機能を果たしていないと言われてきたが，近年，欧米ではこれらの会社機関についてコーポレート・ガバナンス（企業統治）の改革が進められてきた。世界的なコーポレート・ガバナンス改革に歩調を合わせて，日本においても取締役会や株主総会の機能改善に企業が自主的に取り組む例が多く見られるようになった。

　このような流れの中で2002年の商法改正によって，委員会設置会社が導入された。委員会設置会社は従来の日本の株式会社の機関や制度を改革し，コーポレート・ガバナンス機能を強化することを主たる目的とするものであった。委員会設置会社は従来の大規模な株式会社に設置が義務づけられていた監査役会を持たないことを1つの特徴としている。そこで従来型の会社は，委員会設置会社と対照させて，監査役設置会社と呼ばれることになった。

　本章では，まずこれまでの監査役会設置会社の各機関が抱えていた本質的な問題点を明らかにし，次に企業統治改革の気運が日本で活発になった90年代以降，どの程度企業統治の改善が進められたのかを検討する。最後に商法改正によって登場した委員会設置会社の仕組みを明らかにする。

　上述の株主総会，取締役会，監査役，代表取締役は法定の機関であるが，これらの機関に加え，これまでに先進的な大規模企業で設置されてきた執行役員

についても，企業統治改革の視点から，みていくことにしよう。

　株主総会は，株式会社の最高機関であり，法令または定款に定められた事項に関しての決定権が認められている。それは主として，定款の変更や解散・合併といった会社の基本的事項，配当などの株主の利益にかかわる事項および取締役や監査役の選任・解任などである。

　監査役は株主総会で選任され，会社の業務監査および会計監査を任務とする。取締役会は株主総会で選任された取締役によって構成され，株主に代わって会社の業務が適正に運営されるように監督することを任務としている。取締役会は意思決定機関であり，業務執行は行わない。業務執行にあたるのは取締役会によって選任される代表取締役をはじめとする少数の役員である。法律は取締役会を株主の利益を保護するための受託機関として位置づけ，また意思決定と業務執行の機関を区別し，取締役会に意思決定の役割を，代表取締役以下の役員に業務執行を任せているのである。

　しかし，日本企業においては，取締役会のメンバーはそのほとんどが業務執行担当者によって占められており，意思決定と業務執行の分離が行われていなかった。業務執行を兼務する取締役は社内取締役（内部取締役）と呼ばれるのに対して，その会社の従業員でない取締役は社外取締役（外部取締役）と呼ばれるが，これまでの日本の大規模株式会社では，取締役のほとんど全員が社内取締役であることから，取締役会と業務執行担当者が一体化しており，取締役会はその期待された機能を果たしてこなかった。本来，取締役会は受託機関として，株主に代わって業務執行担当者の業務執行を監視する責任を課せられていたのであるが，取締役会メンバーのほとんどすべてが業務執行担当を兼務していたため，監視機能がはたらかなかったのである。

　代表取締役は，対外的に会社を代表し，取締役会の決めた基本方針に従って業務執行にあたる。しかし後に述べるように，わが国においては通常，代表取締役である社長の権限がきわめて強く，現実の企業運営は取締役会が株主のために代表取締役らの仕事を厳しく監視するという，法律の想定した状況といちじるしく異なっている。次に監査役設置会社におけるそれぞれの会社機関が，

図表２－１　監査役設置会社のトップ・マネジメント組織

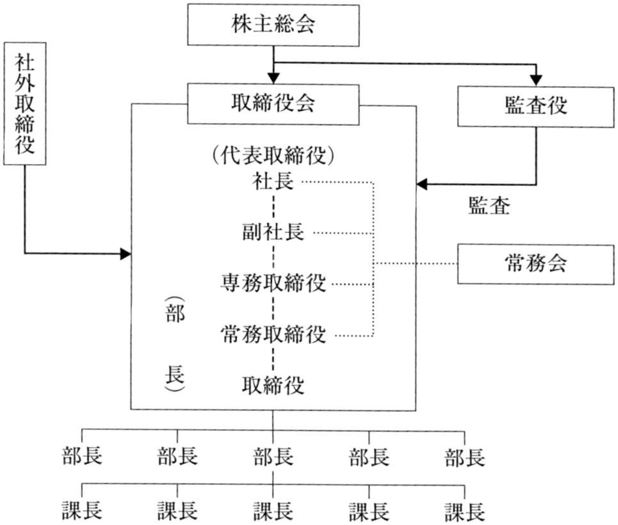

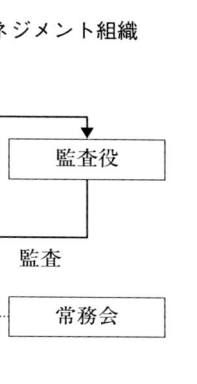

これまで（主に90年代まで）実際にどのように運営されてきたのかをみていくことにしよう。また，これらの機関は最近の企業統治改革によって大きく変化した部分もあるので，改善の状況についても検討することにしよう。

第２節　株主総会

　会社の最高機関である株主総会は一般株主が直接経営者と議論できる唯一の場であるから，本来多数の株主が出席し，活発かつ十分な議論が行われ，経営者の経営活動についての適切な評価が行われるべき場所である。しかし，かつてわが国の株主総会は一斉に開催され，また非民主的に運営され，短時間で終了するなど多くの問題をかかえてきた。このように株主総会が無機能化している最も重要な原因は，株主安定化策である。

　日本の経営者はかつて，乗取りを防止するために，安定株主作りに熱心に取り組んできた。たとえばＡ社を乗取ろうとする者（あるいは会社）は，まずＡ

社の株式を買い集め，Ａ社の支配権を獲得しなければならない。Ａ社が親密な会社や団体にＡ社の株式を買わせ，乗取り屋が現れたときに乗取り屋に株式を売り渡すことのないよう頼んでおけば，Ａ社の経営者は乗取りを防止することができる。Ａ社が発行した株式をＢ社が所有し，Ｂ社が発行した株式をＡ社が所有し，互いに第三者に株式を売り渡さないことを約束しておけば，互いに安定株主となることができる。これがいわゆる株式相互持合いである。

株式相互持合いは乗取り防止のほかに，経営者の支配力を強める効果を持つ。株式を持ち合っている企業どうしは，株主総会に先立って白紙委任状を送り合うのが普通である。経営者は持合い相手の企業から送られた白紙委任状によって，相手企業の持つ自社株に与えられた議決権をあたかも経営者自身が所有しているかのように行使することができる。持合い関係にある企業や経営者どうしは，このように事実上の議決権の交換によって大きな利益を獲得することができるが，株式を一方的に所有する生命保険会社や個人株主の利益は顧みられることがほとんどないといわれている。

日本の株主総会に関してこれまで問題にされてきたのは，まず第１に総会開催日の集中である。わが国においては上場企業が特定の日時に一斉に株主総会を開催するのが慣行となっている。たとえば，1996年は6月27日午前に2,241社が総会を開催した。これは6月中に総会を開く企業の88％に相当する[1]。株主総会の一斉開催はいわゆる総会屋対策を名目に行われているのであるが，これによって複数の会社の株式を保有する個人株主も総会から排除されることになるのである。

日本の株主総会の第２の問題点は，総会の時間がきわめて短いことである。欧米では，1年に一度の株主総会を株主と会社の貴重なコミュニケーションの機会ととらえ，経営者が十分時間をかけて経営状況を説明している。これに対し日本では，90年代まで大部分の総会が30分程度で終了し，質問もまったくないのが普通であった。株主総会はほとんどの株主にとって発言することも議決権を行使することもなく，経営者の提案を無条件に承認するための機関となってしまっていた。

第3の問題は，株主総会の非民主的運営であり，これがこれまでの日本の株主総会の最も大きな問題であった。経営者は総会の定足数を満たすために，出席しない株主から委任状を集める。委任状の収集自体はアメリカにおいても一般に行われていることであるが，日本に特徴的なことは，株式相互所有の存在である。企業集団や系列企業を中心とする友好的企業との間で行われている株式相互所有に基づき，経営者どうしはお互いに白紙委任状を交換しあうのである。

わが国の企業の98.4％に安定株主が存在し，発行済総株式数に占める安定株主の所有比率は平均で53.8％であり，また39.2％の企業がほぼすべての安定株主との間で株式を持ち合っていた[2]。株式相互所有をしている企業は互いに白紙委任状を送り合い，さらにそのうえに，その他の安定株主の白紙委任状が上乗せされると考えられる。このように，経営者は白紙委任状に基づく圧倒的な議決権を背景に株主総会を運営する。さらに，問題を抱えた企業の株主総会においてしばしばみられるように，総会に社員株主やOB株主を多数出席させ，一部の出席者の質問の要求を，「異議なし」「議事進行」の斉唱でかき消して強引に議事運営を行ってきた。1992年には，50名以上の多数の社員株主を出席させた会社も18.6％にのぼった[3]。株主総会運営の非民主性は欧米との対比において際立っており，早急に是正されなければならない問題であった。

これらの問題はいずれも過去数十年間にわたって是正が叫ばれてきたものであるが，最近徐々に改善の動きがみられる。すなわち，1999年頃を境に総会開催日の集中度の若干の低下，総会の所要時間の長期化，個人株主の発言の機会の増加など株主総会運営の民主化にやや改善のきざしが現れた。特筆すべきは，株主総会を株主に開かれたものにしようとする努力が大企業経営者の間に次第に浸透しつつあり，個人株主の質問に丁寧に回答し，そのため所要時間の長くなる企業が増加したことである。

1998年の住友商事事件に対する大阪高裁判決で，従業員株主による「議事進行」「異議なし」などの発言が「一般株主の株主権行使を不当に阻害する行為」であり，違法であると判断されたこともあり，99年の総会からはこのよ

うな一般株主に対する威圧的な行為が減少しはじめた。

また，南都銀行の99年の総会では，役員の退職慰労金の支給金額を明らかにするよう求めた株主の質問が無視された形で議決が行われたが，2000年3月にはこの総会議決の取り消しを命ずる判決が奈良地裁で言い渡された[4]。このような状況を背景に，開かれた株主総会の動きが徐々に現れてきている。

図表2－2 株主総会の平均所要時間の推移

年	93	94	95	96	97	98	99	00	01	02	03	04	05	06	07	08	09
平均所要時間（分）	29	30	28	26	29	32	33	36	39	41	43	42	48	52	55	54	54

出所：商事法務研究会『株主総会白書』各年度版より作成。

総会平均所要時間は96年以降増加を続けており，2時間を超える会社も01年には44社，06年は88社に増加した[5]。2時間を超える会社では電力会社9社に対する原発反対運動を行っている株主のように，「運動型株主」による発言で長時間化したものがほとんどであった。株主提案は01年には過去最高の18件にのぼったものの，05年は23件，06年は19件とほぼ横ばい状態が続いている。株主提案は「運動型株主」を中心に行われている。「運動型株主」としては労働運動型株主（東日本旅客鉄道），株主オンブズマン（三井住友銀行），住民運動株主（旭化成）などの例をあげることができるが，インターネットを活用しているものもある。

株式相互所有解消の流れが加速する中で，経営者は個人株主を重視する姿勢を強めており，以前のように個人株主の発言を封じ込めようとする態度は変わりつつある。経営者は個人株主の質問に可能な限り丁寧に回答しようと努めるようになってきている。個人株主を増加させるためにIR活動や株主総会後に株主懇談会を実施する企業が増えているほか，株主総会で映像用機器を用いて総会のビジュアル化を図る企業も増えている。また，社員株主の出席数を減らし，「異議なし」などの発言を減らす企業の数も増えてきている。株主総会を

図表2－3　株主総会の民主化状況

	90年	95年	98年	99年	00年	01年	02年	03年	04年	05年	06年	07年
1時間以上を要した会社数	80社 3.9%	74社 3.3%	141社 5.7%	154社 6.4%	231社 9.3%	304社 12%	344社 13.5%	378社 14.9%	375社 14.8%	534社 20.7%	607社 23.6%	706社 27.4%
まったく発言がなかった会社数	1,374社 87.7%	1,620社 86.7%	1,495社 75.8%	1,475社 72.9%	1,278社 66.0%	1,231社 61.2%	1,202社 61.0%	1,085社 55.6%	1,004社 52.2%	891社 46.0%	855社 44.0%	775社 39.7%
50人以上の社員株主が出席した会社数	266社 17.0%	379社 20.3%	311社 15.8%	246社 12.2%	203社 10.5%	167社 8.3%	122社 6.2%	105社 5.4%	89社 4.6%	87社 4.5%	72社 3.7%	81社 4.1%
社員株主の出席を減らした会社数	—	—	299社 15.2%	465社 23.0%	455社 23.5%	528社 26.2%	477社 24.2%	433社 22.2%	377社 19.6%	329社 17.0%	283社 14.6%	378社 19.4%
株主提案権の行使社数	5社	13社	16社	14社	14社	17社	15社	16社	20社	21社	18社	32社
IR活動をすでに実施している会社数	39社 2.5%	573社 30.7%	865社 43.9%	1,018社 50.3%	919社 47.5%	1,080社 53.7%	1,073社 54.5%	1,154社 59.2%	1,309社 68.0%	1,342社 69.2%	1,400社 72.1%	1,396社 71.5%
株主懇談会を開催している会社数	28社 1.1%	31社 1.7%	70社 3.6%	90社 4.5%	136社 7.0%	198社 9.8%	231社 11.7%	265社 13.6%	295社 15.3%	347社 17.9%	385社 19.8%	419社 21.5%
個人株主による総会での発言を歓迎する会社数	—	—	1,158社 58.8%	1,259社 62.3%	1,340社 69.3%	1,468社 72.9%	1,398社 71.0%	1,419社 72.8%	—	—	—	—
株主総会のビジュアル化を実施している会社数	—	—	135社 6.9%	202社 10.0%	318社 16.4%	530社 26.4%	643社 32.6%	797社 40.9%	908社 47.2%	1,055社 54.4%	1,157社 59.6%	1,284社 65.8%

各年度の数値は前年7月から当年6月までに開催された総会を集計したもの。
出所：商事法務研究会『株主総会白書』各年度版より作成。

民主化していこうとする動向は90年代末から着実に進んでいるように思われる。

第3節　監査役会

　監査役の任務は取締役の業務執行を監査することであり，また監査役は取締役らに営業報告を求めたり，会社の業務，財産の状況を調査する権限などを与えられている。さらに，取締役が法律や会社の定款に違反する行為によって会社に損害を与える恐れのある場合には，監査役は取締役に対しその違法行為を差し止める権限を持つ。

しかし，このように広範な権限を与えられているにもかかわらず，かつてわが国の監査役は経営者に対する監視機能を十分に果たしてこなかった。

わが国の監査役が機能しなかった最大の原因は，監査役の人事権を実質的に社長が掌握していることである。監査役は株主総会で選任されることになっているが，安定株主からの委任状を握り，株主総会での圧倒的な議決権を持つ社長が監査役の人事権を事実上掌握している。社内においてこのような強い権限を持つ社長は，自らの経営活動に対する強い監視を，自ら望むことはありえないので，社長を中心とする経営者層は監査役の無機能化を促進してきたと考えられる。わが国の監査役に職務を遂行するうえでの適切な権限や独立性，調査能力が与えられてこなかったことなどは，こうした理由によるものである。

わが国の監査役はこれまで，内部昇進がほとんどであり，社内の役員中での序列も相対的に低かったため，強い独立性を持ち，社長等の最高経営者の業務執行を監査することはほとんど不可能であった。

また，監査役の情報収集能力もきわめて限定されたものであった。1994年の日本監査役協会のアンケート調査によれば，社長との懇談の場がない（21％），社長との懇談の機会が年に1・2回（39％）などの不満を持つ監査役が60％にのぼった[6]。また，この調査によれば，「常務会などの実質的な意思決定会議に出席できない」などの意見が多く，監査のために必要な経営情報が監査役に与えられてこなかった。

このように，わが国の監査役は法制度上は，社長を中心とする経営者層の監視をするのに最も適した機関であるにもかかわらず，上述の理由によっていちじるしく形骸化され，長年にわたってその企業統治機能を果たしてこなかったのである。

このような状況を踏まえ，監査役の企業統治機能を高めるため，1993年に商法が改正され，大規模な企業（資本金5億円以上または負債200億円以上の企業）は3人以上の監査役を置き，そのうち1人は社外から任命しなければならないことになった。社外監査役の導入を義務づけたことに対しては，企業統治の観点から一定の評価が与えられているものの，商法改正直後の実態調査によれ

ば，純粋な意味での社外監査役は少ないことがわかった。

　すなわち，日本監査役協会の調査によれば，社外監査役のうち，「社内出身者」は16.5％（商法では社外監査役を「就任前5年間その会社の従業員でなかったもの」と規定しているため，たとえば子会社等へ5年以上出向していればこの規準を満たすことができる），系列企業グループ出身者は42.2％，大株主，銀行，生損保グループ出身者は23.8％であった[7]。

　改正商法は当該企業に対して独立的な社外監査役を導入し，経営者に対する監視機能を強化することを眼目にしていたのであるが，この調査結果は社外監査役のほとんどが当該企業と深い関連を持つ企業や機関の出身者であり，真に外部性ないし独立性を持つ社外監査役がきわめて少ないことを示している。その中で職業専門家グループは比較的独立性の強い社外監査役ということができるが，このグループでさえ，わが国の風土においては，経営者に対する監視者としてよりむしろ協力者としての性格を強く持つものであることが推測される。

　また，社外監査役の選任にあたって，社長をはじめとする経営トップがほぼ完全に主導権を握っているこれまでの方式も，商法改正前と本質的にはほとんど変わらなかった。すなわち，社外監査役の選任に際して監査役が「選任者を具体的に推薦した」と答えた会社は6.8％にすぎなかった。調査報告は「口頭で意見を述べる機会があった」会社が28％あったことを捉え，「社外監査役の選任に関し監査役が積極的に関与した努力の跡がうかがわれる[8]」と述べ，改善のきざしがみられることを評価している。社外監査役の独立性が保証されるためには，次期社外監査役が，現在の経営者と利害関係を持たない，社外取締役のみによって構成される指名委員会によって選任されるような制度の導入が必要である。

　さらに，日本監査役協会が1999年に3,300人余りの監査役を対象に行ったアンケート調査によれば，わが国の監査役の無機能化の問題は商法改正から6年を経てもなお，ほとんど改善のきざしがみられないように思われる。それによれば，75.2％の監査役が「監査役候補者の選定を社長が行っている」と回

答しており，同様に53.8％が「監査役の報酬が社長の提示額で決まっている」，38.8％が「監査役の任期が肩たたきによる辞任で決まっている」ことを問題視しており，また「自信をもって監査報告書に署名捺印している」監査役は36.7％に過ぎなかった[9]。

2002年の商法改正で大規模な監査役設置会社においては，監査役の半数以上に社外監査役を選任しなければならないことになった（2006年から適用）が，社外監査役の独立性が高まらない以上，監査役の監視機能の強化には結びつかない。

第4節　1990年代までの取締役会の問題点

取締役会は意思決定の機関であり，また株主に代わって株主の利益を保護するために業務執行を監督する役割を担っている。取締役会の株主に対するこの機能は受託機能と呼ばれている。アメリカの企業統治改革は取締役会を中心に行われてきたが，日本においても同様の改革が求められる。これまで，日本の取締役会には企業統治の観点から多くの問題点が指摘されてきた。これらの問題点の一部については近年大幅に改善が見られるものもある。どのような問題がどう改善されたのかをあきらかにするために，ここではまず1990年代までに指摘されてきた問題点をあげることにしよう。

第1は，業務執行とそれに対する監視という2つの機能が分離されていないということである。取締役会は全社的見地からの意思決定と業務執行の監督を行い，代表取締役以下の役員が業務執行にあたることになっている。しかし，わが国の取締役会はほとんど業務執行担当者で占められており，意思決定および監督と業務執行の機能が人格的に分離されていない。したがって，業務執行担当者が同時に彼の監督者であるという矛盾した関係が成立している。

第2は，取締役会の中に序列が形成されていることである。取締役会のメンバーがほとんど業務執行担当者によって占められることから，取締役会の中に代表取締役社長を頂点とした業務執行担当者の序列が形成されている。

第3は，社外取締役がきわめて少ないことである。

第4は，取締役会の構成者数が多いことである。90年代には取締役会の構成メンバーが50名から60名に及ぶ企業も稀ではなかった。このように多数の構成員では，特定の問題について十分な議論を行うことは不可能であり，また取締役会が迅速に意思決定を行うことも不可能である。

第5は，取締役会の構成メンバーの中に多くの部門管理者が含まれていることである。これはトップ・マネジメント（最高経営層）の機関が多数のミドル・マネジメント（部門管理者）によって占められていることを意味する。

部門管理者の職務の大部分はそれぞれの部門の特殊な問題に専念することにあり，全般的経営のための会議が開催される短い間だけ経営全体の見地に立って発言することは困難である。部門管理者は自らの部門が最適に運営される「部門最適」を目指すのが常であるが，トップ・マネジメントは「全体最適」が志向されなければならないのである。

このように多くの問題点を持つ取締役会に対しては，執行役員制を導入してその企業統治機能を改善しようとする企業が増大しているので，次節において執行役員制について検討することにしたい。

第5節　執行役員制と取締役会改革

従来の日本企業の取締役会には多くの問題が存在し，これが長期間にわたって批判されてきたが，90年代の終りに執行役員制を導入して取締役会を改革しようとする企業が現れた。執行役員制は1997年6月にソニーで導入されたのを契機に，わずか2年間で上場企業の7.4％にあたる179社で採用されるに至った[10]。

執行役員は商法の規定に基づく制度ではなかったので，導入企業ごとにその内容にかなりの相違がみられるが，導入の目的は，①取締役会の構成員数を削減し，取締役会の議論を活発にし，その機能強化と活性化をはかること，②取締役の人数を削減することによって意思決定の迅速化をはかること，③会社の

業務執行の機能と全社的意思決定および業務執行に対する監視機能とを分離すること，④ゼネラル・マネジメント（全般経営層）とミドル・マネジメント（中間管理層）を分離すること，などであろう。執行役員制導入企業において上記のような改革の目的が効果的に達成されているかどうかについては異論も多いが，少なくとも取締役数の削減については大きな効果をあげていることは疑いない。たとえば，上記の執行役員制を導入した企業179社において，1社当たりの取締役数は1年間で18.6人から9.5人に半減した[11]。

一般に，執行役員は取締役会の下位機関に位置づけられ，取締役会が意思決定と経営の監視を，執行役員が業務執行を担当するというように，両機能の分離を目的として設けられる。したがって取締役と執行役員の兼務が多い場合には，監視と執行の未分離という従来の取締役会の持っていた問題点が解決されないことになる。執行役員は企業の特定部門の責任者であることが多く，彼らが取締役を兼務しない場合には，全般管理と部門管理の分離も執行役員制によって実現することになる。

東京弁護士会会社法部は2000年2月に全国の上場企業2,445社に対して執行役員制の実施状況についてのアンケート調査を行った（回答企業は951社）[12]。それによれば執行役員制を導入している企業は122社（12.9％），導入を予定している企業は57社（6.0％）であった。大企業ほど導入している企業が多く，資本金500億円超の企業のうち30社（34.9％）がすでに導入していた。

このアンケート調査では，執行役員制導入に伴う問題点は，執行役員の「法的地位・根拠が不明確」（72.7％），「取締役との役割分担が不明確」（40.0％）などの項目が高い比率を占めた（複数回答）。

執行役員制を導入する企業は着実に増加し，2002年には資本金500億円以上の大企業の半数以上で執行役員制が導入されている[13]。こうした中で，社長をはじめとする経営者に対する監視を強化するためには執行役員制の導入だけでは困難であり，社外取締役の増強が不可欠であるとの認識もようやく芽生えてきつつある。

一方，社外取締役の導入に積極的に取り組む企業も増加している。東証一部

上場企業を対象にした調査によると，01年時点で社外取締役を選任している企業は38.8%，選任を検討している企業は24.2%であり，半数以上を社外取締役が占める会社はHOYA，スクウェアなど4社，社外取締役が5人以上の会社は7社であった[14]。社外取締役の選任は着実に増加しており，2002年には資本金300億円以上の企業のほぼ半数で社外取締役が選任されている。

しかし，社外取締役導入企業が増加しているとはいえ，その全取締役に占める比率は未だ低く，今後は社外取締役の比率を増大させること，さらに社外取締役の独立性を確保することが導入した後の日本企業の課題であるといえる。

第6節　委員会設置会社と新しい企業統治制度

日本の企業統治制度に関して多くの問題点が指摘されている中で，一部の先進的企業は執行役員制や社外取締役，取締役会内常任委員会などを導入して，企業統治の改善を進めてきた。これらの取締役会を中心とする企業統治改革はアメリカのモデルの導入にほかならないが，これらの一部の先進的企業の動向を後追いする形で2002年に商法が改正された。

改正商法においては，大企業（資本金5億円以上または負債200億円以上の企業で，対象となる企業は02年時点で，約1万社）は，監査役会を持つ従来の企業統治モデルと監査役会を廃止したアメリカ型企業統治モデル，いわゆる「委員会等設置会社」のいずれかを選択することができることになった。委員会設置会社モデルを選択した企業には複数の社外取締役の選任が義務づけられ，取締役会の中に指名委員会，報酬委員会，監査委員会の3つの委員会の設置が義務づけられる。3つの委員会は3人以上で構成され，その過半数が社外取締役によって占められなければならない。取締役の任期は2年から1年に短縮され，取締役の権限が強化される一方で，株主総会でのチェックをより頻繁に受けることになった。

また，委員会設置会社は新たに執行役が置かれ，業務執行を担当する。全社的意思決定を担当する取締役会と業務執行を担当する執行役の役割分担を明確

図表2－4　取締役と社外取締役の選任状況

（カッコ内は平成20年7月実施の第9回調査結果）

	総会前					総会後				
	全体	大会社	大会社以外	上場	非上場	全体	大会社	大会社以外	上場	非上場
取締役総数平均（人）	8.06 (8.24)	8.39 (8.58)	6.17 (6.17)	8.33 (8.61)	7.74 (7.77)	7.96 (8.24)	8.26 (8.58)	6.18 (6.22)	8.19 (8.61)	7.67 (7.77)
10人以下 （上段：社，下段：％）	2,727 (2,493) 81.0 (78.5)	2,180 (2,034) 78.6 (75.9)	539 (452) 94.2 (93.6)	1,456 (1,346) 79.0 (76.3)	1,271 (1,147) 83.3 (81.2)	2,751 (2,524) 81.7 (79.4)	2,205 (2,059) 79.5 (76.8)	539 (458) 94.2 (94.8)	1,477 (1,354) 80.2 (76.7)	1,274 (1,170) 83.5 (82.9)
11～15人 （上段：社，下段：％）	495 (546) 14.7 (17.2)	462 (516) 16.7 (19.3)	31 (27) 5.4 (5.6)	309 (343) 16.8 (19.4)	186 (203) 12.2 (14.4)	481 (500) 14.3 (15.7)	450 (477) 16.2 (17.8)	28 (20) 4.9 (4.1)	300 (323) 16.3 (18.3)	181 (177) 11.9 (12.5)
16～20人 （上段：社，下段：％）	110 (109) 3.3 (3.4)	105 (106) 3.8 (4.0)	2 (2) 0.3 (0.4)	64 (61) 3.5 (3.5)	46 (48) 3.0 (3.4)	100 (121) 3.0 (3.8)	93 (117) 3.4 (4.4)	3 (3) 0.5 (0.6)	53 (74) 2.9 (4.2)	47 (47) 3.1 (3.3)
21人以上 （上段：社，下段：％）	35 (29) 1.0 (0.9)	26 (24) 0.9 (0.9)	0 (2) 0.0 (0.4)	13 (15) 0.7 (0.8)	22 (14) 1.4 (1.0)	35 (32) 1.0 (1.0)	25 (27) 0.9 (1.0)	2 (2) 0.3 (0.4)	12 (14) 0.7 (0.8)	23 (18) 1.5 (1.3)
社外選任がある場合の会社の割合（％）	57.3 (53.6)	57.2 (54.0)	57.3 (50.9)	46.3 (43.9)	70.6 (65.9)	58.6 (55.8)	58.7 (56.3)	57.9 (52.2)	48.4 (46.3)	71.0 (67.7)
社外取締役平均（人）	2.38 (2.31)	2.38 (2.33)	2.02 (2.00)	1.82 (1.80)	2.82 (2.74)	2.37 (2.30)	2.37 (2.33)	2.03 (1.93)	1.81 (1.83)	2.83 (2.70)
合計（社）	3,367 (3,177)	2,773 (2,680)	572 (483)	1,842 (1,765)	1,525 (1,412)	3,367 (3,177)	2,773 (2,680)	572 (483)	1,842 (1,765)	1,525 (1,412)

出所：日本監査役協会「定時株主総会前後の役員等の構成の変化などに関するアンケート集計結果―第10回インターネット・アンケート《監査役設置会社版》―」平成22年1月7日，6ページ。
http://www.kansa.or.jp/PDF/enquet10_100114-1.pdf

化した。執行役は取締役会において選任・解任される。さらに，従来の代表取締役に代わって代表執行役が設けられることになった。代表執行役は業務執行の最高経営責任者である。新たに設置される執行役は取締役と同様，株主代表訴訟の対象となる。

　アメリカモデルを採用せず，監査役会を存続させる大企業は，3年以内に社外監査役をそれまでの1人以上から監査役の半数以上（最低2人）に増員しなければならないことになった。また，これまでは配当などの利益処分案は株主

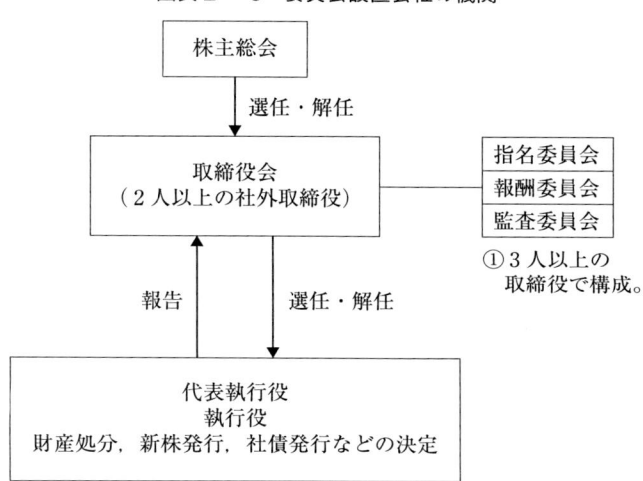

図表2-5　委員会設置会社の機関

```
          ┌─────────┐
          │  株主総会  │
          └─────────┘
               │ 選任・解任
               ↓
       ┌─────────────────┐      ┌──────────┐
       │    取締役会       │──────│ 指名委員会 │
       │(2人以上の社外取締役)│      │ 報酬委員会 │
       └─────────────────┘      │ 監査委員会 │
          ↑       │              └──────────┘
       報告   選任・解任          ①3人以上の
          │       ↓                取締役で構成。
       ┌─────────────────┐
       │    代表執行役      │
       │     執行役        │
       │財産処分,新株発行, │
       │社債発行などの決定 │
       └─────────────────┘
```

株主代表訴訟の対象となる

　総会で承認されることになっていたが，委員会等設置会社を採用した企業では取締役会で承認できるようになったほか，新株や社債発行などの権限を取締役会が執行役に委譲できることになった。社外取締役を導入した企業に監査役会の廃止や意思決定手続きの簡略化，迅速化などの利便性を与えることによって社外取締役の導入を促進しようという意図がみられる。

　2006年に施行された会社法では，名称が委員会設置会社に改められ，大会社に限らず委員会設置会社の形態を採用することができるようになった。また委員会設置会社にのみ認められていた取締役会での利益処分案の承認は，定款を変更することによって委員会設置会社以外の会社にも認められることになった。

　委員会設置会社については社外の人物が会社の強い権限を握ることになるため，経済界の拒否反応は強く，2010年の段階で委員会設置会社に移行した企業は約112社にとどまる。

【注】

(1) 『日本経済新聞』，1996年6月27日夕刊。
(2) 稲上毅らが1999年1～2月に実施した調査による。稲上毅・連合総研『現代日本のコーポレート・ガバナンス』東洋経済新報社，2000年，250ページ。
(3) 商事法務研究会編『株主総会白書　1992年版』商事法務研究会，1992年，102ページ。
(4) 商事法務研究会編『株主総会白書　2000年版』商事法務研究会，2000年11月，17ページ。
(5) 以下は『株主総会白書2001年版』『株主総会白書2006年版』によった。
(6) 『朝日新聞』1992年11月12日。
(7) 伊藤智文「商法改正2632社の社外監査役の実態」週刊東洋経済『企業系列総覧，95』東洋経済新報社，1994年，16～23ページ。
(8) 同上稿，19ページ。
(9) 『朝日新聞』，1999年4月16日。
(10) 『日本経済新聞』，2001年6月16日。
(11) 『日本経済新聞』，1999年6月25日。
(12) 東京弁護士会会社法部編『執行役員・社外取締役の実態―商法改正の方向を含めて―』商事法務研究会，2001年，61～131ページ。
(13) 財務総合政策研究所「『進展するコーポレート・ガバナンス改革と日本企業の再生』報告書（2003.6.20）」44ページ，財務総合政策研究所ホームページ。
　　　http//www.mot.go.jp/jouhou/souken.htm
(14) 『日本経済新聞』，1999年6月25日。

◆参考文献◆

稲上　毅・連合総研『現代日本のコーポレート・ガバナンス』東洋経済新報社，2000年。
坂本恒夫・佐久間信夫編『企業集団支配とコーポレート・ガバナンス』文眞堂，1998年。
佐久間信夫・出見世信之編『現代経営と企業理論』学文社，2001年。
増地昭男・佐々木弘編『最新・現代企業論』八千代出版，2001年。

第3章
アメリカの会社機関とコーポレート・ガバナンス

第1節　トップ・マネジメント組織と企業統治

　アメリカでは会社法は州ごとに異なっており，日本のような統一的な会社法は存在しない。しかし，米国の多くの大企業はデラウェア州で設立されているため，デラウェア会社法がアメリカにおける会社法の1つの標準と考えることができる。

　アメリカの一般的な大企業においては，株主総会，取締役会，最高経営責任者（CEO）などの機関が設けられている。大企業においては株式が広範に分散しており，したがって所有と経営が分離しているのが一般である。取締役は株主総会で選任されるが，その過半数は社外取締役（outside director）によって占められるのが普通である。取締役会は年間に10回程度開催され，全社的な意思決定と経営の監視を主要な任務としている。取締役会は株主のために経営を監視する受託機関として位置づけられている。取締役会の中にはいくつかの常任委員会が設置され，それぞれ専門的領域の職務を担当するが，たとえば監査委員会などは経営者すなわちCEOを頂点とする業務執行担当者の業務の監視が主たる任務となるため，経営者と利害関係を持たない，独立性の強い社外取締役が選任されることになっている。

　業務執行は取締役会によって任命される，少数の執行役員（executive officer）によって担当される。CEOは日本の代表取締役社長に相当し，きわめて大

な権限を持つが，アメリカでは取締役会会長を兼任することが多く，会長兼CEOはさらに大きな権限を持つことになる。法律上は株主総会が取締役会に権限を委譲し，取締役会がCEOなどの執行役員に権限を委譲するという形で責任と権限の関係が形成されている。したがって，株主総会が取締役の任免権を，取締役会がCEOの任免権を握っていることになるのであるが，アメリカの大規模株式会社は長い間こうした法律の規定通りには機能してこなかった。

　アメリカ企業では多くの副社長（vice president）が任命されることが多く，かれらは部門管理者であるのが一般である。多数の副社長がいる場合には，執行副社長（executive vice president），上級副社長（senior vice president）などのように副社長の中に序列がつくられている。

　CEO（経営者）はひとたびその地位に就任すると強大な権力を握り，取締役の選任も次期CEOを含む執行役員の選任もCEO自身が行うばかりでなく，企業の広範な意思決定の権限までCEOが掌握するというような状況がアメリカの大企業に広がっていた。これがいわゆる経営者支配といわれる企業支配形態である。株式会社は株主のものであり，株主の利益のために経営されなければならないのであるが，株主に代わって経営者を監視することを任務とする取締役会や株主総会が形骸化し，その機能を果たさないばかりでなく，むしろ経営者が経営者自身の地位を強化するためにこれらの機関を利用するというような事態が長い間続いてきた。

　アメリカで1980年代後半から活発になった企業統治（コーポレート・ガバナンス；corporate governance）活動は，もともと株主が株主の利益のために企業を経営するように経営者を監視していこうとする活動である。企業統治活動は，上述のような理由から，形骸化し，CEOによって掌握されてしまった取締役会を株主の手に取り戻し，独立的な社外取締役を積極的に選任することによってCEOの経営行動に対する株主の監視機能を回復させることを主眼とするものであった。

　ところで，現代の大企業はたんに株主の利益のためだけに運営されてはならない。現代の大企業の行動は，従業員，消費者，供給業者，地域社会，債権者

第3章 アメリカの会社機関とコーポレート・ガバナンス　35

図表3-1　アメリカの株式会社の機関

```
          株主総会
    (general meeting
     of stockholders)
             │
             │                         常任委員会
             ▼                  監査委員会（audit committee）
   取締役会（board of directors）  報酬委員会（compensation committee）
   会長（chairman of the board）  指名委員会（nominating committee）
   ┌─────────┬─────────┐       執行委員会（executive committee）
   │社外取締役│         │       財務委員会（finance committee）
   │(outside │社内取締役│       企業統治委員会（corporate governance
   │director)│         │                         committee）
   └─────────┴─────────┘
             │
             ▼
          執行役員
   最高経営責任者（Chief Executive Officer）
   最高執行責任者（Chief Operative Officer）
   最高財務責任者（Chief Financial Officer）
   最高情報責任者（Chief Information Officer）
             │
   ┌─────┬─────┬─────┬─────┐
   副社長   副社長   副社長   副社長
(vice president)(vice president)(vice president)(vice president)
```

などいわゆるステークホルダー（stakeholder：利害関係者）に対してきわめて大きな影響を与えていることは周知の通りである。現代の大企業はこれらのステークホルダーの利益も考慮して経営されなければならないのである。なぜならば，元来企業は社会の創造物であり，企業がこれらのステークホルダーの利益を損なうような事態になれば，社会は法律を改正するなどしてこれまでのような企業の存続を許さなくなるからである。すでに以前からアメリカの大企業はこのような観点からさまざまなステークホルダーの利益を経営に反映させる仕組みを取り入れている。たとえば，アメリカの企業においては，取締役会のメンバーに少数民族や女性，環境問題の専門家などを迎え入れ，彼らの利益を経営に反映させることを試みてきたのである。

このように企業統治は株主と経営者の（会社機関構造を介した）関係，および企業とステークホルダーの関係という2つの概念で捉えることができる。前者は狭義の企業統治，後者は広義の企業統治であり[1]，本章ではアメリカの株式会社の会社機関構造を狭義の企業統治の視点からみていくことにする。

第2節　株主総会

アメリカの企業経営者は株主総会を広報活動の一環と位置づけ，株主の好意を得ることや株主総会が好意的に報道されることに注意を払っている。デラウェア会社法は，会社の合併や解散，定款の変更などの重要な事項が株主総会の承認を得なければならないことを定めているが，ほとんどの株主総会は取締役の選任が中心的議題となっており，また「取締役会は，会社監査役の選任および一定の役員報酬計画の承認を求めることが多い」[2]。一般にCEOまたは取締役会会長が議長となって総会が運営される。

近年のアメリカのコーポレート・ガバナンスの特徴は機関投資家の活動の活発化であるが，機関投資家は株主総会の場以外にも経営者と非公式に接触し，経営者に意見を述べ，経営者に説明を求める。最近の機関投資家は常に経営者の監視を行っており，機関投資家と会社のこうした関係はリレーション・シップ・インベストメント（relationship investment）と呼ばれている。

デラウェア会社法は，株主総会の定足数を議決権株総数の1/3以上と定めている。わが国と同様，大会社において1/3の議決権を持つ株主が実際に総会に出席することはほとんど不可能であるため，経営者は広く委任状の勧誘を行うことになる。ほとんどの株主は総会に出席せず，個々の議決事項について指示を与えた委任状によって議決権を行使することになる。「したがって，年次株主総会に至るまでの委任状の勧誘の過程が会社支配に対する株主の参加の中心となっているのであって，実際の株主総会の方はこの過程を締めくくる段階であるにすぎなくなっている」[3]。つまり，株主総会において株主や経営者の間に対立する問題があるような場合には，争いは委任状勧誘競争によって行われ

ることになるのである。従来，委任状勧誘機構は経営者の会社支配にとってきわめて有利なものとなっていた。1970年代前半までのアメリカの大株式会社において経営者支配が優勢であると結論づけたブランバーグは，①個人株主への株式の分散，②「ウォール・ストリート・ルール」に基づいて行動する機関投資家，③委任状勧誘機構に対する経営者の支配の3つを経営者支配の根拠と位置づけた[4]。そしてこの中でも特に経営者支配にとっての積極的な根拠と考えられる委任状勧誘機構に対する経営者の支配は「主として州会社法，ならびに証券取引委員会の委任状規則が生み出した結果である」と述べている[5]。すなわち，ブランバーグは州会社法と委任状規則が，経営者にとって有利なものとなっていることが経営者支配の重要な要因の1つであると考えたのである。

しかし，経営者支配の有力な根拠の1つを提供していたSECの委任状規則がしだいに緩和されたことにより，経営者に反対する株主が従来よりも容易に委任状勧誘に参加できる制度へと変わっていった。

従来，株主が経営者に対抗して委任状を勧誘しようとする場合，株主は2つの点で経営者に対して不利な立場に立たされていた。すなわち，経営者は委任状説明書を作成し，委任状を印刷・郵送する費用やSECへの届出のための費用などを会社の経費として支出することができるのに対し，株主がこれを行おうとする場合にはその莫大な費用を自ら負担しなければならなかった。さらに，経営者に対抗する株主が委任状を勧誘しようとする場合，株主間のコミュニケーションに制限が設けられており，株主にとって著しく不利なものとなっていた。

1991年6月の第1次委任状規則改正案，1992年6月の第2次委任状改正案を経て1992年10月15日に発表されたSECの委任状規則改正は，経営者に対抗する株主が経営者と公平に戦えることを目指したものであった。米国においてはこれまでもわが国とは比べものにならないほど活発な株主提案が行われ，しかもそれが無視できない賛成票を集めてきたため，このSECの委任状規則改正は経営者に対する株主の圧力を飛躍的に高めることになった。この1992

図表3－2　機関投資家などの株主グループによるコーポレート・ガバナンス提案
（1996～2005年）

	1996年	1997年	1998年	1999年	2000年	2001年	2002年	2003年	2004年	2005年
ポイズン・ピル廃止	13	12	6	17	18	21（5）	500（9）	76	50	23
無記名投票	5	3	3	4	3	7（4）	5（0）	0	3	10
経営者報酬	1	8	13	9	11	38（28）	25（14）	163	141	113
ゴールデン・パラシュート	10	4	1	3	0	13（9）	18（13）	16	26	20
取締役会関連	34	28	20	15	12	52（14）	58（31）	52	82	109
任期がばらばらの取締役会廃止	40	21	13	20	20	42（12）	39（15）	38	36	44
監査関係	NA	NA	NA	NA	NA	NA	20（19）	19	16	7
累積投票	2	1	1	2	2	18（1）	18（0）	19	22	18
その他	29	21	19	29	22	50（8）	40（9）	44	38	31
合計	134	98	76	99	88	241（81）	273（110）	427（246）	414（220）	375（215）

（注）1．2001年以降については，機関投資家などの株主グループによる提案だけではなく，個人株主による提案も含んでいる。2001年と2002年については，機関投資家などの株主グループと個人株主の区別がなされていたため，括弧内に機関投資家などの株主グループによる提案数を示している。2003～2005年についても，合計の部分のみ，括弧内に機関投資家などの株主グループによる提案数を示している。
2．Gergeson Shareholder, *Annual Corporate Governance Review : Shareholder Proposals and Proxy Contests 2001～2005* を基に作成。
出所：今西宏次「会社機関とコーポレート・ガバナンス」佐久間信夫編著『コーポレート・ガバナンスの国際比較』税務経理協会，2007年，73ページ。

年のSEC委任状規則の改正は1980年代後半から活発な活動を展開してきた機関投資家の強力なロビー活動の成果の1つであった。

第3節　取締役会

　機関投資家のコーポレート・ガバナンス改善の要求は，機関投資家と経営者の非公式な接触，株主提案，委任状勧誘などの方法を通して取締役会の改善に向けても行われた。アメリカの取締役会は，日本と異なり，以前から比較的多数の社外取締役によって構成されていたが，80年代以降の企業統治運動は，社外取締役を取締役会の過半数にまで増員すること，および経営者と利害関係を持たない独立の社外取締役を選任することを目指すものであり，今日その目標はほぼ達成されている。取締役会の中にはいくつかの常任委員会が設けられており，独立の社外取締役が重要な役割を果たしている。取締役会は1カ月に

第3章 アメリカの会社機関とコーポレート・ガバナンス 39

1回程度開催され，業務執行はCEOを中心とする業務執行役員によって担当されているが，CEOと取締役会会長を同一の人物が兼務することによって意思決定と業務執行の権限を集中させている会社が多い。

取締役会の中に設置された常任委員会には執行委員会 (executive committee)，監査委員会 (audit committee)，報酬委員会 (compensation committee)，指名委員会 (nominating committee)，倫理委員会 (ethics committee) などがある。取締役会の開催は年間10回程度と比較的少なく，会議時間も限られている。巨大な多国籍企業の場合は取締役が世界各地に分散していることも多い。常任委員会は取締役会のこうした限界を補うとともに，これによって取締役がそれぞれ

図表3-3 取締役会に設置されている取締役会委員会

(単位：%)

委員会の役割	2005年	2001年	1995年	1989年	1980年
監　　　査	100	100	100	96.6	98.3
報　　　酬	100	99	99	91.1	83.3
ストック・オプション	81	86	56	NA	43.5(1)
指　　　名	97	72	73	57.3	52.4
エグゼクティブ	46	56	65	73.5	77.3
コーポレート・ガバナンス	94	48	35	NA	NA
財　　　務	30	35	32	33.5	32.3
後継者育成	36	30	31	NA	NA
投　　　資	15	19	21	NA	NA
会 社 責 任	17	21	19	18.3	16.1(2)
取締役報酬	48	30	NA	NA	NA

(注) 1. 1976年の数値である
2. 比較のため公共問題委員会 (9.5%) と会社倫理委員会 (6.6%) の合計16.1%を会社責任委員会とした。
3. 1995年，2001年，2005年については，L.B.Korn & R.M.Ferry, *32nd Annual Board of Directors Study*, New York, Korn/Ferry International, 2006, p.39を基に作成した。1989年の数値については，L.B.Korn & R.M.Ferry, *17th Annual Board of Directors Study*, New York, Korn/Ferry International, 1991, p.17を基に作成した。1980年については，D.Windsor eds., *The Changing Board*, Houston, Gulf Publishing Company, 1982, p.101を基に作成した。

出所：今西宏次「会社機関とコーポレート・ガバナンス」佐久間信夫編著『コーポレート・ガバナンスの国際比較』税務経理協会，2007年，82ページ。

の専門の問題に取り組むことが可能になる。1997年のアメリカ巨大株式会社500社における各常任委員会の設置状況は監査委員会が100％，報酬委員会が99.5％，指名委員会が86.9％，執行委員会が61.7％であった[6]が，一般に規模が大きいほど設置率が高い。

執行委員会はすべての常任委員会の中で最も大きな権限を持つ委員会であり，取締役会が開催されていないときは，日常的な事項に関する限り，取締役会の持つ権限のすべてを行使できる。つまり執行委員会は，会社の定款の変更，合併，買収，解散等の重要な事項を除き，事実上取締役会の意思決定を代行する機関として機能している。

監査委員会は通常，社外取締役のみによって構成され，その構成メンバーの数は3名から5名程度である。監査委員会の任務は会計監査，内部管理についての監査，不正の調査，外部監査人（公認会計士）の選任等である。ニューヨーク証券取引所に上場する企業には社外取締役だけから成る監査委員会の設置が義務づけられている。

報酬委員会もすべて社外取締役によって構成されるのが普通である。役員報酬には給与，ボーナス，インセンティブ・プランなどの他に，退職金，年金，医療費，生命保険などの付加給付がある。長期のインセンティブ・プランはストック・オプション（stock option）が一般的である。報酬委員会は外部のコンサルタントに委託するなどしてこれらの役員報酬を決定する。

指名委員会は，取締役，会長，CEOの候補者を推薦することおよび取締役の評価などを主要な任務としている。この委員会においても独立取締役が重要な役割を果たしており，委員の75％以上が独立取締役によって占められるのが普通である。従来，取締役候補者の推薦はもっぱらCEO（会長兼CEOであることが多い）によって行われ，その結果取締役の人事権をCEOが握る会社が多くを占めた。CEOが取締役の人事権を握ることになると取締役会の経営者に対する監視機能が働かなくなり，企業統治の観点からきわめて重要な問題となってきた。

アメリカでは90年代の企業統治改革によって，取締役等の事実上の指名権

が指名委員会に大きく移行した。しかし，現在でも「会長兼最高経営責任者の影響力は依然大きく，社外取締役のみで候補者を選定する企業は7％の少数派で，46％においては会長兼最高経営責任者の意向を考慮して社外取締役より構成される指名委員会が候補者選定にあたり，39％においては指名委員会の結論が取締役会で審議される」[7]との調査結果もある。現在の経営者が取締役等の選任になお大きな力を持っているとはいえ，経営者による経営者の選任，すなわちいわゆる「経営者支配」が崩れつつあることはきわめて大きな意味がある。近年，指名委員会はコーポレート・ガバナンス委員会に名称を変更したり，あるいは両方の委員会を持つ企業も増えている。

　取締役会は業務執行を監督する立場にあり，みずから業務執行にあたることはない。業務執行は取締役会によって選任されたCEOを中心とする執行役員（executive officer）によって担当される。取締役会に内部取締役が少ないことからも明らかなようにトップ・マネジメントの機関は意思決定と経営の監視を担当する取締役会および業務執行を担当する執行役員との区別が比較的明瞭である。取締役会は受託機関，すなわち，株主の利益を代表する機関として位置づけられている。

　アメリカの取締役会と執行役員には，コーポレート・ガバナンス改善の観点から次のような批判がなされてきた。すなわち，経営者がきわめて高額の役員報酬を獲得し，これが長い間批判されているにもかかわらず一向に是正されないこと，CEOに権限が集中しすぎること，またCEOが自分と親しい人物を社外取締役に選任する傾向があるため，CEOに対する監視が不十分であることなどである。

　CEOと取締役会の関係は日本の代表取締役社長と取締役会との関係に相当するものである。ここでアメリカのCEOと取締役会との関係について，その現状と最近の動向について簡単にみていくことにしよう。

　アメリカ企業においては会長がCEOを兼任し，1人の人物に意思決定と業務執行の権限を集中する傾向がみられる。この会長兼CEOは取締役会の議長として最高意思決定の任にあたるのはもちろん，従来は指名委員会を支配し取

締役の選任や役員人事に大きな力を及ぼしてきた。彼はまた，業務執行の最高責任者として全般管理者たちを統括することになる。

このような会長兼 CEO への過度の権限集中に対して，コーポレート・ガバナンスの観点から厳しい批判が行われ，大企業において改善が進んだものもみられる。主要な改善策は第1に，会長と CEO を分離することであるが，この点についてはあまり改善がみられず，今なお約 80％の企業で CEO が会長を兼任している。第2は，社外取締役の比率を高めることであり，すでに大企業では社外取締役が3分の2を越えるのが普通になっている。第3は，CEO からの独立性の高い指名委員会の設置である。CEO ではなく，事実上指名委員会が取締役を選任する企業が増加している。これまでもアメリカ企業の取締役会は社外取締役の比率が高かったが，実際には CEO が個人的に親交のある人物を社外取締役として選任し，CEO の権力基盤の補強をはかる傾向が強かったため，CEO の指名委員会への介入の排除が求められていた。

第4節　機関投資家と企業統治活動

アメリカにおける企業統治論の隆盛は機関投資家の企業統治活動の活発化と企業統治改善におけるめざましい成果によるものである。アメリカの機関投資家は 1980 年代から企業統治活動を著しく活発化させ，それまで潜在化していた経営者に対する支配力を顕著に回復させた。1990 年代はじめには機関投資家の支配力行使によってアメリカの巨大企業の著名な経営者が次々に解任され，機関投資家の急成長とその強力な支配力を広く知らしめたのである。

ところで，機関投資家は銀行，保険会社，ミューチュアル・ファンド，年金基金，財団・大学基金などをさしているが，株主活動の観点から見るならば，年金基金，中でも公的年金基金の企業統治活動が最も注目されている。年金基金には企業年金基金と州政府などが公務員の退職年金として設けている公的年金基金があるが，企業年金は特定の企業の経営活動との関係から積極的な統治活動を行いにくいと言われている。これに対し公的年金基金は特定の企業の経

図表３－４　退任させられた著名経営者

●過去１年間の米国企業 CEO の辞任理由

名　前	時　期	会社名（業種）	辞任理由
N. ダベンポート	92年4月	クレイ・コンピューター（コンピューターメーカー）	創業者と意見の食い違い
エドワード・フィンケルスタイン	92年4月	Ｒ・Ｈ・メーシー（百貨店）	破産後，改革が進まず
ロバート・スミス	92年10月	セキュリティ・パシフィック（銀行）	バンアメリカと合併後，社長降格に反発
ロバート・ステンベル	92年10月	ゼネラル・モーターズ（自動車メーカー）	合理化遅れ，大幅赤字を計上
M. B. イングル	92年12月	イムセラ・グループ（医療関連）	動物医薬品事業の立て直しに失敗
P. レゴ	93年1月	ウエスチングハウス・エレクトリック（電気メーカー）	金融子会社が不動産投資に失敗
ジェームズ・ロビンソン	93年2月	アメリカン・エキスプレス（金融）	クレジットカードの焦げ付きが増加
ジョン・エイカーズ	93年3月	IBM（コンピューターメーカー）	再建遅れ赤字計上，大幅減配
P. マゴーワン	93年5月	セーフウェー（スーパー）	米大リーグの球団経営に専念するため

出所：『日経ビジネス』1993年4月26日号，17ページ。

営活動からの制約がないため，これまで活発な企業統治活動を展開してきた。

　年金基金，生命保険会社，ミューチュアル・ファンド，クローズド・エンド・ファンドなどのいわゆる機関投資家への産業会社（非金融会社）株式の集中は1950年代から見られるようになり，1960年代を通して株式所有の「機関化」が急速に進展した。1950年代以降，産業会社の株式が機関投資家に集中する「機関化」が進んだのは，①年金基金と厚生基金が第２次大戦後驚異的な成長を遂げたこと，②第２次大戦まで信託投資や生命保険会社は，州法によって，株式への投資が禁止あるいは厳しく制限されていたのであるが，大戦後のインフレ圧力に対抗するため，この法的規制が徐々に緩和されたこと，③ミューチュアル・ファンドによって所有される，普通株の形での個人貯蓄が増大したこと，④少数の巨大会社への株式投資が少数の機関投資家によって行われていること，などである[8]。

1960年代から70年代にかけてアメリカの上位の巨大企業の株式を高い比率で所有する機関投資家の行動に視線が集まることになったが，この当時の機関投資家の行動原理は投資先企業の経営者の行動を支持し，経営に不満のある場合には持株を市場で売却するという，いわゆる「ウォール・ストリート・ルール」と呼ばれるものであった。

　SECは機関投資家の行動に対する調査を実施し，1971年にその調査結果を『機関投資家調査報告書』（SEC, Institutional Investors Study Report, 1971.）として公表した。この報告書によれば，機関投資家は株主総会においてほとんどいつも経営者を支持して投票しており，経営者に同意しなかった例はわずかであった。しかも経営者を支持しなかったわずかな事例においてさえ，機関投資家はあくまで反対の姿勢を貫いたわけではなかった。機関投資家は経営者に対して自立的であることを示すために，あえて意図的に経営者に対して反対の立場を取ったと考えられる。

　投資対象会社の経営に対する不介入，投資対象会社経営者への支持，投資対象会社に不満が生じた場合には株式を売却するという「ウォール・ストリート・ルール」に基づいた機関投資家の行動に変化が現れたのは1980年代半ばからであった。機関投資家の活動の活発化は，1980年代のM&Aブームにおいて，経営者が防衛策として用いたポイズン・ピルやゴールデン・パラシュートなどに対する株主提案権の行使として現れた。

　たとえばKマート（K-mart）社の株式を所有する機関投資家は，1989年，ポイズン・ピル計画を株主決議に付するようKマート社の取締役会に要求する株主提案を行い承認された[9]。また，1990年にはトランスアメリカ（Transamerica）社に対して取締役会がゴールデン・パラシュートを容認しない政策をとるべきであるという株主提案が行われた。ポイズン・ピルは買収防衛策の1つで，敵対的買収の際に被買収会社が既存の株主に半額で新株を割りあてたり，社債の割増償還などを定款に定め，買収会社に不利益を与える方策のことである。ゴールデン・パラシュートは被買収会社の経営者が多額の退職金を受け取って会社を退職することである。ポイズン・ピル計画に異議を唱える

株主提案は 1987 年に最初に提出され，その後しだいに株主総会で可決されるようになり，またゴールデン・パラシュートに対する株主提案もしだいにその数を増すことになった(10)。

　機関投資家の株主提案は M&A にかかわる特殊な要求からしだいに経営者の監視を目的としたより一般的な要求へと拡大していった。すなわち，機関投資家は株主の立場から取締役に助言を行う「株主諮問委員会」の設置や，CEO からの独立性の強い取締役の選任を要求する株主提案を行い，経営者に対する監視の強化をはかったのである。アメリカ企業の取締役会は，従来社外取締役の比率が高かったものの，これらの社外取締役に対しては CEO が事実上の選任権を持ち，CEO と利害関係を持つ人物や個人的に親しい人物が選任される傾向が強かったため，こうした人々から構成される取締役会が CEO に対する監視機能を果たしていないとする批判がなされてきた。CEO からの独立性の強い社外取締役を選任することは企業統治の改善にとってきわめて重要な意味を持つことになるわけであるが，アメリカの取締役会が機関投資家の要求によって徐々に独立性の強い取締役を選任するようになり，このような独立性の強い取締役会が 1990 年代前半に IBM や GM などの大企業において著名な CEO を次々に解任するに至ったことはすでに述べた通りである。

第 5 節　アメリカにおける企業統治活動の歴史

　アメリカでは 1960 年代に公民権運動や反戦運動などの社会運動が盛んになったが，これらの社会運動家は企業に対してもさまざまな要求を行った。社会運動家は企業の株式を取得したり，委任状を獲得することによって企業の株主総会で議決権を行使するといった方法で企業に対して圧力をかけた。70 年代になると，ペンセントラル社の倒産やクライスラー社の経営危機をきっかけに，株主が企業統治活動に参加することになった。一方 70 年代には SEC，ニューヨーク証券取引所，労働省のような政府機関およびその他の自主規制機関が米国の企業統治を改善するための法律や制度の整備を進めていった。そして

80年代後半には，M&Aブームを契機に，年々増加する運用資金を背景に急速に発言力を強めてきていた年金基金を中心に，激しい企業統治活動が展開されることになるのである。

　ここで1960年代の社会運動家のコーポレート・ガバナンス活動に関するいくつかの事例をみていくことにしよう[11]。イーストマン・コダック（Eastman Kodak）社のわずかの株式を取得した黒人差別撤廃運動家が，同社の株主総会で黒人の雇用問題を取り上げようと大量の委任状を獲得した。またベトナム戦争において，ナパーム弾を製造していたダウ・ケミカル（Dow Chemical）社に対して，反戦活動組織がナパーム弾販売中止についての株主提案を行った。さらに，「GMに責任ある行動をとらせる運動」（the Campaign to Make General Motors Responsible），いわゆる「キャンペーンGM」はGMに公衆の利害に合致した方向で事業を運営させることを目指し，株主提案権を行使した。1970年，71年の株主総会における「キャンペーンGM」の株主提案はいずれも3％の賛成票を獲得することができなかったものの，GMの経営者はこの総会をきっかけに公民権運動家を取締役に指名したり，社会的問題（social issue）にいかに対応しているかについての報告書を作成するなどの改善を行い，GMの経営者に社会的問題への取組みを促す上で大きな効果をあげる結果になった。社会運動の側面からの企業統治活動はこうした社会運動それ自体の沈滞とともに沈静化していった。

　1970年代にはアメリカの巨大企業が倒産や経営危機に見まわれ，株主が大きな損失を被る事件が相次いだ。その結果，株主の経済的利益を守る側面から企業統治への関心が高まることになった。株主の立場から企業統治を見直すきっかけとなったのは，年間9,000万人の乗客を運び，95,000人の従業員を擁するペンセントラル鉄道が50億ドルの負債を抱えて倒産した事件である[12]。この倒産は従業員，債権者，顧客，地域社会などのステークホルダーにも大きな影響を与えることになったが，特に人々の関心を集めたのは，ペンセントラル社の企業統治機能に大きな欠陥があったことである。すなわち，同社の取締役会は，経営者が行っていた粉飾決算やインサイダー取引の慣行を見逃していた

ことが倒産の後に明らかになった。社外取締役も企業統治の機能をまったく果たしていなかったのである。

　この他にもロッキード社の経営危機（1971年），ウォーターゲート事件（1973年），クライスラー社の経営危機（1979年）など，70年代には企業統治の欠陥に由来する事件が相次いで発生し，株主の経済的利益を守るための企業統治の改善の必要性が強く認識されることになった。このような社会的背景から，1970年代には，国家機関や行政機関，自主規制団体などによる企業統治改善への意識が高まり，これらの組織による法律的・制度的整備が進展した[13]。証券取引委員会は1974年，取締役会に監査委員会，指名委員会，報酬委員会が設けられているかどうかを委任状説明書に記載することを求めた。これらの委員会は経営者に対する監視という観点から，したがって企業統治の観点から今日最も重視されている委員会である。ニューヨーク証券取引所（New York Stock Exchange）は1978年，社外取締役のみから成る監査委員会の設置を義務づけた。

　また，1974年，従業員退職所得保証法（Employee Retirement Income Security Act），いわゆるエリサ法が成立した。この法律は年金基金の管理・運用者に受託者としての責任を果たすことを義務づけるものであり，年金基金は労働省の監督の下に年金加入者への情報開示，株主総会での投票などに関して受託責任を果たすことが義務づけられたのである。さらに，株主総会での投票が年金基金の受託義務の中に含まれることが「エイボン・レター」に明記されたことによって，年金基金の積極的な企業統治活動はいっそう促進されることになった。「エイボン・レター」は，1988年2月に労働省の次官補代理がエイボン・プロダクツ社の企業内年金の代表に宛てた手紙のことで，「株主総会で諮られる事項は，投資価値に大いに影響を与えるものであり，投票権の行使は年金基金の権限の与えられているインベストメント・マネジャーの権限の範囲内であり，インベストメント・マネジャーが投資者に対して負う信認義務である」[14]と明記している。

　さらに，アメリカ法曹会（American Bar Association）やアメリカ法律協会（The

American Law Institute) などの団体も企業統治の改善についての提言を行った。すなわち，アメリカ法曹会は1976年に『取締役ガイドブック』(Corporate Director's Guidebook) を発表し，アメリカ法律協会は1978年から『企業統治と構造の原理』(Principles of Corporate Governance and Structure) の作成を開始した。1982年に公表された『企業統治と構造の原理』は企業の経済的目的が「法の遵守」「倫理的考慮」「慈善寄付行為」などによって損なわれることを容認し，また社外取締役による企業統治機能の強化を重視している。すなわち，CEOと家族関係やその他の利害関係がなく，また会社と雇用関係や取引関係のない「独立的な」社外取締役が取締役の過半数を構成することによって取締役会の経営者に対する監視機能を強化すべきことを勧告している。

『企業統治と構造の原理』は企業統治問題についての活発な論争を喚起すると同時に多くの批判も受けることになった。アメリカ法律協会はこうした批判に応える形で1984年，『企業統治の原理』(Principle of Corporate Governance) を発表した。『企業統治の原理』はビジネス・ラウンドテーブル (the Business Roundtable) などの厳しい批判を受け入れ，会社に対する強制的な規範という色彩を弱め，その採用を原則的に会社の意思に委ね，経営における柔軟性を大幅に認める提言となった。

第6節　エンロンの破綻と企業改革法

2001年12月2日，約12兆円の売上高を持つアメリカ最大のエネルギー卸売り会社エンロンが経営破綻した。アメリカ史上最大の倒産劇となったこの経営破綻は同社の企業統治における問題点を次々に明るみに出すことになった。この事例は企業統治先進国と考えられていたアメリカにもなお，多くの企業統治問題が存在することを示した。

エンロンをめぐっては，破綻後あまりにも多様かつ深刻な企業統治上の問題点が次々に浮上したため，アメリカの企業統治の水準が日本のそれと同等程度であるような主張もみられるが，このような主張はアメリカの企業統治の歴史

と企業統治の本質を見誤った主張といわざるをえない。本章でみてきたようにアメリカの企業統治活動には1960年代からの長い歴史があり，株主提案の件数や内容，委任状争奪戦の激しさなどをみても日本とは比較にならないほど企業統治が機能している。特に70年代に整備された企業統治のための法律や制度，自主規制団体のルールなどは日本とは30年以上の格差があることを示している。エンロンの破綻によって明らかになったのは，企業統治のシステムが整備されており，株主をはじめとするステークホルダーの企業統治活動が活発であっても企業統治の形骸化は起こりうるということであり，経営者による企業統治システムの骨抜きがいかに容易であるかということであろう。

　エンロンはアメリカのガス・電力の卸売りで最大の企業であったが，不透明な簿外債務が次々に明らかになったことにより，株価下落と債券格付けの低下が生じ，破綻に追い込まれた。エンロンの企業統治上の問題として指摘されたのは，①取締役会がほとんど機能していなかったこと，②監査法人が不正な会計処理に加担していたこと，③証券アナリストや格付け機関が監視機能を果たさなかったこと[15]，などである。

　まず取締役会の問題についてみていくことにしよう。エンロンの取締役会は14人の社外取締役とケネス・レイ会長兼CEOの15人で構成されていた。社外取締役は企業経営者，金融コンサルタント，大学教授，イギリスの上院議員などで占められており，独立性の点からも社外取締役の比率の点からも，取締役会の監視機能は形式上は万全であるように思われた。現にエンロンはイギリスの経済紙によって企業統治の最も優れた会社と評価されていた。しかし，それにもかかわらず，取締役会は巨額の簿外債務の存在を把握し，適切な対処をすることができなかった。エンロン問題表面化の端緒となったのは2001年8月に，CFOの部下だった従業員が同社の会計処理の不正を指摘した内部告発である。レイ会長に宛てた内部告発の手紙は8月に書かれたのにもかかわらず，社外取締役がその事実を知ったのは10月になってからであり，取締役会に簿外取引問題を検討する特別委員会の設立が決定されたのは，それからさらに2週間後のことであった。それはエンロンの破綻の2カ月前であった。取締役会

が無機能化した理由は，エンロンの社外取締役が会社からあまりに巨額の報酬（現金と株式の合計で年間1人約5,300万円）を得ていたことや，議員に対する政治献金があったこと，社外取締役の所属する組織に会社から多額の寄付があったことなどにより，同社の社外取締役の独立性が失われていたためである。

この事件ではエンロンの多数の経営者がインサイダー取引を行っていた疑惑も浮上していた。それは「不正経理の行き詰まりを感じた幹部らが，一般投資家には強気の見通しを示す一方，株価急落前に大量の自社株を売り抜けて多額の収入を得ていた」というものであり，「レイ会長や29人の役員や経営幹部が，99年から01年半ばまでに」株式を売却して得た現金は総額1,400億円にのぼった[16]。

この事件では監査法人の監査機能の空洞化にも厳しい批判の目が向けられた。アメリカの監査法人は同一企業に対し監査業務のほかにコンサルティング業務も提供しており，厳正な監査を確保するためには両業務を分離すべきであるとの主張が以前から行われていた。監査法人は利益率の高いコンサルティング業務を失いたくないため，厳正に監査することをためらうという理由によるものである。

エンロンの監査を担当していた，世界5大会計事務所の1つアーサー・アンダーセンは，すでに01年2月にエンロンの簿外取引を深刻な問題としてとらえ，同社との関係解消さえ検討していたにもかかわらず，「破綻までの10ヶ月間に何の措置も取らなかった」[17]。そればかりでなく，「アンダーセンの主任会計士は昨年10月，SECがエンロンに資料の提出を要請したことを知った直後，担当者を集めて緊急会議を開き，文書を破棄するよう指示した」[18]。

エンロン事件は，監査業務とコンサルタント業務の分離にとどまらず，アメリカの監査制度を根底から見直す契機となった。イギリスでもエンロン事件における監査法人の問題を重く受けとめ，監査法人を定期的に交代させることや，複数の監査法人による監査を導入することになった。

アメリカの証券会社のアナリストたちはエンロンの不正な会計処理が発覚し，株価が下落し始めてもなおエンロン株を推奨し続け，ムーディーズなどの

社債格付け機関はエンロンの破綻のわずか2カ月前まで，エンロンに投資適格の格付けをしていた。この事実は，経営者を市場から規律づける企業統治システムもまた有効に機能していなかったことを示している。

　一方，アメリカのエネルギーの約25％を取扱っていた巨大会社エンロンの破綻は多くのステークホルダーに深刻な影響を与えることになった。米国のシティグループとJPモルガン・チェースは当時エンロンに対して，両行あわせて10億ドル以上の巨額融資を行っており，エンロンの破綻によって大きな損失を被った。同様に，エンロンに融資していたドイツ銀行などの欧州の金融機関や米国の保険会社も大きな損失を被った。またエンロンとエネルギー受給契約を結んでいる企業や団体は28,500にのぼり，これらの契約者にも大きな影響を与えた。さらに同社は米国の上院議員71人と下院議員187人に政治献金をしていたことがわかった。大統領をはじめ，下院エネルギー・商業委員会の23人の委員のうちの19人も献金を受けていたことが明らかになったが，この献金によって米国のエネルギー政策が歪められていたことになれば大きな問題である。

　ステークホルダーの中でも特に深刻な打撃を受けているのが従業員である。会社の倒産によって退職金ももらえず失業することになった上，年金として積み立てていた資金もそのほとんどを失うことになってしまった。アメリカでは401K（確定拠出型年金）が広く普及しているが，「エンロンの401Kは投資先の6割が自社株。一時90ドルを越えたエンロン株は1ドルを割るまでに急落したため，50～60代で50万ドル前後の年金を失った人が」[19]多数にのぼった。エンロンの経営陣がインサイダー取引によって高値で自社株を売り抜けながら，従業員には自社株を推奨してかれらの年金のほとんどを奪ったことに対して厳しい批判が向けられた。

　2001年12月のエンロン破綻以降，2002年7月のワールド・コム破綻まで，アメリカでは大企業の倒産や会計上の不祥事が相つぎ，そのたびに企業統治の不全が指摘されることになった。アメリカ企業に対する不信から株式が売却され，アメリカ以外の国に資本が逃避した。アメリカ企業の株価下落とドルの為

替レートの下落が同時に進行したのである。アメリカの企業統治と経済体制に対する信頼の失墜をくい止めるため，ブッシュ大統領は 2002 年 7 月に企業改革法（Sarbanes-Oxley Act）を成立させた。この法律はエンロンにおける企業統治の不全に対する反省を踏まえて制定されたものであることから，以下のような内容を特徴としている。

① 会計監査法人を監視する機関である上場企業会計監視委員会（PCAOB：Public Company Accounting Oversight Board）を設置した。
② 同一会計監査法人が監査業務とコンサルティング業務を同一企業に提供することを禁止し，監査法人の独立性を確保した。
③ CEO や CFO に対し財務報告書に虚偽記載がないことを保証させ，そのために報告書への署名を求めた。
④ 経営者に内部統制報告書の作成を義務づけた。
⑤ インサイダー取引を行った経営者の罰則を最長で禁固 25 年に引き上げるなど，経営者の不正に対する罰則を強化した。
⑥ 証券アナリストは利益相反がある場合にはそれを開示しなければならないことになった。

【注】
（1）出見世信之『企業統治問題の経営学的研究』文眞堂，1997 年，8 ページ。
（2）ディビット・G・リット著，池田・川村訳「米国における株主総会」『商事法務』No.1300，1992 年 10 月 5 日，39 ページ。
（3）同上稿，40 ページ。
（4）P.I. Blumberg, *The Megacorporation in American Societies*, 1975, p.145（中村瑞穂監訳『巨大株式会社』文眞堂，1980 年，191 ページ）。
（5）*Ibid.*, p.145（同訳書，192 ページ）。
（6）染宮秀樹「米国コーポレート・ガバナンスの展開：株主と経営者の攻防」『財界観測』，1998 年 7 月 10 日，151 ページ。
（7）吉森 賢『日米欧の企業経営―企業統治と経営者』放送大学教育振興会，2001 年，167 ページ。
（8）「機関化」については次を参照のこと。P.I. Blumberg, *op.cit.*, p.95, p.98（同訳 124

ページ，128ページ）．
（9）三和裕美子「米国証券市場の機関化とコーポレート・ガバナンス（2・完）」『インベストメント』1994年4月，41ページ。
（10）三和，同上稿，41〜42ページ。
（11）以下のイーストマン・コダック，ダウ・ケミカル，キャンペーンGMの事例については次を参照のこと。出見世信之『企業統治問題の経営学的研究』文眞堂，1997年，82〜88ページ。
（12）この事件については次を参照のこと。出見世，前掲書。
（13）同上書，94〜97ページ。
（14）海外事業活動関連協議会編『米国のコーポレート・ガバナンスの潮流』商事法務研究会，1995年，63ページ。
（15）『朝日新聞』，2002年1月23日。
（16）『朝日新聞』，2002年1月16日。
（17）『朝日新聞』，2002年1月19日。
（18）『朝日新聞』，2002年1月19日。
（19）『朝日新聞』，2002年2月15日。

◆参考文献◆

佐久間信夫編著『企業統治構造の国際比較』ミネルヴァ書房，2003年。
佐久間信夫編著『コーポレート・ガバナンスの国際比較』税務経理協会，2007年。
佐久間信夫・水尾順一編著『コーポレート・ガバナンスと企業倫理の国際比較』ミネルヴァ書房，2010年。

第4章
現代企業とステークホルダー

第1節　はじめに──企業と社会

　第1章でも述べているように，現代企業は，現代社会における決定的，代表的，社会的制度であり，とりわけ大企業の行動が社会に与える影響は大きい。しかもその影響は企業活動のグローバル化に伴い国内にとどまらず，地球規模にまで拡大している。それゆえ，大企業をはじめとする企業がいかなる行動をとるかによって地域社会のみならず地球社会の将来が決まるといっても過言ではないだろう。同時に企業は社会の持続的発展とその社会の承認なしには存続することができない存在であることも忘れてはならない。それゆえ現代における企業は，自らの経済的効率性を追求する際には社会の発展への貢献，地球環境保護への貢献を常に意識していなければならない。また，企業の利益は社会が与えてくれるもの，企業の信用も社会によって与えられるものであるといった謙虚な姿勢を保つ必要がある。

　このような自覚に基づく行動があって初めて企業は社会に貢献することができ，ゴーイング・コンサーン（継続企業体）として社会からその存続を許される。企業はそのような認識の上に立って社会との関係を，自ら果たすべきCSR（Corporate Social Responsibility：企業の社会的責任）を考えるべきである。

　では，社会はいま，CSRとして企業に何を求めているのであろうか。今日の成熟社会といわれる経済状況の中では，人々は精神的豊かさや生活の質の向上を重視するようになり，その実現が可能となるような安定的で平和な社会を

求めている。それも自国にとどまらずグローバルな視野に立って世界的な規模で求めている。それは経済的繁栄，社会的公正の維持，環境の質の向上がバランスよく達成されて持続的な発展（サステナビリティ）が可能となる地球社会の実現が望まれていると言い換えることができるであろう。

ここでいう経済的繁栄とは，まずは企業に対して社会に有用な財・サービスを提供するという経済的機能を果たすことを求めているものと理解される。企業の事業活動があって初めてわれわれは生活を豊かにする財やサービスの提供を受けることができるからである。また雇用の確保もこの中に含まれるであろう。なぜならば，雇用は人々の生活基盤であり，雇用なしには財・サービスの購入はできず，生活の質の向上はありえないからである。

社会的公正の維持とは，企業が提供する財・サービスの安全性確保，労働現場における職場環境改善，職場あるいは地域社会，地球社会全体にかかわる人権擁護，さらには経済格差の是正，食糧不足，貧困問題の解決などがその内容であり，企業には社会との共存共栄の立場から，法令遵守（compliance）はもとより高い倫理観に基づく積極的貢献が要請されている。

環境の質向上は，資源枯渇，環境汚染，異常気象，温暖化といったさまざまな危機に直面する地球環境の保護，回復にほかならず，環境負荷が大きい企業にはこの面についても積極的取組みが望まれている。

このように現代社会は地球規模での持続的発展（サステナビリティ）に向けて企業に対して実にさまざまな要請を行っている。企業としては企業市民（corporate citizenship）の自覚を持ってこうした多様な社会要請に応えて，CSRを果たしていかねば，その存続自体が許されない厳しい時代になっている。情報化の進展による企業行動に関する大量の情報発信がその傾向に拍車をかける。このような状況から，経営学において企業と企業を取り巻く環境（市場・社会・地球環境）との関係をめぐって，企業が果たすべきCSRのあり方が重要課題としてクローズアップされるようになっているのである（図表4-1,参照）。

図表 4 − 1　企業と社会

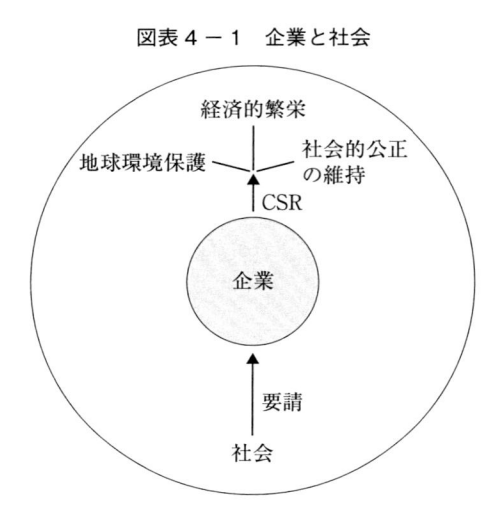

```
         経済的繁栄
地球環境保護    社会的公正
              の維持
         CSR
         企業

         要請
         社会
```

第 2 節　ステークホルダーとは

　しかしながら，企業と社会の関係，企業が社会に果たすべき CSR について考える際に，対象となる「社会」という概念が抽象的なままでは企業は一体誰に対して何を行えばよいのかわからないであろう。そのような企業の要請に応え，抽象的な「社会」をより具体的に捉えようとするのがステークホルダー理論である。ステークホルダー理論の誕生と発展により，今日われわれは企業の CSR の対象と CSR として果たすべき責任の内容について具体的に捉えることが可能となっている。

　ステークホルダーという用語が経営学の文献において初めて登場したのは 1963 年のスタンフォード研究所のメモであったといわれる。ステークホルダー理論の第一人者であるフリーマンによれば，当初のステークホルダーは「そのサポートなしには組織が存続できないグループ」と定義され，具体的には株主，従業員，顧客，サプライヤー（納入業者），債権者（金融機関），国や地方自治体といった企業との距離が近い友好的なグループがステークホルダーとして想

定されていた[1]。そこでは企業と敵対するようなグループ，あるいはNPO，NGOといった特定の利害を主張するグループはステークホルダーとしては認識されることはなかった。

しかし，その後，1970年のキャンペーンGMに代表されるように，1960年代後半から1970年代にかけて，急進的な社会活動家が企業の小口株主となり株主提案権行使等を通じて企業・経営者に対して社会的問題への積極的取組みを要求するなど，社会活動家が積極的に企業・経営者に対してCSR要請を行うようになっていった[2]。また，それまで企業に友好的な株主とされていた機関投資家も1980年代に入ると積極的に自らの利害を主張する，いわゆる「もの言う株主」へと転化する傾向が顕著となるなど[3]，特定の利害を主張して企業の経営に影響を与えるようなグループや人々が台頭してきた。このため，従来のステークホルダーの定義は再構築を迫られることとなった。

これを受けてフリーマンは，それらをすべて吸収する形でステークホルダー概念の再定義を行っている。すなわち「ステークホルダーとは，企業活動に影響を与える可能性のある，もしくは企業活動により影響を受ける可能性がある個人ないしはグループである」[4]と。そして，同時にフリーマンはステークホルダーに対する企業の姿勢として，「株主の利益か，従業員の利益か」というような思考様式から，「株主の利益も，従業員の利益も」という長期的視点に立った発想への転換を求めている[5]。

このようにステークホルダー概念の代表的な定義は，当初の狭義なものから広義なものへと変遷しながら今日に至っている。ステークホルダー理論におけるステークホルダー概念については，当初の定義の範疇にあるものを狭義のステークホルダー，再定義された広範囲のものを広義のステークホルダーと呼ぶこともあるが，ステークホルダー概念のこうした歴史的な展開そのものが，次節で取り上げる各種のステークホルダーの分類にも大きな影響を与えているといえるのである。

第3節　ステークホルダーの分類

　ステークホルダーを分類することは，ともすれば際限なく広がる可能性がある企業のステークホルダーについて一定の境界線を設定する際の参考になるものである。

　前節で見た広義，狭義のステークホルダー概念をベースとして分類基準はさまざま存在するが，その中でも典型的なステークホルダー分類法は，ステークホルダーを「プライマリー・ステークホルダー」と「セカンダリー・ステークホルダー」に分けるものである。「プライマリー・ステークホルダー」とは，①市場を通じて企業と結びつき，②それゆえに企業とは経済面において直接的な相互依存関係にあり，③企業活動に直接影響を与えることが可能なステークホルダーである。具体的には株主，従業員，債権者，納入業者，顧客，小売業者などが含まれる。一方，「セカンダリー・ステークホルダー」は，①市場以外のところで企業とかかわりを持ち，②それゆえ経済的に直接的に企業と結びつくことはないが，③企業活動により直接的，間接的に影響を受けるステークホルダーであり，具体的には行政機関，外国政府，社会活動団体，報道機関，経済団体，国，地域社会，一般市民などがこれに含まれる（図表4－2,参照）。

　実務界においては経済的な価値観のつながりに着目して，「経済的ステークホルダー」と「社会的ステークホルダー」に分類する考え方もある。「経済的ステークホルダー」は，企業とともに経済的価値を生み出すバリューチェーンを形成するグループで，経済的な利害が一致しやすく，企業と共存共栄の関係を築きやすいグループである。具体的には株主，従業員，債権者，取引先（仕入先，外注先，購入先），顧客，国・地方の行政機関が含まれる（図表4－3,参照）。この「経済的ステークホルダー」は，「そのサポートなしには組織が存続できないグループ」という当初のステークホルダー概念で想定されたグループと一致するものである。一方，「社会的ステークホルダー」においては，それぞれのステークホルダー同士は共通の価値観でつながっていない。また，企業と同

第4章　現代企業とステークホルダー　59

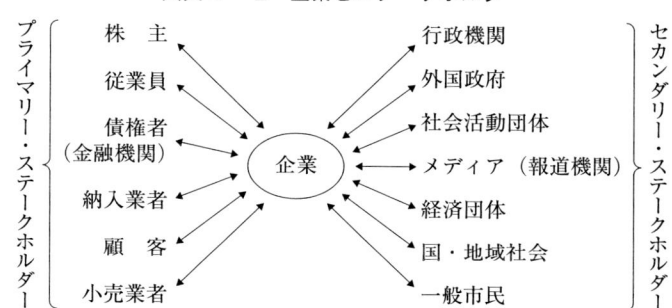

図表4-2　企業とステークホルダー

プライマリー・ステークホルダー ｛ 株　主／従業員／債権者（金融機関）／納入業者／顧　客／小売業者 ｝ → 企業 ← ｛ 行政機関／外国政府／社会活動団体／メディア（報道機関）／経済団体／国・地域社会／一般市民 ｝ セカンダリー・ステークホルダー

図表4-3　経済的なステークホルダー

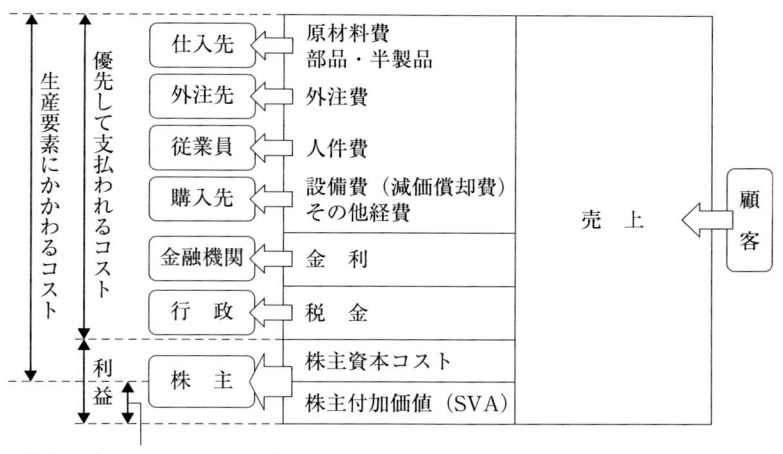

生産要素にかかわるコスト	優先して支払われるコスト	仕入先 →	原材料費　部品・半製品
		外注先 →	外注費
		従業員 →	人件費
		購入先 →	設備費（減価償却費）その他経費
		金融機関 →	金利
		行　政 →	税　金
	利益	株　主 →	株主資本コスト
			株主付加価値（SVA）

売　上　← 顧客

株主にとってのネットのリターン

出所：青井倫一監修・大和総研経営戦略研究所編著『ガイダンスコーポレートガバナンス』中央経済社，2009年，19ページ。

じ価値観を共有しているとも限らないグループであり，地域住民や一般市民，NPO，NGO といった社会活動団体などが含まれることになる[6]。

　別の分類として「法律上の義務・責任を負うステークホルダー」と「基本的には法律上の義務・責任を負わないステークホルダー」とに分ける方法もある。それぞれに属する具体的なステークホルダーとしては，「法律上の義務・

責任を負うステークホルダー」は，前段で紹介した「経済的ステークホルダー」に一致し，「基本的には法律上の義務・責任を負わないステークホルダー」についても同じく上述の「社会的ステークホルダー」に一致するものではあるが，分類基準の視点を変えることで企業にとってのステークホルダーに優先順位をつけることができるだけでなく，それぞれのステークホルダーに対して経済的な義務・責任を越えて企業が果たすべきCSRの具体的な内容について判断することが可能になるというメリットがある[7]。

　また，企業から見て内部・外部という視点に立って，「企業組織内部のステークホルダー」と「企業組織外のステークホルダー」に分類する方法もある。この分類では「企業組織内部のステークホルダー」として従業員，企業内労働組合が想定され，それ以外の株主，投資家，債権者，取引先，顧客などはすべて「企業組織外のステークホルダー」に分類される。

　企業はこのような各種のステークホルダーの分類を取り入れながら，これら広範なステークホルダーに対して，それぞれの優先順位を考慮しながらCSRを遂行し，その遂行状況について説明責任を果たしていくことになる。

　しかし，その説明責任は，企業による一方的な説明・報告で終わるのではない。その説明・報告を受けた各ステークホルダーにより評価され，承認が得られて初めて遂行されたと認められるものである。つまり，企業が説明責任を果たす際には，ステークホルダーとの真摯な対話が求められるのである。図表4－2において，企業とステークホルダーとを結ぶ矢印が双方向になっているのはこのような理由による。その意味で説明責任は，「企業がまず，あらゆるステークホルダーが十分理解できて評価が可能となるような真摯な説明・報告を行い，かつ対話を通じた説得性により彼らの承認を得る責任」であると認識されるべきものである。企業側の利害を代表する経営者は，説明責任をこのような双方向的なプロセスであると認識した上で，ステークホルダーに対するCSRに取り組むことが必要である。

第4節 ステークホルダーをめぐる新たな潮流
―CSRからMSPへ

　次に，ステークホルダーをめぐる新たな動向としてMSP（マルチステークホルダープロセス：Multi Stakeholder Process）という発想について見ておくこととする。MSPはCSRの隆盛に伴い1980年代に登場したもので企業とステークホルダーとの関係につき，従来のCSRという考え方に代わる新たな枠組みを提示するものである。

　MSPとは持続的発展が可能な社会を支える公共ガバナンス[8]の新たな形で，3者以上のステークホルダーが対等な立場で参加し合意形成を目指すプロセスのことをいい，たとえば企業だけ，あるいは企業とある特定のステークホルダーの2者間だけでは解決しがたい社会的課題に取り組むために3者以上のステークホルダーが参加して互いに意見を交えながら合意形成や意思疎通を図ろうとするものである。

　MSPの最大の特徴は，MSPに参加するメンバーの平等代表制である。企業を含めたそれぞれのメンバーはいずれも対等な立場で，そして各メンバーは相互に相手にとってのステークホルダーであるという関係性の中で参加するのである。また，MSPに参加するメンバー同士が相互にステークホルダーである以上，各メンバーは相互に対等な説明責任を負うという双務的な関係が前提となっている。要するに，MSPにおいてはすべての参加メンバーが権利だけでなく責任も平等に負担するのであり，企業もある社会的な課題の重要なステークホルダーの1人として，他のステークホルダーと同じ立場で参加することになるのである。

　このようなMSPの概念を図示したものが図表4－4である。これまでのCSRの議論は，図表4－2を見ればわかるように，企業を中心とし，企業が周囲のステークホルダーに対していかに責任を果たすのかに焦点が当てられていた。しかし，MSPの中心にあるのは解決すべき社会的課題であり，企業は

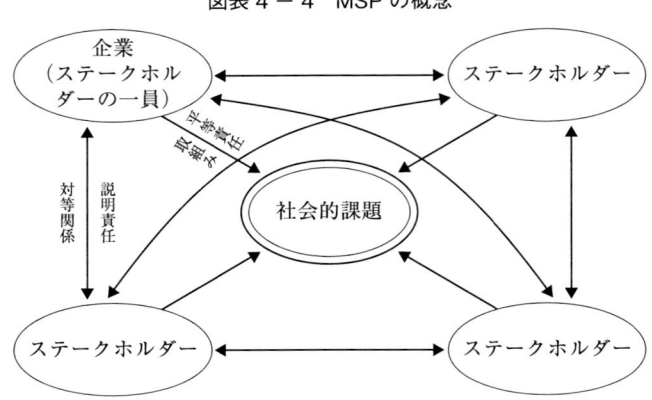

図表 4 − 4　MSP の概念

（図：企業（ステークホルダーの一員）、ステークホルダー（3つ）が「社会的課題」を囲み、相互に矢印で結ばれている。矢印には「平等責任」「取り組み」「対等関係」「説明責任」などのラベルが付されている）

その課題解決に向けて参加する対等なステークホルダーの一員として位置づけられるようになるのである[9]。

　MSPのメリットは，①MSPに参加するメンバー同士が対等な権利を有し，対等な責任を負うという平等代表制により，メンバー相互の信頼関係が深まる，②MSPに参加して社会的課題に取り組むことにより，参加メンバー自身の社会的存在意義が社会に承認される，③すべてのメンバーが対等な立場で取り組むことで社会全体にとっての最適が追求できる，④各メンバーに対等に責任を負わせることで，各メンバーの主体的，自主的な行動を促すことができる，⑤MSPへの参加を通じて各メンバーは相互に学習し，社会問題解決に必要な能力を高めることができるといった点があげられる[10]。

　今日，グローバル社会が直面する課題は山積しており，さらに1つひとつの課題が深刻なものになりつつある。それゆえ企業によるCSR活動だけで広範な社会的課題を解決に導くような成果をあげることは困難になりつつあることも事実であり，本気でCSRに取り組んでいる企業にとっては，ステークホルダーとの双方向の関係を構築することが不可欠な状況となっている。そのような状況に置かれている企業にとっては，MSP参加のメリットはとりわけ大きいものと思われる。

具体的にはまずは，企業が自ら積極的に MSP に参加することにより，自らの社会的課題への取組み姿勢や実際に遂行されている CSR 活動を広く社会に向けて PR できるであろう。あるいはまた自らが参加する MSP につき，自らのステークホルダーに対して積極的に参加を呼びかけて対等な立場で意見交換することにより，自社の戦略やこれまで実施し，成果をあげてきた CSR への取組みについて一層の理解と支援を確保できることも期待できるであろう。

一方で MSP は問題解決に向けて膨大な時間と労力が必要とされる点が欠点としてあげられている。しかし，その点を考慮しても企業は CSR 活動で成果をあげ，現代社会における自らの存続・維持・発展を確実なものとするために，企業市民として積極的に MSP に取り組むことは大きな価値があるものと考えられる。

【注】
(1) R.E. Freeman, *Strategic Management*, Pitman, 1984, pp.31-32.
(2) キャンペーン GM においては，ラルフ・ネイダー（Nader, R.）他の小口株主が，企業の社会的問題を重視する観点から，GM 社に対して株主提案権を利用して，定款変更，社外取締役の登用，CSR に関わる情報開示を求めており，まさに企業を対象とした社会運動といえるものであった。その他，ベトナム戦争で使用されたナパーム弾を製造していたダウ・ケミカル社に対するナパーム弾製造中止を求める株主提案がなされた事例（1969 年），イーストマン・コダック社の黒人雇用差別を追及するためにコダック社の株式を 10 株だけ購入し，株主総会において徹底的に批判を繰り広げたサウル・アリンスキー（Alinsky, S.）の事例などがある。
(3) 機関投資家とは年金基金，投資信託，保険会社，銀行，財団，大学基金など積極的に株式投資を行う機関の総称である。アメリカにおいては 1950 年代に株式所有主体としてその存在が注目されるようになり，その後急速に発展した。しかし，1970 年代までの機関投資家の株主としての行動は，経営に不満がない場合は常に経営者に賛同し，もし投資先企業の経営に不満がある場合でも，経営者との対話や議決権行使といった株主行動は行わず，速やかに保有株式の売却を選択するのが慣行であった。このような機関投資家の投資慣行はウォール・ストリート・ルールとして知られている。1970 年代までのアメリカ機関投資家は，そうした株式投資行動の特徴から企業のサイレント・パートナーであるとされていた。

（4）Freeman, *op.cit.*, p.25
（5）日本経営学会編「社会と企業：いま企業に何が問われているか」『経営学論集』80集，2010年，56ページ，参照。
（6）青井倫一監修・大和総研経営戦略研究所編著『ガイダンスコーポレートガバナンス』中央経済社，2009年，17～21ページ，参照。
（7）日本経営学会編，前掲書，8～11ページ，参照。
（8）公共ガバナンスとは，社会がいかなる方向に向かっているのかを常に監視しながら，社会全体がよりよいものになるように社会合意形成などを通じて導いていく社会統治活動のことをいう。
（9）佐藤正弘「新時代のマルチステークホルダー・プロセスとソーシャル・イノベーション」『季刊政策・経営研究』三菱UFJリサーチ＆コンサルティング，2010 vol.3，2010年，参照。
（10）同書，参照。

◆参考文献◆

青井倫一監修・大和総研経営戦略研究所編著『ガイダンスコーポレートガバナンス』中央経済社，2009年。
佐久間信夫編『よくわかる企業論』ミネルヴァ書房，2006年。
谷本寛治編著『CSR経営―企業の社会的責任とステイクホルダー』中央経済社，2004年。
日本経営学会編「社会と企業：いま企業に何が問われているか」『経営学論集』80集，2010年。

第5章
現代企業の社会的責任

第1節　はじめに

　第4章でも述べられているとおり，企業はさまざまなステークホルダーと関係を持ちながら活動している。それゆえ，企業はそのような各関係主体に対して，何らかの責任を負うことになる。これが「企業の社会的責任」(Corporate Social Responsibility，以下CSR) であり，2000年以降CSRをめぐって多様な議論が世界的に展開されている。日本でも，2003年は「CSR元年」と呼ばれ，それ以降CSRに関する議論や研究が活発化している。

　しかし，「企業の社会的責任」自体は，従来から議論されており，CSRは新しい概念というわけではない。日本においては，1970年代の公害や石油危機の際の買占めや便乗値上げなど，企業の活動が環境，地域住民，消費者などに与える影響が大きくなり，経団連を中心に企業の社会的責任が議論された。また，アメリカにおいても，1970年代にロッキード事件やウォーターゲート事件での企業の不正行為などが明らかになり，企業と社会との関係について再考を促されることになった。第6章でも詳しく述べられるように，とくにアメリカでは，企業倫理として，企業が法律や道徳的な規範をいかに遵守して活動を行っていくか，それを促進するにはどのような外的圧力や制度化を推進していくべきかなどが議論の中心となっていった。

　このようなことから，従来，日本やアメリカなどで議論されてきた企業の社会的責任は，企業活動から生じる負の影響をいかに最小化していくかという

「消極倫理」に焦点を当てるものであった。しかし，近年の CSR の特徴は，そのような消極倫理を内包しつつも，地球温暖化や途上国問題などのグローバルな課題解決を通じて「持続可能な発展」(sustainable development) を達成するための企業活動として捉えられている。ポジティブな影響をステークホルダーに及ぼす CSR 活動に取り組むことが，企業それ自体の競争力強化にも資すると考えられるようになっており，「積極倫理」としての取組みが顕著になっている[1]。

　本章では，現代企業の社会的責任ともいえる CSR について，各研究者の定義や枠組みを踏まえて，まずその概念を整理する。ついで，CSR が求められる背景，および国連や各国政府などが進める CSR への取組みの流れを見る。そして，CSR のパフォーマンス測定に関する CSR 報告書の発行動向や目的について若干の考察をして，近年議論されている CSR の特徴や意義について問うてゆく。

第2節　CSR の概念

1．CSR の定義

　CSR は，研究者・NGO（非政府組織）・政府機関などによって多様に定義されてきており，統一的な定義はないといえる。以下では，CSR に関する代表的な定義のいくつかを見ることで，CSR の概念を整理する。

　EU（欧州連合）では，CSR を議論するために，2002 年にマルチステークホルダー・フォーラムを設立し，その最終報告書が 2004 年に発表されている。そこでは，CSR は以下のように定義されている。

　　「CSR とは，環境や社会における課題事項を自発的に事業活動に取り組んでいくことであり，法律や契約上の責任を超えるものである。…中略…CSR は，企業のビジネスの中核に位置づけられ，利益を上げることに加え，ステークホルダーとの対話を通じて環境や社会の課題事項を解決し，企業の

長期的な持続可能性に貢献するものでもある」[2]。

近年，イギリスは，政策にも位置づけるほどCSRが活発な「CSR先進国」と呼ばれている。そのイギリス政府もCSRの定義を発表している。

「企業が行える自発的な活動であり，また，最小限の法律的要請というコンプライアンスを超えるものであり，企業自身の競争力強化と広範な社会的要請に応じるものである」[3]

また，日本の代表的CSR研究の定義も以下のようになされている。

「企業活動のプロセスに社会的公正性や環境への配慮などを組み込み，ステイクホルダー…中略…に対してアカウンタビリティを果たしていくこと。その結果，経済的・社会的・環境的パフォーマンスの向上を目指すこと」[4]

これらの定義からわかることは，まず，CSRは法律や規制によって強制されるのではなく，自発的な行動ということである。ついで，企業の事業活動にCSRが組み込まれる必要があるということである。そして，社会や環境に対する課題を解決することが，企業の競争力強化や持続可能性の向上につながることである[5]。企業は社会的な責任を自覚し，事業活動に社会・環境問題などの課題を解決する仕組みを自発的に構築し，それによって企業自身の競争力も強化していく。これが近年のCSRということができる。

2．CSRのピラミッド・モデル

CSRには，どのような社会的な責任が含まれるのであろうか。キャロル（Carroll, A.B.）は，企業の社会的責任の内容について「CSRピラミッド」(The Pyramid of Corporate Social Responsibility) という階層型のモデルを提示したことで知られている（図表5－1）。以下では，このCSRピラミッドを若干修正したモデルを踏まえて，CSRに含まれる責任とその性質を考察していく。

CSRは，低次から高次にわたる4つの責任によって構成される。まず，最も基礎的な責任となるのが，法律や規則を遵守することであり，今日ではコンプライアンス（法令遵守）と呼称されている。日本でも，2006年6月に成立し

図表5－1　CSRピラミッド

```
         社会貢献的責任
       「良き企業市民であれ」
     コミュニティ・ライフの質の向上に
           貢献せよ，というもの

           倫理的責任
         「倫理的であれ」
     正しく，公正な行動をする義務を負う

           経済的責任
          「利益を上げよ」
        事業を通じて利益を上げる

            法的責任
          「法律を遵守せよ」
    法律は社会的な規則の集大成であるため，こ
    れにしたがいビジネスに参加せよ，というもの
```

出所：A.B.Carroll & A.K.Buchholtz, *Business & Society : Ethics and Stakeholder Management*, South-Western College Publishing, 1999, p.37.
水尾順一「CSRマネジメント―企業の社会的責任経営―」日本経営士会編『MANAGEMENT CONSULTANT』Vol.635, 2005年, 5ページ。

た金融商品取引法において，内部統制を構築することでコンプライアンスを徹底することが求められている。CSRの定義では，CSRは法令や規則遵守を超える自主的な責任とされていたが，コンプライアンスが実行できていなければ本末転倒である。さまざまな課題解決を図る積極倫理の性質が強いCSRにおいても，まず基盤となるのはコンプライアンスなのである。

　経済的責任も，基礎的な責任事項に位置づけられる。経済的責任とは，事業活動を通じて利益を上げることを指している。損失を計上しつづけている企業では，取引先や従業員への支払いなど，ステークホルダーに対する分配機能を果たすことができない。また，損失額が大規模になり負債を抱えて倒産するようなことがあれば，ステークホルダーに対して多大な影響を及ぼしてしまう。それゆえ，法律を遵守した上で事業活動を通じて利益を上げることも，企業にとっては社会的責任として含まれるのである。

そして，これら基礎的な責任を土台にして，倫理的責任と社会貢献の責任という上位の責任事項を企業は果たす必要がある。倫理的責任とは，社会通念や道徳的な側面において正しくない行動をしないというものである。たとえば，労働規制の弱い発展途上国における児童労働は，コンプライアンス違反ではなくとも，勉学に励む時期の児童を就労させるという点で倫理的な行動ではない。また，企業内において，能力が同じでも男性ばかりが昇進できて，女性は昇進できないような男尊女卑的な企業の行動も倫理的とはいえない。法律は必要最低限の規制をしているのであって，それを超える道徳や社会通念に照らし合わせて正しい行動をする責任も企業は負っており，これが倫理的責任ということになる。最も高い次元の責任である社会貢献的責任は，フィランソロピーやメセナなど文化・社会活動への寄付行為，地域経済の発展やボランティア活動を通じた地域コミュニティへの寄与など，企業がその事業活動の内外を通じて社会貢献を行うものである。

このように法令を遵守するコンプライアンスから社会貢献まで，企業は消極的なものだけでなく，積極的な社会的責任を負っていることがわかる。そして，このような社会的責任を企業は自ら自覚して，日常の事業活動に取り込み，企業自身（経済）の発展だけでなく，社会と環境がともに持続可能に発展する"Win-Win"の関係を目指すことがCSRということができよう。

第3節　CSRの背景

CSRが議論されるようになった背景は，以下の4点に整理される[6]。第1に，世界的なレベルで頻発する企業不祥事があげられる。たとえば，日本では，バブル崩壊後の1990年代に，山一證券や日本長期信用銀行などの金融機関で粉飾決算がしばしば見られた。2000年以降も，三洋電機やカネボウの粉飾決算のほか，自動車メーカーのリコール隠し，食品メーカーの食品偽装や賞味期限改ざん，製造業の偽装請負など企業不祥事には枚挙にいとまがない。また，世界に目を向けても，エンロンやワールドコムにおける粉飾決算と巨額負債によ

る破綻，リーマンブラザーズの破綻に端を発するサブプライム問題，その他，イギリスの石油大手BPによるメキシコ湾原油流出[7]など，2000年代以降も企業不祥事は頻出している状況にある。

　第2に，先進国・途上国を問わず進展している経済のグローバル化という課題があげられる。いまや大企業だけでなく，中小企業においても，世界各国へ生産拠点や販売拠点を求めて積極的な海外展開が行われている。このような多国籍企業が，法規制の弱い途上国において，児童労働，人権侵害，政府との癒着などの問題を発生させてきている。1990年代には，スポーツ用品の世界的ブランドであるナイキが，途上国において児童を労働させたとして批判されることになった。また，ロイヤル・ダッチ・シェルのナイジェリア操業における原油流出や環境運動家の殺害関与疑惑なども世界的に批判されることになった。このように，グローバル化は，人権，労働，環境などの側面から，多国籍企業の途上国操業における深刻な課題を浮き彫りにしたのであった。

　第3に，多様な価値観を持ったNGOの台頭とICT（情報通信技術）の発展もCSRの背景としてあげられる。環境問題を中心にCERES（セリーズ）やグリーンピースなどNGOの活発な活動もCSRを促進している要因の1つと考えられる。中にはシーシェパードのような過激な環境保護団体も存在するが，このようなNGOが多国籍企業の非倫理的な活動を監視する主体になり得ることも否定はできない。また，NGOの活動は，ICTの発達とも密接に関係し，多国籍企業の途上国操業における問題が迅速に世界各国に波及することになる。ICTによってネットワーク化された情報通信網は，企業のCSRに関する活動の情報を瞬時に世界中に発信し，そのような情報は，企業としても自社の評価に影響するためCSRを意識せざるを得ない状況がつくられることになる。

　最後に，市場からもCSRを促進するメカニズムが働いていることがあげられる。これには，企業の製品やサービスを取引する消費市場と，企業の株式が売買される投資市場の2つの側面が含まれている。まず，消費市場に関しては，地球規模の環境問題に直面して，消費者からも環境に配慮した製品を購入する動きがある。たとえば，ハイブリッドカーなどの「エコカー」の販売台数

の大きな進展，欧米各国に見られるグリーン・コンシューマリズムのような環境負荷の少ない製品を積極的に購入する運動や消費者環境教育など，消費市場の側面から環境に配慮した製品購入の積極化が進んでいる。また，途上国の自立支援を促すフェアトレードの販売高も世界各国で増加しており，消費者の意識は環境だけでなく，公正取引や人権なども含むようになっている[8]。そして，環境や人権などで社会的な問題を抱える企業の製品に対しては，不買運動も展開されることがある。実際に，温室効果ガス（GHG）の排出削減に否定的で，京都議定書などさまざまなGHG削減運動に反対したアメリカの石油大手エクソン・モービルに対して展開された"Stop Esso"キャンペーンなどが知られている。

　投資市場からCSRを促進する動きとしては，社会的責任投資（Socially Responsible Investment, SRI）の台頭があげられる。SRIとは，「企業への株式投資の際に，財務的分析に加えて，企業の環境対応や社会的活動などの評価，つまり企業の社会的責任の評価を加味して投資先企業を決定し，かつ責任ある株主として行動する投資手法」である[9]。近年では，年金基金や投資ファンドなどを中心にSRI投資残高を拡大しており，2007年の市場規模は，アメリカが2兆7,110億ドル（約220兆円），欧州が2兆6,654億ユーロ（約300兆円）というようにきわめて大きな市場になっている[10]。そのため，企業としても，CSRに積極的に取り組むことが，SRIを呼び込み資金調達や株価維持などに寄与することになる。従来，英米流のいわゆる「アングロ・サクソン型」の企業経営では，投資効率を向上させて株主価値を追求することで，その結果として当該企業の株価や時価総額も向上すると考えられてきた。もちろん，現在においても株主価値や株主利益の最大化といった考え方は根強いが，企業の社会性という側面も投資家からの投資尺度の1つになっているのである。

　このように，世界レベルで頻発する企業不祥事，経済のグローバル化の進展に伴い生じた課題，NGOの台頭とICTの進展，市場におけるCSRの浸透といった4つの側面から，CSRの背景をまとめることができる。

第4節　CSRの近年の動向

1．CSR促進を目的としたさまざまな取組み

図表5－2　CSRに関するガイドラインおよび政策の動向

1992年4月	CERES原則
1994年7月	コー円卓会議企業行動指針
1996年9月	ISO14000シリーズ　環境規格
1997年9月	トリプル・ボトム・ラインの提唱
1997年後半	GRI発足―CERESを母体
1999年11月	AA1000（社会倫理説明責任研究所）
2000年3月	リスボン・EUサミット
2000年6月	OECD多国籍企業ガイドライン
2000年6月	GRIリポーティング・ガイドライン
2000年7月	国連グローバル・コンパクト
2000年7月	年金法改正による社会的責任投資の間接義務化（イギリス）
2001年4月	CSR担当大臣の設置（イギリス）
2001年5月	会社法改正，CSR担当大臣の任命（フランス）
2001年7月	CSRに関するグリーン・ペーパーの発表（EU）
2002年10月	企業責任法案の提出（イギリス，未成立）
2004年11月	事業・財務レビュー（OFR）によるCSR情報の開示義務化（イギリス，未成立）
2010年11月	ISO26000　SR規格

　上記のような背景の下で，CSRを促進するさまざまなガイドラインや政策などが，国連，各国政府，経営者団体，NGOなどから発表され，今日では企業がCSRを実施する際の準拠枠が提供されている（図表5－2）。本章では，紙幅の関係上，すべてを説明することはできないが，とくに主要な取組みについて説明していく。

(1) 1990年代の取組み

　まず，1990年代の動向として，1992年にCERES原則が発表されているが，これは環境問題への取組みを促進するCERESという投資家団体によって定められたものである。1989年に，エクソン（エクソン・モービルの前身）のタンカーが，アラスカ沖で座礁して原油流出事故（バルディーズ号事件）を起こし大規模な環境汚染を生じることになった。このような事態に直面して，CERESは環境問題に対して企業が遵守すべき10原則を策定し，この原則を受け入れた企業に積極的に投資することを決めたことから，SRIを促進する1つの契機にもなっている。

　1996年には，ISO（International Organization for Standardization，国際標準化機構）によって，ISO14000という環境規格が定められた。ISO14000は，EMS（Environment Management System，環境マネジメント・システム）を導入することによって，環境保全への取組みを企業の業務に統合することを目的に作成されている。このISO14000に加えて，品質規格であるISO9000を認証していなければ，国際的な取引を円滑に進められないことから，今日では多くの企業がISOの認証を受けており，EMSを業務に組み込む動きが広まっている[11]。

　CSRが世界的な潮流となり，CSRに対するステークホルダーからの要望が高くなるにつれて，企業はCSRへの取組みとその成果を報告する必要性も出ている。上場企業ならば，財務報告書を年次または四半期ごとに作成・公表する義務を負うが，CSRの成果を公表するCSR報告書の作成も今日では報告義務になりつつある。しかし，財務報告書と異なり，CSR報告書は，企業が自発的に発行するものであるため，都合の良い情報だけが掲載されていたり，項目ごとの基準が統一されていないなどの問題を有する。それゆえ，CSR報告書に一定の基準を設けるべくCERESを母体にGRI（Global Reporting Initiative）が1997年に設立され，2002年にはGRIリポーティング・ガイドラインが公表されている。このガイドラインは，透明性，中立性，比較可能性といった要件を踏まえて，経済・環境・社会といったトリプル・ボトム・ラインの側面からCSR報告書の基準を定めている[12]。

(2) 2000年以降の取組み

 2000年代以降のCSRの動向としては，国連のCSRへの関与，さらには地域や政府レベルでCSRを経済政策の一環に位置づけようとする取組みが見られる。国連の取組みとしては，アナン（Annan, K.A.）前国連事務総長が提唱し発足した国連グローバル・コンパクトがある。これには，2010年3月時点で，世界各国の7,998におよぶ企業やNGOなどの団体が加盟している。グローバル・コンパクトは，企業に企業市民としての立場の自覚を促し，企業がグローバルな課題解決の一端を担うことで，持続可能なグローバル経済の実現を目指そうという取組みである。人権，労働，環境，腐敗防止の4つの観点から10原則が定められ，参加する企業や団体はその遵守が求められる[13]。国連も，持続可能な発展のために企業の積極的な取組みを求めており，CSRを促進する大きな役割を担っているのである。

 地域や政府レベルの取組みとしては，EU行政機関，イギリスやフランスといったEU各国の取組みが顕著に見られる。EUレベルでは，2000年3月のリスボン・サミットにおいて，EUの持続可能な発展戦略が明確に打ち出され，雇用問題を含めた「社会」と「経済の競争力」の両立の必要性が説かれた。さらに，2001年のヨーテボリ・サミットにおいて「環境保護」も加えられ，EUとして持続可能な発展には，経済・社会・環境の3つの側面を同時に成立させる必要があることが認識されることになった[14]。そして，EUの経済産業政策を担う欧州委員会（EC）が，2001年にCSRに関するグリーン・ペーパー（"Promoting a European Framework for Corporate Social Responsibility）を発表し，2002年には，マルチステークホルダー・フォーラムを開催してCSRに取り組む姿勢を明確に打ち出し，政府，企業，NGOなど多様な参加主体の下でCSRについて議論を重ねていった。

 政府としてのCSRへの取組みについては，とくにイギリスの動向が顕著である。2000年には年金法を改正し，年金基金に対して，投資の際の判断基準として投資先企業の財務的な数値だけでなく，投資先の環境や社会に対する取組みの評価実行について公表することを義務づけた。これによって，同国で

は，年金基金が投資先企業の社会・環境面を実質的に考慮せざるを得なくなり，SRIが間接的に義務化されることになった。さらに2001年4月には，日本の経済産業省に相当する旧貿易産業省に，CSRを統括する専任の閣僚（CSR担当大臣）が設置されるなど，政府の経済政策の一環にCSRが深く組み込まれることになった。このような動きは，フランスなどにも影響を及ぼし，EUでは，欧州委員会を中心とするEU地域レベルに加えて，各国でもCSRが政策レベルに組み込まれ，企業のCSRを促進させている。

また，2010年11月には，ISO26000SR規格が発表されている。SR規格（Social Responsibility）は，組織に対する社会的責任を明確化することを意図して作成された国際規格である。ISOでも組織の持続可能な発展において，CSRの重要性が認識されCSR自体の規格化が発表されたことで，今後，CSR活動をさらに促進する要因になると考えられる。

2. CSR報告書の発行状況と目的

前述のとおり，CSRはさまざまなステークホルダーから要請される企業の社会的責任であり，企業はCSRを実行するだけでなく，その取組みや成果を公表する必要がある。これは各社が発行するCSR報告書によってなされる。以下では，先進各国企業のCSR報告書の発行状況やその目的について若干ではあるが考察していく。

図表5-3は，CSR報告書の発行状況を各国別に見たものである。なお，G250とは，アメリカの経済誌"*Fortune*"が毎年発表する「世界の500大企業」（Global 500）のうちの上位250社のことを指している。この図表から，日米欧の大規模な多国籍企業においては，2005年には日本企業が80％，イギリス企業が71％，アメリカ企業が32％，フランス企業が40％，オランダ企業が29％という発行割合であったものが，2008年には，それぞれ88％，84％，73％，47％，60％と大きくCSR報告書を発行する企業の割合が増加している。

また，CSR報告書を発行する目的は，純粋に倫理的な動機に基づくものば

図表 5－3　G250 における各国別の CSR 報告書の発行状況

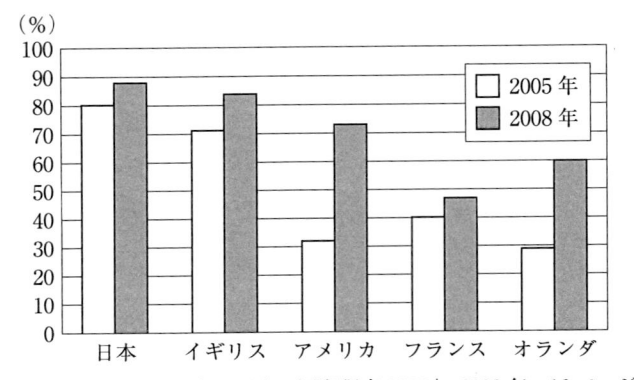

出所：KPMG「CSR 報告に関する国際調査 2008」, 2008 年, 16 ページ。

図表 5－4　CSR 報告書の作成目的

出所：KPMG, 前掲書, 18 ページ。

かりでなく多様である（図表 5－4）。そこには，何らかの経済的な動機を明確に見ることができる。企業のブランド価値の向上であったり，リスク削減，CSR に取り組むことによる従業員のモチベーション向上，資金調達を有利にしたりなど，多様な側面から CSR は経済的な動機に基づいて行われている。それゆえ，現代企業にとって，CSR は企業戦略の一環としての位置づけがなされるようになっており，社会的責任を果たすために資金や労力などのコストを要したとしても，長期的には採算性があると考える企業が多いようである。

第5節　むすび

　本章では，現代企業の社会的責任として，世界的に議論されている CSR について，その定義と概念，背景，近年の動向を中心に考察してきた。CSR は，企業が法的な責任を果たすだけでなく，グローバルな社会や環境問題の解決を通じて企業自身の競争力を高めるための取組みであり，トリプル・ボトム・ラインの考え方を基礎にしている。また，企業が負う責任には，法的責任，経済的責任，倫理的責任，社会貢献的責任といった下位から上位にわたる4つの責任によって構成されている。

　CSR が企業に求められてくるのには，世界的レベルで発生する企業不祥事，経済のグローバル化で生じる課題，NGO の台頭や ICT の普及，市場からの CSR 促進という4つの背景がある。そして，このような背景の下で，CSR に関するガイドラインや政策が国連や各国政府などから示され，企業の CSR 活動に一定の枠組みが付与されている。また，ステークホルダーからの CSR への要請が高まるにつれて，企業は CSR に取り組んだ成果を公表するようになっており，その目的としては経済的動機も強く含まれることから，企業自身も CSR が長期的には当該企業の競争力強化に資するものであると認識していることがわかる。

　CSR は「見せかけ」のものではなく，事業に統合・実行されて初めて意義のあるものになる。しかし，評価形成という目的に傾注するあまり実際のマネジメントには CSR が十分に浸透せず，結果として大きな問題を生じるケースもしばしば見受けられてきた。そのような場合には，最終的に当該企業の評価を下げることにもなる。それゆえ，CSR の実行は，長期的な競争力強化を意図しつつも，「誠実さを目指す戦略」である必要がある[15]。

【注】

(1) 積極倫理と消極倫理については，水尾順一「CSRマネジメント—企業の社会的責任経営—」日本経営士会編『MANAGEMENT CONSULTANT』Vol.635, 2005年を参照されたい。
(2) European Multistakeholder Forum on CSR, "Final Results & Recommendation", 2004.
(3) The United Kingdom Government Homepage (http://www.societyandbusiness.gov.uk 2007年8月15日アクセス)。
(4) 谷本寛治「新しい時代のCSR」谷本寛治編著『CSR経営—企業の社会的責任とステイクホルダー—』中央経済社, 2004年。
(5) 環境や社会に対する責任を果たすことによって，企業の競争力（経済）を高める"Win-Win"の発想を「トリプル・ボトム・ライン」(Triple Bottom Line) という。これは，1997年にイギリスのサステナビリティ社のエルキントン（Elkington, J.）が提唱したものであり，経済性・環境性・社会性の3つの側面から企業を評価する手法である。GRIリポーティング・ガイドラインやCSRの各定義にも見られるように，現在のCSRの中核をなす考え方となっている。所 伸之「企業の社会的責任論の変遷」佐久間信夫編『よくわかる企業論』ミネルヴァ書房, 2006年, 46ページ。
(6) CSRの背景については，水尾順一「CSRと企業倫理」佐久間信夫編『よくわかる企業論』ミネルヴァ書房, 2006年, 50〜51ページで提示されている背景を踏まえて論じている。
(7) 2010年のBPによるメキシコ湾での原油流出は，現在のところ正確な流出量は判明していないが，1989年に起きた過去最大のタンカー座礁事故での流出量をはるかにしのぐ量となっている。また，BPは作業計画の遅れを取り戻すために，十分な安全管理を怠っていたとの報道もあることから，単純に事故とは言いがたい側面もある。
(8) フェアトレード・ラベル・ジャパンホームページ (http://www.fairtrade-jp.org 2010年10月3日アクセス)。
(9) 社会的責任投資フォーラム（SIF-Japan）ホームページ
    (http://sifjapan.org/sri/index.html 2010年10月10日アクセス)。
(10) 同上。なお，円換算レートは，2010年10月18日の外国為替相場（1ドル＝81円25銭，1ユーロ＝112円64銭）に基づいて計算している。
(11) ISOの取得件数ならびにEMSの仕組みについては，日本工業標準調査会ホームページ (http://www.jisc.go.jp) を参照されたい。
(12) Environmental Information & Communication Network ホームページ
    (http://www.eic.or.jp 2010年10月28日アクセス)。
(13) グローバル・コンパクト・ジャパンネットワークホームページ

(http://www.unic.or.jp 2010年10月4日アクセス)。
(14) 藤井敏彦『ヨーロッパのCSRと日本のCSR—何が違い，何を学ぶのか—』日科技連出版社，2005年，21ページ。
(15) L.S.ペイン著，梅津光弘・柴柳英二訳『ハーバードのケースで学ぶ企業倫理—組織の誠実さを求めて—』慶應義塾大学出版，1999年。

◆参考文献◆

F.コトラー・N.リー著，恩藏直人監訳『社会的責任のマーケティング—「事業の成功」と「CSR」を両立する—』東洋経済新報社，2007年。
J.ベイカン著，酒井泰介訳『ザ・コーポレーション—わたしたちの社会は「企業」に支配されている—』早川書房，2004年。
谷本寛治編著『CSR経営—企業の社会的責任とステイクホルダー—』中央経済社，2005年。
藤井敏彦『ヨーロッパのCSRと日本のCSR—何が違い，何を学ぶのか—』日科技連出版社，2005年。
森本三男『企業社会責任の経営学的研究』白桃書房，1994年。

第6章
現代の企業倫理

第1節　はじめに

　近年，法令違反を理由とした企業倒産が増加している。帝国データバンクの調査によれば，2007年度にコンプライアンス違反を理由に法的整理となった企業（負債額1億円以上）は，146件で，2006年度の102件に比べ43.1％増加した[1]。違反類型トップは「粉飾」(35件)，業種別では建設業が最も多かった。また，法令に違反しなくても企業倫理に反する行為が理由となって倒産するケースも出てきている。

　名門料亭として知られていた船場吉兆は，商品の消費・賞味期限の改ざんや牛肉・鶏肉の産地表示偽装が発覚し，企業としての評価を落としたが，当初，売上にはそれほど大きな影響が出なかった。しかし，お客の食べ残した料理を後のお客に提供する「使い回し」が発覚すると，売上は激減し，予約のキャンセルが相次いだ。「使い回し」は当時の食品衛生法に違反する行為ではないので，コンプライアンス違反にはならないが，「使い回し」の発覚を契機に，船場吉兆は廃業に追い込まれることになった。この事例はコンプライアンスのみならず，倫理に関してまで社会の目が厳しくなり，これらへの違反によって企業の存続が許されなくなってきていることを示している。

　かつてコンプライアンスを含めた企業倫理遵守を実践するためには，経営者の姿勢が重要であるとする考えが多かった。あるいは企業行動憲章の制定によって倫理問題を解決できるとする考え方も多かった。しかし，これらは企業倫

理問題に対処する方策のほんの一部にすぎない。企業倫理を確立するためには，企業倫理の制度化と呼ばれる一連の施策が求められる。本章では企業倫理の制度化について検討し，それが日本企業においてどの程度整備されてきているかみていくことにしたい。

第2節　アメリカの企業倫理の現状

　アメリカにおいて企業倫理への社会的関心が高まったのは1970年代であった。その契機となったのは1972年から1974年にかけてのウォーターゲート事件（the Watergate）から明らかになった企業の不正献金，1975年ごろから続発した多国籍企業の贈賄・不正政治献金，1973年の石油危機の際の企業の暴利追求行為などであった[2]。その後80年代にはカナダ，イギリス，ヨーロッパ諸国においても企業倫理への関心が高まり，昨今，「『企業倫理のグローバリゼーション』（globalization of business ethics）が論ぜられ，企業倫理の国際比較が盛んに試みられる」状況となっている。

　このような企業倫理への社会的関心の高まりを背景に，アメリカでは1980年代の中ごろから企業倫理への社会的取組みが，「学術的専門研究」，「高等教育機関における教育」，「企業経営における実践」の3方面において，相互の連携・協力のもとに行われてきている[3]。

　まず学術的専門研究の方面を概観するならば，アメリカのビジネススクールなどにおいて企業倫理学が正規の学問分野として認められ，この科目の講義のためのテキストブックが大量に出版されはじめたのは1980年代のはじめであった[4]。1990年代にはさらにこの分野の書物が大量に出版されることになった。また企業倫理の分野の専門学術誌としては1982年創刊の *Journal of Business Ethics* と同年創刊の *Business and Professional Ethics Journal* および1991年創刊の *Business Ethics Quarterly* の3誌をあげることができる。*Business Ethics Quarterly* は「企業倫理研究の分野での中心的な学会である The Society for Business Ethics の機関誌であるが，学会そのものは1979年の創設」で，

この機関誌が創刊される以前は学会の活動状況は前出2誌に掲載されてきた[5]。

アメリカでは相次ぐ企業不祥事に危機感を抱いたビジネスマンたちが大学に企業倫理教育の実施を要求してきた。このような産業界からの強い要請もあって，アメリカの大学における企業倫理教育はきわめて充実したものとなっている。

アメリカでは，すでに1990年代に企業倫理を実践するための制度が整備されていた。1992年にフォーチュン誌（*Fortune*）に発表されたアンケート調査によればフォーチュン誌の全米大企業ランキング上位1,000社のうち，回答企業の「40パーセント強が企業倫理に関するワークショップやセミナーを実施してきており，約3分の2が最高役員によって構成される倫理委員会（ethics committee）を設置しているという。また約200社が常勤の倫理担当役員（ethics officer）の職位を設けているが，それは通常，上級副社長レベルで，会長もしくは前述の倫理委員会の直属であるという。そして，経験豊富な上級役員が任命され，社内の ombudsman として機能するとともに，ホットラインを設けるなどして内部告発（whistle blowing）を助成する役割を果たすものとされている。そのほか，企業倫理に関わる業務処理基準の厳密化，社内広報・教育訓練・指導助言の効果的手法の開発・活用，さらには管理者の行動の倫理性に関する同僚・部下による評定制度の導入など，各種の具体的事例が紹介されている」[6]。

企業経営における企業倫理の実践にとって決定的に重要なことは，「『ルール違反』行為や『反社会的』行動の発生を確実に阻止することのできる社内体制の樹立」であるが，このような社内体制の確立は「企業倫理の制度化」(institutionalization of business ethics) と呼ばれ，その内容は次のようなものである[7]。

① 体系的で明確に記述された倫理的行動規範の制定
② 規範の浸透ならびに遵守を保証する教育訓練の徹底
③ 問題の発見・疑問の発生に際しての通報・相談などに即時・的確に対処

する専門部署の設置
④ 倫理問題担当専任役員（ethics officer）の選任

　企業倫理は個別企業における企業倫理の制度化や教育・研究活動などを通して実践されるのであるが，その実践は企業倫理に対する社会の問題意識，しかも時代とともに変化していくステークホルダーの要求を十分反映したものでなければならない。また，企業倫理は企業や教育機関の中だけで実践されるのではなく，社会的支援の下で行われるのでなければ十分な効果を期待できない。中村瑞穂は企業倫理の実現が社会的に取り組まれなければならない問題であるとして，企業倫理の実現への取組みの過程をアメリカの経験を踏まえながら体系化している（図表6－1）。

図表6－1　企業倫理の実現に向けての社会的取組み

企業倫理の専門領域	社会的支援体制

［発生契機］　［基本要素］　［活動分野］　　　　　　　　　　　　　　　［最終成果］

実在事象　　事例分析　　研　究　　　各種利害関係者／支持

問題意識　→　課題事項　　教　育　　　国　家／公的助成

実践施設　　制度化手法　　実　務　　　業　界／自主規制

　　　　　　　　　　　　　　　　　　　個別企業／経営倫理　→　倫理的業績

出所：中村瑞穂「序章　企業倫理と企業統治」中村瑞穂編著『企業倫理と企業統治』文眞堂，2003年，7ページ。

　企業倫理の実現に向けての社会的取組みを中村の主張にしたがって検討することにしたい[8]。アメリカでは1980年前後に3つの方面からの取組みが整えられた。それは企業倫理に関する多面的な専門研究，その成果を内容に盛った学部および大学院段階での系統的研究および個別企業内部における包括的かつ体系的な実践である。

図表6-2　企業倫理の課題事項——関係領域と価値理念——

〈関係領域〉	〈価値理念〉	〈課題事項〉
①競争関係	公正	カルテル，入札談合，取引先制限，市場分割，差別対価，差別取扱，不当廉売，知的財産権侵害，企業秘密侵害，贈収賄，不正割戻，など。
②消費者関係	誠実	有害商品，欠陥商品，虚偽・誇大広告，悪徳商法，個人情報漏洩，など。
③投資家関係	公平	内部者取引，利益供与，損失保証，損失補填，作為的市場形成，相場操縦，粉飾決算，など。
④従業員関係	尊厳	労働災害，職業病，メンタルヘルス障害，過労死，雇用差別（国籍・人種・性別・年齢・宗教・障害者・特定疾病患者），専門職倫理侵害，プライバシー侵害，セクシャル・ハラスメント，など。
⑤地域社会関係	共生	産業災害（火災・爆発・有害物漏洩），産業公害（排気・排水・騒音・電波，温熱），産業廃棄物不法処理，不当工場閉鎖，計画倒産，など。
⑥政府関係	厳正	脱税，贈収賄，不当政治献金，報告義務違反，虚偽報告，検査妨害，捜査妨害，など。
⑦国際関係	協調	租税回避，ソーシャルダンピング，不正資金洗浄，多国籍企業の問題行動（贈収賄，劣悪労働条件，年少者労働，公害防止設備不備，利益送還，政治介入，文化破壊），など。
⑧地域環境関係	最小負荷	環境汚染，自然破壊，など。

出所：中村瑞穂，前掲稿，8ページ。

　この3分野の活動を一貫し，これらの活動を一体化させているのは，事例分析，課題事項の概念，制度化手法の3つである。個別事例に関する分析の成果そのものが企業倫理教育に対し，適切な教材を提供する。企業の倫理問題についての課題事項は，体系的に提示されるべきであるが，その際に多くの課題事項は利害関係者の概念に即して分類し体系化することができる。

　すでに述べたように，企業倫理の制度化は企業倫理を個別企業で実践していくために「特定の制度・機構・手段などを整備・設置・採用することにより，企業倫理の実現を客観的に保証し，組織的に遂行する」ものである。

　企業倫理が効果的に実践されるためには，その実践が個別企業の努力のみに委ねられるのではなく，これを社会的に支援していく体制が必要である。企業倫理に対する社会的支援の方法には自主規制（self-regulation）と公的規制（regulation）がある。自主規制は業界団体，企業団体，経営者団体等がメンバー企業の倫理的行動を促進ないし相互に支援する体制を確立することを意味する。公的規制は，アメリカの連邦量刑ガイドラインに代表されるように，中

図表 6-3　罰金の増減

	最低	最高
プログラムあり，報告した 責任を認めた，協力した	68万5,000	274万
プログラムあり，報告せず 責任を認めず，協力せず	548万	1,096万
プログラムなし，報告せず 責任を認めず，協力せず	1,370万	2,740万
プログラムなし，報告せず 責任を認めず，協力せず 上級経営者が関与した	2,740万	5,480万

（単位＝米ドル）

出所：梅津光弘「改正連邦量刑ガイドラインとその背景：企業倫理の制度化との関連から」『三田商学研究』第48巻第1号，慶應義塾大学出版会，2005年4月，150ページ。

央・地方の政府機関が企業倫理の実現を促進する方向でさまざまな措置を実行することである。

連邦量刑ガイドラインは，企業倫理の制度化が行われている企業が違法行為を行った場合，罰金額が大幅に軽減されるというものである。逆に企業倫理の制度化が行われていない企業が違法行為を行った場合には，罰金額が重くなる。同じ違法行為をしたとしても，連邦量刑ガイドラインにより，罰金額の多い企業と少ない企業の差は最大で80倍になるといわれる（図表6-3）。アメリカでは連邦量刑ガイドラインにより，企業倫理の制度化を行っていない企業が巨額の罰金を科せられて倒産に至るリスクが高まったため，企業倫理の制度化が急速に進展することになった。

第3節　1990年代までの日本の企業倫理

日本の企業倫理への取組みは，企業行動憲章の制定から始まったと考えられるので，まず企業行動憲章の制定状況から見ていくことにしよう。

アメリカにおいては，1964年に大企業の40％，1979年には73％，1987年には85％が企業行動憲章を制定している[9]。1970年代に企業行動憲章の制定率が急上昇したのは，この時代に企業倫理に対するアメリカ社会の関心が高揚したことを反映している。企業行動憲章の普及率は，西欧諸国で41％，日本の有力企業218社（1991年）のうち30％であり[10]，90年代初頭の日本は1960年代のアメリカより低い水準にある。

わが国においては企業不祥事が発生するたびに企業倫理の確立が叫ばれ，その着手として企業倫理綱領の制定の必要性が訴えられてきた。企業不祥事に関連して取り上げられる企業倫理綱領の制定状況についての調査報告から日本の企業倫理の現状をうかがい知ることができるので，次に最近のいくつかのこの種の調査報告書について見ていくことにしよう。

「企業倫理綱領」ないし「企業倫理規定」は，日本の企業や経済団体などにおいては，「企業倫理綱領，企業倫理規定，企業行動基準，企業行動指針，倫理行為綱領，ビジネス行動規範，ビジネス・コンダクト・ガイドライン，企業行動憲章」などという具体的名称で呼ばれている[11]。ここではこれらのさまざまな名称をほぼ同一の内容を持つものと理解することにしたい。

相次ぐ企業不祥事は経営者および担当者の逮捕や，監督官庁の当該企業に対する業務停止などの処分，それによって引き起こされた業績不振や経営危機など，きわめて大きな経済的・社会的影響をもたらしてきた。企業倫理の確立はこうした企業不祥事防止にとって不可決の重要課題である。経済広報センターによる「企業人1000人緊急アンケート調査」によれば，企業役員の約7割（72.7％）が，不祥事の再発防止のためには「企業倫理行動基準を具体的に策定することが重要である」と回答している[12]。

日本企業における不祥事の続発は産業界自身によるこの問題への取組みを促すところとなり，経団連は1996年12月に企業行動憲章の見直しを行った。また，日本監査役協会は1997年4月の第44回監査役全国会議において「企業倫理の確立と監査役の役割」を主題として取り上げた。日本監査役協会はこの監査役全国会議に先立って，1997年1月から2月にかけ，1,850社の監査役を対

象に大規模なアンケート調査を行っている（回収数1,191社，回収率64.4％）。回答企業のうち資本金5億円未満の企業は8社（0.67％），不明25社であり，その他はすべて資本金5億円以上であったため，ほとんどが大企業と考えることができる。この調査から日本企業において頻発する不祥事についてその発生原因や防止策，あるいは企業倫理への取組みの現状に関する，当時の監査役の認識を知ることができる。

まず企業不祥事を実際に起こした企業は回答企業のうち約20％にのぼり，資本金500億円以上の企業においては4社に1社の割合で不祥事を起こしている[13]。企業不祥事の具体的発生事例は，資本金の多い企業で「独禁法違反」，「取締役・従業員の刑事事件」の比率が高く，資本金の少ない企業は「巨額損失」の比率が高くなっており，バブル経済崩壊後に発生比率が高くなっている。

企業不祥事の発生要因は「行き過ぎた業績至上主義」（73.4％）や「経営トップのワンマン独断専行」（71.5％）と考えられており，「倫理行為綱領がないこと」（11.8％）を発生要因にあげた監査役は少なかった。また企業不祥事の抑止力として有効なものは「経営トップの姿勢・誠実性」（89.6％），「組織・責任と権限，内部牽制制度」（62.0％）などであり，「倫理行為綱領」（10.8％）と答えた比率は低かった。

企業不祥事再発防止のために企業がとった具体的措置は「経営トップの姿勢を明示」（85.8％），「組織，責任と権限，内部牽制制度の見直し」（67.8％）などであり，「倫理行為綱領の新設，改訂」（29.2％）を行った企業の比率は低かった。さらに再発防止のために有効と考えられる方法としては，「経営トップの姿勢」（86.7％）や「組織，責任と権限，内部牽制制度の見直し」（57.5％）などの回答が上位を占めており，「倫理行為綱領の新設，改訂」（18.0％）という回答は少なかった。

アンケート調査では，倫理行為綱領についての詳細な質問が繰り返し行われており，このことから日本監査役協会が，企業不祥事発生の理由や防止の抑制力および再発防止策として倫理行為綱領の有無およびその内容が重要であると認識していたことがうかがわれる。しかし，日本監査役協会のこのような意図

に反して実際の企業の監査役たちは，企業不祥事は「経営トップの姿勢」や企業の「組織，責任と権限，内部牽制制度」などの企業の組織や制度と関係していると認識していたのである。すなわち，日本企業の現場を経験してきた監査役たちは，どんな立派な倫理綱領を持ったとしても経営トップが倫理の確立に積極的でなかったり，企業内の組織や制度が整備されていないならば，企業倫理の実践に効果がないことを知っていたと考えられる。企業不祥事防止のためには企業倫理の制度化が必要であり，その手はじめとして倫理綱領の制定が必要なのであるが，このアンケート調査は企業倫理の実践が監査役によって，このような体系的なプロセスとしてとらえられていなかったことを示しているように思われる。

アメリカにおける「企業倫理の制度化」の進展状況との対比で日本の状況を顧みるならば，日本の監査役たちは企業不祥事の発生原因を「経営トップの姿勢」というあいまいな要因に見いだしているものの，組織や制度という「企業倫理の制度化」の欠如という要因についてもある程度の認識を持っていることがわかる。しかし，同時にこの調査結果は，日本の経営者の企業倫理に対する認識が稀薄であり，経営者がこの問題にほとんど真剣に取り組んでいないことが，日本の企業倫理問題の核心をなしていると多くの監査役たちがいらだちを隠しきれないでいることをも示している。

次に日本監査役協会は企業倫理行為綱領の制定状況や内容などについてのアンケートを行っているが，ここからわが国の企業倫理行為綱領の当時の状況を知ることができる。まず，企業倫理行為綱領を制定している企業は472社（39.6％）で，制定していない企業の719社（60.4％）を下回っている。資本金額の多い企業ほど制定している比率が高く，資本金50億円未満の企業では制定率が3割であるが，資本金500億円以上の企業では制定率は6割に達する。これらの企業倫理行為綱領は半分は「宣言的色彩が強い」（50.6％）ものであるが，「具体的な行為内容が盛り込まれている」（43.9％）ものも4割を超えており，ステークホルダーとの関係についての規定が多いのが特徴である（図表6－4）。

これらの綱領が制定された時期は昭和40年代と50年代が最も多く，その改

第6章　現代の企業倫理　89

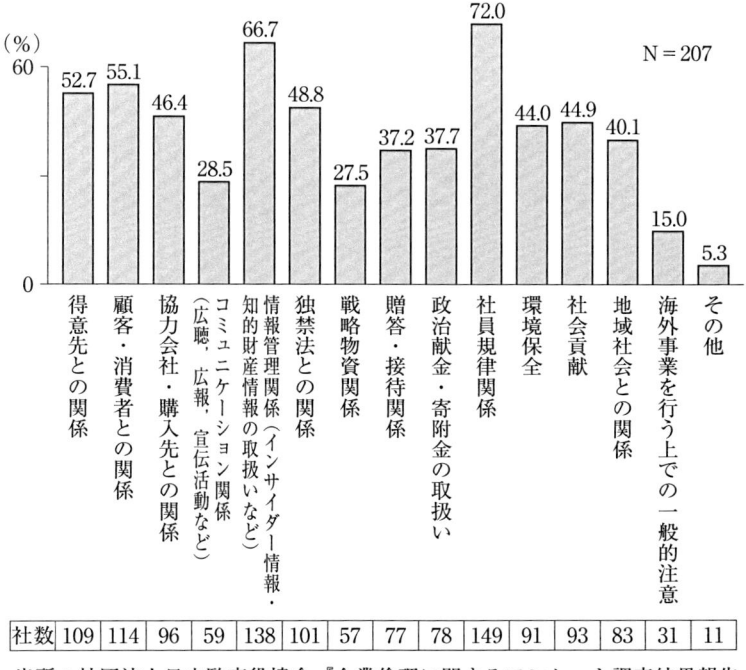

図表6－4　企業倫理行為綱領の内容

項目	%	社数
得意先との関係	52.7	109
顧客・消費者との関係	55.1	114
協力会社・購入先との関係	46.4	96
コミュニケーション関係（広聴、広報、宣伝活動など）	28.5	59
情報管理関係（インサイダー情報・知的財産情報の取扱いなど）	66.7	138
独禁法との関係	48.8	101
戦略物資関係	27.5	57
贈答・接待関係	37.2	77
政治献金・寄附金の取扱い	37.7	78
社員規律関係	72.0	149
環境保全	44.0	91
社会貢献	44.9	93
地域社会との関係	40.1	83
海外事業を行う上での一般的注意	15.0	31
その他	5.3	11

N＝207

出所：社団法人日本監査役協会『企業倫理に関するアンケート調査結果報告書』1997年，32ページ。

訂はバブル崩壊後に集中している。綱領の認知度およびその周知，徹底の方法などについての調査によれば，ほとんどの企業が「社内報」「パンフレット」「随時くり返す」「社内規定」などの方法によって「全社員」(82.6%) に対して周知させており，末端従業員にまで浸透している企業も43.4%にのぼっている（図表6－5）。

　経団連は日本企業の相次ぐ不祥事への対応策として1991年に「経団連企業行動憲章」を発表した。しかし，この企業行動憲章が会員企業に周知されたと言うことは決してできない。経団連が1996年に行ったアンケート調査によれば，企業行動憲章の周知に努めていると答えた会員企業は45%（努めていない

図表6-5　企業倫理行為綱領の周知・徹底が行われた範囲

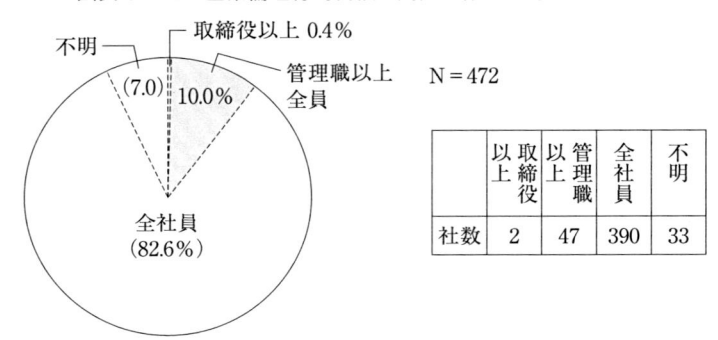

不明 (7.0)
取締役以上 0.4%
管理職以上 10.0%
全社員 (82.6%)

N = 472

	取締役以上	管理職以上	全社員	不明
社数	2	47	390	33

出所：社団法人日本監査役協会『企業倫理に関するアンケート調査結果報告書』1997年，36ページ。

図表6-6　企業行動憲章を社内で周知するために実施している活動（複数回答）

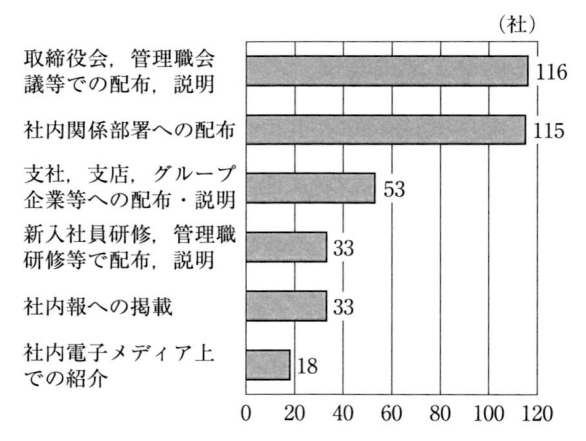

（社）

- 取締役会，管理職会議等での配布，説明　116
- 社内関係部署への配布　115
- 支社，支店，グループ企業等への配布・説明　53
- 新入社員研修，管理職研修等で配布，説明　33
- 社内報への掲載　33
- 社内電子メディア上での紹介　18

出所：田中　清「新しい『経団連企業行動憲章』と企業倫理に関する経団連の取組み」日本能率協会編『先進企業28社にみる企業倫理規定実例集』日本能率協会マネジメントセンター，1998年，49ページ。

は42％），企業行動憲章を知っている，全体を読んだと答えた企業は54％にとどまった[14]。

　この実態を重視した経団連は1996年12月に新しい「経団連企業行動憲章」を決定し，その周知に努めた。それは主に次のような方法によった[15]。①経

団連会長が直接，理事会や常任理事会などで会員企業の社内への周知を呼びかける。②各種フォーラムや報告会を開催し，会員企業の意識高揚に努める。③経団連の機関紙に毎号掲載するなど，常に会員の目に触れるように工夫する。④警察庁・警視庁，日弁連などの関係機関と連携し，憲章の普及に努める。⑤国際会議などで新憲章を海外にも紹介する。

　経団連のこのような努力の結果，1997年6月から7月のアンケート調査によれば，新憲章の周知，徹底は大きく向上し，「新しい『企業行動憲章』の全文を読んだという回答は93％に達し」た[16]。

　日本における企業倫理の実践はアメリカに約20年遅れているといわれるが，個別企業内における企業倫理の制度化は1990年代まで，企業倫理綱領の制定とその内容の周知という最も初期の段階にとどまっていたということができる。当時，企業経営者は企業倫理綱領の制定をもって企業倫理実践が完了したというような認識を持っていたように思われる。

　企業倫理が企業において現実に実践されるためには，制定された企業行動憲章が従業員に遵守され，実施されているかどうかを常にチェックしていかなければならない。このような規制遵守チェック機関としてアメリカ企業では，コンプライアンス委員会，ホットライン，オンブズマン制（corporate ombudsman system），倫理オフィス（corporate ethics office）などが設けられている。1990年代まで，日本ではアメリカのような独立した規制遵守チェック機関は例が少なく，人事部や法務部の一部にこの機能を担当させることが多かった[17]。

　アメリカ企業においては，企業倫理を実践する最高責任者として企業倫理を担当する役員が任命されているのが普通であり，かれらはエシックス・オフィサー，コンプライアンス・オフィサーなどと呼ばれている。日本企業においては，1990年代まで，企業倫理の実践をチェックする専門の機関を持つことがなく，人事部や法務部などの既存の部署がこれを代替していたため，エシックス・オフィサーやコンプライアンス・オフィサーなどといった役員が任命されることもなかった。1997年，日本の有力企業を中心に設立された「経営倫理実践研究センター」の会員企業では副社長，専務，常務，部長クラスの有力者

が「経営倫理担当責任者」として任命されていたのが実情であり，「米国優良企業のように，既存の部署から独立したオフィスとして設置」することが望まれていた[18]。

4大証券会社と第一勧業銀行の総会屋への利益供与事件は，1997年に野村證券社員の内部告発から発覚し，5社合計で31人の最高経営層が商法違反などの罪で公判請求され，自殺者まで出すなど日本の金融業界をゆるがす大事件に発展した。この事件が示すように，内部告発を受けとめる体制を企業に整備することは，企業不祥事を発見するのに役立つだけでなく，これによって早い段階で不祥事に対応することができるようになるため，深刻な事態への発展を防止する効果が期待できる。

このような従業員からの内部告発や企業倫理についての相談を受容する制度として，アメリカでは「倫理ホットライン」「倫理ヘルプライン」などが設けられており，70年代後半から80年代前半に有力な米国企業に浸透した。「現在では，『連邦量刑ガイドライン』に基づき，法令遵守プログラムの重要なツールとなっている」[19]が日本では一部の外資系企業以外にはほとんど制度化されていなかった。

企業倫理の実践を企業倫理委員会の設置，企業倫理監査，実例実情調査，倫理的業績を評価した人事考課等によってフォローアップすることも重要である[20]。

第4節　日本における企業倫理制度化の進展

日本経営倫理学会の実証調査研究部会は，1996年から3年ごとに「日本における企業倫理制度化に関する定期実態調査」を実施し公表している。最新の調査は2008年に実施され，2009年に公表されているので，ここではこの調査報告に基づいて，1996年からこの12年間の日本における企業倫理制度化の進展状況をみていくことにしたい[21]。

企業倫理の確立に対する意識は2002年（第3回調査）頃から高くなり，社

図表6-7 企業倫理の確立に関する意識の実態と変動傾向

		第1回企業数(%)	第2回企業数(%)	第3回企業数(%)	第4回企業数(%)	第5回企業数(%)	ポイント差
1	企業が社会の一員として責任を果たし、社会に貢献していくためにも、企業倫理の確立は不可欠である。	78 (70.9)	74 (78.7)	95 (84.8)	132 (87.4)	63 (85.1)	-2.3
2	ビジネス界で生じているスキャンダルや不祥事を未然に防ぐために、各社は企業倫理の確立に真剣に取り組むべきである。	18 (16.4)	17 (18.1)	17 (15.2)	19 (12.6)	11 (14.9)	+2.3
3	ビジネスに携わっている人々は一般的に良識ある人々であるから、あえて企業倫理を声高に叫ぶ必要はない。	12 (10.9)	2 (2.1)	0 (0.0)	0 (0.0)	0 (0.0)	+0.0
4	倫理・道徳というのは、学校教育や家庭のしつけの問題であり、企業が特に取り上げる問題ではない。	1 (0.9)	0 (0.0)	0 (0.0)	0 (0.0)	0 (0.0)	+0.0
5	企業倫理の基準はあいまいであるから、法律さえ、遵守すれば良い。	―	0 (0.0)	0 (0.0)	0 (0.0)	0 (0.0)	+0.0
6	ビジネスと倫理は本来相容れない問題である。	0 (0.0)	0 (0.0)	0 (0.0)	0 (0.0)	0 (0.0)	+0.0
7	そもそも企業倫理とは何かがよく分からない。	1 (0.9)	1 (1.1)	0 (0.0)	0 (0.0)	0 (0.0)	+0.0
	合　計	110	94	112	151	74	―

(注) 無回答は第1回調査が2社、第2回調査が3社、第3回調査が0、第4回調査が1社、第5回調査は1社である。ポイント差は第5回調査と第4回調査との比較である。
出所：中野・山田・福永・野村「第5回　日本における企業倫理制度化に関する定期実態調査報告」『日本経営倫理学会誌』第16号、2009年、152ページ。

会的責任の観点から「企業倫理の確立は不可欠である」と回答した企業は80％を超えている。第5回調査（2008年）ではこれに「スキャンダルや不祥事の未然防止という視点から企業倫理の確立が必要」と回答した企業を含めると、100％の企業が企業倫理の確立が必要と回答している。

　96年の第1回調査では、企業倫理の確立が必要と回答した企業は87.3％であった。しかし、「特別な仕組みを講じて企業倫理の確立に努めている」と回答した企業は12.7％に過ぎなかった。調査報告書はこれを「意識と実態の乖離現象」と述べている。2008年の第5回調査では「特別な仕組みを講じて企業倫理の確立に努めている」企業は82.7％に上昇し、12年間で大きく上昇した（図表6-8）。

図表 6 − 8 企業倫理確立に向けた取組み姿勢の実態と変動傾向

		第1回企業数(%)	第2回企業数(%)	第3回企業数(%)	第4回企業数(%)	第5回企業数(%)	ポイント差
1	とくに「企業倫理の確立」ということを意識した努力をしているわけではなく個々の従業員の良識に任せている。	31 (27.7)	15 (15.6)	5 (4.5)	2 (1.3)	2 (2.7)	+ 1.4
2	「企業倫理の確立」に向けて意識的に取り組んでいるが，そのための特別な仕組みを講じておらず，あくまでも通常の経営システムの範囲内で取り扱っている。	67 (59.8)	46 (47.9)	44 (40.0)	36 (24.0)	11 (14.7)	− 9.3
3	特別な仕組みを講じて「企業倫理の確立」に向けての取り組みに努めている。	14 (12.7)	35 (36.5)	61 (55.5)	112 (74.7)	62 (82.7)	+ 8.0
	合　計	112	96	110	150	75	―

(注) 第1回調査の無回答は1社，第3回調査の無回答は2社，第4回調査の無回答は2社，第5回調査の無回答は0である。
出所：同上稿，153ページ。

　企業倫理の制度化はこの12年間で著しく進展した[22]。第4回調査（2005年）から第5回調査（2008年）の間に増加したのは「レポーティング・システムの導入」（10.9ポイント増），「企業倫理専門担当者の配置」（8.9ポイント増）などである。この2項目は第1回調査においては，ほとんど実施している企業はなかった。不祥事が続発し，それが企業経営の根幹をゆるがすような事態に発展するようなケースも多くなった。内部通報制度の導入によって，早い段階で不祥事の芽を摘みとり，大きな事件に発展するのを防ごうとする企業の意識が高まったためと考えられる。すなわち，レポーティング・システムはリスク・マネジメントの手段としても重視されてきている。

　実施率の高い項目は「企業倫理規範の制定」（98.6％），「レポーティング・システムの導入」（91.8％），「企業倫理委員会の設置」（86.5％），「企業倫理担当者の配置」（85.1％）などである。一方，企業倫理規範の社内への浸透は社内教育によって実践されており，新入社員や管理者だけでなく，全社員を対象とした企業倫理教育・研修によって行われている企業が一般的（75％）となっている。しかし，企業倫理教育・研修の形式は，「講義形式の座学が中心」（60.8％）であり，倫理教育において効果が高いといわれる「ケース・スタディ等による討

議が中心」(17.6％) と回答した企業はわずかであった。ケース・スタディを用いた企業倫理教育・研修の比率を高めることが日本企業の課題であろう。

【注】
（1）帝国データバンク「第4回：コンプライアンス違反企業の倒産動向調査」2008年5月12日。
　　http://www.tdb.co.jp/report/watching/press/p080502.html
（2）中村瑞穂「企業倫理と日本企業」『明大商学論叢』第80巻第3・4号，176ページ。以下もこれによる。
（3）同上稿，169ページ。
（4）K.O. Hanson, Book Review：Business Ethics, *California Management Review*. Vol. XXVI, No.1, Fall 1983.
（5）中村瑞穂「アメリカにおける企業倫理研究の展開過程」『明大商学論叢』第76巻第1号，1994年，223ページ。
（6）同上稿，215ページ。
（7）中村瑞穂「企業倫理と日本企業」『明大商学論叢』第80巻第3・4号，172ページ。
（8）同上稿，175〜179ページ。
（9）水谷雅一『経営倫理学の実践と課題』白桃書房，1955年，150ページ。
（10）同上書，153ページ。
（11）田中宏司「わが国における企業倫理規定の制定状況と実践の課題」日本能率協会編『企業倫理規定実例集』日本能率協会マネジメントセンター，1998年，15〜16ページ。
（12）同上稿，19ページ。
（13）日本監査役協会『企業倫理に関するアンケート調査結果報告書』1997年，7ページ。
（14）田中　清稿「新しい『経団連企業行動憲章』と企業倫理に関する経団連の取組み」日本能率協会編『企業倫理規定実例集』日本能率協会マネジメントセンター，1998年，45ページ。
（15）同上稿，48ページ。
（16）同上稿，49ページ。
（17）水谷，前掲書，156ページ。
（18）田中，前掲稿，38ページ。
（19）同上稿，39ページ。
（20）同上稿，40〜41ページ。
（21）中野・山田・福永・野村「第5回・日本における企業倫理制度化に関する定期実

態調査報告」『日本経営倫理学会誌』第16号，2009年，151～163ページ。
(22) この調査は2008年6月に，690社を対象に実施され，回答企業数は75社（有効回収率10.9％）であった。回答企業数が比較的少数であること，制度化の進んだ企業が積極的に回答してきている可能性があることなどを考慮すると，このアンケート結果をそのまま日本企業の実態と捉えるにはやや疑いが残る。日本の先進企業の趨勢と捉えるべきであろう。

◆参考文献◆

企業倫理研究グループ『日本の企業倫理』白桃書房，2007年。
田中宏司『コンプライアンス経営』生産性出版，1998年。
中村瑞穂編著『企業倫理と企業統治』文眞堂，2003年。

第7章
現代企業の環境経営

第1節　世界の環境に関する規制

　環境問題とは，人間活動に由来する環境の変化により発生した負の影響の総称である。20世紀における先進国の急速な工業化は，人間の暮らしに豊かさをもたらすと同時に，全地球に及ぶ環境負荷を増大させた。環境問題解消の方法とは，一方では環境規制の強化，他方で，企業等，環境汚染にかかわる主体の自主的・積極的な環境対策である。

　アメリカでは，1978年に起きた「ラブ・カナル事件」[1]を契機に制定された通称「スーパーファンド法」（"Superfund Act."）が運用されている。この法律は，有害物質に汚染された土地を浄化することを主な目的としており，責任対象は当時に遡及し，潜在的責任当事者として所有者・管理者や有害物質発生者だけでなく，有害物質の輸送業者や投・融資した金融機関にまで拡大される。

　わが国では，第二次世界大戦後の高度経済成長がもたらした公害，とりわけ，四大公害病を重要視して制定された公害対策基本法（1967年8月，法律第132号）を1993年11月に廃止し，「環境」という理解の中に大気や水などだけではなく，自然環境ならびに生態系をも含め，環境保全に関する施策の基本となる事項を定めた環境基本法を制定した。環境基本法では，個別の法において具体化されるべき基本理念を以下の3点規定している。

① 「環境の恵沢の享受と継承等」（第3条）

　　すなわち，「健全で恵み豊かな環境が人類の存続に不可欠であるという認識に立って，現在および将来世代がそうした環境を享受できるように環境保全をすべきである」こと。

② 「環境への負荷の少ない持続的な発展が可能な社会の構築等」（第4条）

　　すなわち，「低環境負荷型社会への移行，役割分担の公平性，科学的知見を充実させて未然防止を旨として環境保全がされるべき」であること。

③ 「国際的協調による地球環境保全」（第5条）

　　すなわち，地球温暖化対策をその典型とし，「地球環境保全は，国際的課題のみならず国内的課題でもあることを認識し，国際社会との協力のもとに施策を進めることが，求められている」こと。

さらに個別の環境法は，環境基本法の下に位置づけられ，廃棄物・リサイクルなどの分野については2000年に「環境循環型社会形成推進基本法」[2]が制定された。

環境政策の先進国といわれるヨーロッパでは，1960年代末から1970年代初頭にかけて，各国において，それぞれ環境政策の確立に向けた対策が始まるとともに，欧州共同体（EC）で国際的な枠組みを意図した「欧州共通環境政策」の構築が進められた。1980年代以降は，「環境保全のための政策統合」を基本理念として，EUにおいてさまざまな規制が進展しており，国際的な環境規制に多大な影響を与えている。以下では，世界的に影響力のあるEUにおける規制のうち，① ELV指令（End of Life Vehicles Directive），② RoHS指令（Restriction of the Use of the Certain Hazardous Substance in Electrical and Electronic Equipment），③ WEEE指令（Waste Electrical and Electronic Equipment），④ REACH規則（Registration, Evaluation, Authorization and Restriction of Chemicals）を取り上げる。

1．ELV指令（「使用済み自動車に関する指令」）

2000年10月に施行された自動車のリサイクル指令のことで，自動車からの

図表7-1 主な環境関連法令の体系

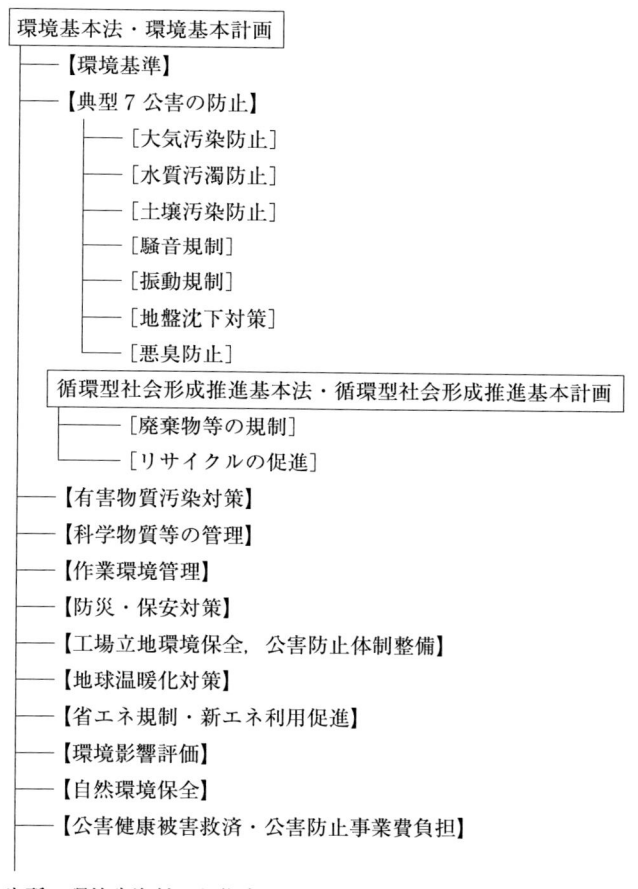

```
環境基本法・環境基本計画
├─【環境基準】
├─【典型7公害の防止】
│   ├─［大気汚染防止］
│   ├─［水質汚濁防止］
│   ├─［土壌汚染防止］
│   ├─［騒音規制］
│   ├─［振動規制］
│   ├─［地盤沈下対策］
│   └─［悪臭防止］
├─循環型社会形成推進基本法・循環型社会形成推進基本計画
│   ├─［廃棄物等の規制］
│   └─［リサイクルの促進］
├─【有害物質汚染対策】
├─【科学物質等の管理】
├─【作業環境管理】
├─【防災・保安対策】
├─【工場立地環境保全，公害防止体制整備】
├─【地球温暖化対策】
├─【省エネ規制・新エネ利用促進】
├─【環境影響評価】
├─【自然環境保全】
└─【公害健康被害救済・公害防止事業費負担】
```

出所：環境省資料より作成。

廃棄物発生の予防と使用済み自動車およびその部品の再利用，リサイクルおよび他の形態での再生によって廃棄物削減の促進を目的とする。環境へ与える影響を軽減するために，一部の例外を除き，鉛（Pb），水銀（Hg），カドミウム（Cd），六価クロムの使用を禁止する。

2. RoHS 指令（「電気・電子機器における特定有害物質の使用制限に関する欧州議会および理事会指令」）

電気・電子機器における特定有害物質使用制限に関する指令であり，2003年2月に発行され，2006年7月1日からEU25カ国で施行された。この指令は，個別商品における資源の調達から生産，輸送，販売，使用およびサービスの提供，廃棄，再利用に至るライフサイクルにおいて，人の健康や地球環境負荷を最小限に抑えることを目的としている。具体的には，鉛（Pb），水銀（Hg），カドミウム（Cd），六価クロム，ポリ臭化ビフェニール（PBB），ポリ臭化ジフェニルエーテル（PBDE）等，6種類の化学物質の電気・電子機器製品における使用規制であり，WEEE 指令と密接に関連する。

RoHS 指令に関連してわが国では，2005年12月に「電気・電子機器の特定の化学物質の含有表示方法」（"The Marking for Presence of the Specific Chemical Substances for Electrical and Electronic Equipment"）の規格として J-Moss JIS 規格（JIS C 0950）が施行され，この規格の遵守を義務づけた「資源有効利用促進法の改定」（2006年3月に政令改正，4月に省令改正，7月から施行），「電気・電子機器の特定の化学物質の含有表示方法（J-MOSS JIS）の改定」（2008年1月発行）が行われた。

なお，中国でも EU 規制に準拠した「電子情報製品生産汚染防止管理弁法」が中国版 RoHS 指令として施行されている（2007年1月公布，3月から施行）。

3. WEEE 指令（「電気・電子機器の廃棄に関する欧州議会および理事会指令」）

RoHS 指令と同時期（2003年2月）に公布された本指令は，電気・電子機器の廃棄に関する指令であり，廃棄機器の環境汚染に対する予防が最優先項目となっている。具体的には，回収・リサイクルについて製造者責任を付与し，回

収・リサイクルが容易な製品設計やマーキングをするとともに，費用の負担を求めた指令である。

4. REACH規則（「化学物質の登録，評価，許可，制限に関する規則」）

21世紀に向けて「持続可能な発展」（"sustainable development"）を目指す地球規模の行動計画である「アジェンダ21」の採択〔1992年「環境と開発に関する国連会議」（UNCED）〕や，人の健康と環境にもたらす悪影響を2020年までに最小化するための化学物質管理に関する指針である「ヨハネスブルグ実施計画」の採択〔2002年「持続可能な開発に関する世界首脳会議」（WSSD）〕，さらに，これを具体化するための「国際化学物質管理のための戦略的アプローチ」（SAICM）の採択などを通して，本規制は化学物質を適切に管理する国際的枠組みとして2006年12月18日欧州理事会で採決され，2006年12月30日の官報公示を経て，2007年6月1日に発効，EU25カ国で施行された。これは，「人の健康と環境の高レベルの保護，ならびにEU市場での物質の自由な流通の確保と，EU化学産業の競争力と革新の強化」を目的とする[3]。具体的には，安全性が確認されていない化学物質を市場から排除するために，EUで流通する製品（物質・調剤・形成品）に含まれる化学物質に対して登録・評価・認定を義務づけるものである。なお本規則は，EUの法体系[4]における「規則」であり，加盟国が各国内で運用する指令（上記1.～3.）とは異なり，加盟国すべてに適用される共通の法律である。さらに適用範囲は，EU領域内の事業者に限定されず，対EU輸出業者をも対象となるために，日本でも強い関心が示されている。

第2節　環境経営に向けた実践

環境問題の取組みの主体は，行政，市民，企業であるが，環境負荷の発生に最も関連が深いであろう企業の責任は重大である。現代における企業には，そ

の活動による企業自身の継続・発展にかかわる責任だけでなく，地球環境問題にかかわる責任も付与されているのである。環境問題の解消とは，企業ならびに社会が「持続可能な発展」を実現するために，環境負荷の解消を目的とする。その方法は，一般的に環境負荷をゼロないし最小限にする，そして現在の付加を減少させるという段階を経ていくことであり，その基本的な考え方に，「汚染者負担原則」（PPP）があるが，近年，その考え方も「拡大生産者責任」（EPR）へ，また事後処理から未然防止へ，すなわち，「予防原則」の適用へと必然的に変化してきたのである。

　企業界では，1991年に国際商業会議所（ICC）が，企業に環境倫理を求め，16項目からなる「持続的発展のための産業憲章」を制定し，自ら環境経営に取り組むことを求めた。これは，同年4月に開催された「第2回環境管理に関する世界産業会議」（WICEM）の場で正式に採択され，その目的を，環境パフォーマンスの改善・環境マネジメントシステムの推進・パフォーマンス測定ならびに環境報告の奨励とする。

　わが国では経済団体連合会（以下，経団連とする）が，1991年4月に，地域社会や地球環境と密接な関連を有する企業について，「その活動は，人間性の尊厳を維持し，全地球的規模で環境保全が達成される未来社会を実現することにつながるものでなければならない」，また「環境問題に対して社会の構成員すべてが連携し，地球的規模で持続的発展が可能な社会，企業と地域住民・消費者とが相互信頼のもとに共生する社会，環境保全を図りながら自由で活力ある企業活動が展開される社会の実現を目指し，企業も，世界の『良き企業市民』たることを旨とし，また環境問題への取組みが自らの存在と活動に必須の要件であることを認識する」ことを基本理念とする「経団連地球環境憲章」を制定した。これは，環境問題に取り組む基本姿勢や具体的取組みの指針を定めたもので，経済団体としては世界初の環境憲章であり，11分野24項目に及ぶ企業行動指針が示され，これらに即した具体的な行動計画の作成を会員企業だけでなく業界団体に求めている[5]。

　他方，経済同友会でも同年に「地球温暖化問題への取組み——未来の世代の

ために今なすべきこと」を取りまとめ，企業，政府，市民それぞれに対しての提言を行った。この提言は，エネルギーや物質の大量消費がベースとなる「現代文明そのものについての軌道修正が必要である」ことを基本理念とした上で，特に，企業に向けた提言の中で，温暖化対策のためには「現代のエネルギー消費社会，使い捨て社会を成り立たせてきた責任の相当部分は企業が負わなければならない」との認識を示している[6]。

また，日本の環境政策の根幹を定める環境基本法（1993年11月19日法律第91号）では，とりわけ事業者（企業）の責務を，他の主体よりも詳細に以下のように規定している（第8条）。

① 事業活動にあたって，公害防止と自然環境保全のための措置を講ずる責務，
② 事業活動に係る製品などが廃棄物になった場合に適正な処理が図られるための措置を講ずる努力義務，
③ 国・自治体の環境保全施策に協力する責務，

このことは，環境問題を規制にのみ頼ることの限界を認め，企業に対して，より積極的な対応を期待していることにほかならないのである。

なお，「環境経営」（"Environmental Management"）という語が，一般的に使用されるようになったのは1990年代後半である。環境経営とは，企業における経営活動に環境保全の促進のみならず，製品のライフサイクルにおけるすべての段階で環境に配慮する経営であり，今日では，企業が法令遵守を超え，自主的に実践することが不可欠となってきている。具体的には，企業においてトップ・マネジメントを中心とした適切な環境経営理念（方針）の確立と，環境マネジメントシステムや環境会計など，環境マネジメント技術の導入である。さらに優れた環境経営を実践する企業を支援する市場も注目される。以下では，環境経営の実践に不可欠である環境経営理念，環境マネジメント技術を，国際標準化機構（International Organization for Standardization；ISO）（以下，ISOとする）が提示する内容と併せて概観し，環境経営を支援するものとして環境配慮型市場について検討する。

1. 環境経営理念

　経営理念は，企業活動を展開する際に最も基本となる経営者の価値基準である。ISO（詳細は後述する）における規格 4.2「環境方針」では，経営者をはじめトップ・マネジメントに，環境方針を定め，遵守し，公表することを求めている。具体的に作成される方針には，
- ① 組織の活動，製品及びサービスの，性質，規模及び環境影響に対して適切である，
- ② 継続的改善及び汚染の予防に関するコミットメントを含む，
- ③ 組織の環境側面に関係して適用可能な法的要求事項及び組織が同意するその他の要求事項を順守するコミットメントを含む，
- ④ 環境目的及び目標の設定及びレビューのための枠組を与える，
- ⑤ 文書化され，実行され，維持される，
- ⑥ 組織で働く又は組織のために働くすべての人に周知される，
- ⑦ 一般のひとが入手可能である，

という7つの事項を満たすことを要求しており，経営者をはじめトップ・マネジメントは，これらに則り作成された方針を全社的に定着させる必要がある。

2. 環境マネジメント技術

　環境マネジメントシステムは，企業がその本来的活動を通し，環境保全に自発的かつ継続的に取り組むための管理運営を行う仕組みである。環境マネジメントシステムの標準規格には，ISOの発行したISO14000シリーズ（1996年発行，2004年改訂）が世界的に普及しているが，それ以外にも，イギリスのBS7750，欧州委員会が策定したEMAS，日本の環境省が発行したエコアクション21などがあげられる。

　ISO14000は，さまざまな組織における環境マネジメントとして適用可能で

あるため，その対象を企業にのみ限定せず組織一般としている。本項では，ISO14000シリーズを中心にマネジメントシステムとその関連領域（マネジメントシステムを促進する技術）を取り上げる。

① 環境マネジメントシステム（Environmental Management System；EMS）
　企業を含む組織が適切な環境への取組みを体制的に構築し，運用していることを関係者に対して提示するとともに，各組織の活動や製品・サービスの環境に対する負荷を低減するために有効的な環境マネジメントシステムの保持，ならびに運用の促進を目的としたISO14000シリーズに基づく審査登録制度が世界的に拡大してきている。
　ISO14000シリーズの中核を成すISO14001は，組織活動，製品ならびにサービスの環境負荷の低減といった環境パフォーマンスの改善を実施する仕組みが継続的に運用されるシステム（環境マネジメントシステム）を構築するために要求される規格である。そこでは環境マネジメントシステムを，「組織のマネジメントシステムの一部で，環境方針を策定し，実施し，環境側面を管理するために用いられるもの」と定義しており，5年ごとの見直しを要して14000シリーズの中では唯一認証登録を定めている。
　その過程は，ⅰ）計画（plan），ⅱ）実施および運用（do），ⅲ）点検（check），ⅳ）是正活動ないし改善（action）——であり，PDCAサイクルに則り継続的な改善を促進するように設計され，最後にマネジメントレビューの段階を持つ（図表7－2参照）。

② 環境パフォーマンス評価（Environmental Performance Evaluation；EPE）
　主に，大気汚染，水質汚濁，廃棄物，エネルギーのように測定可能な環境項目に対して，環境マネジメントシステムと同様にPDCAサイクルで運用し，評価する。日本では，ISO14031の発行を受けて，環境省が9つのコア指標を体系的に整理し，より具体的なガイドラインとして「事業者の環境パフォーマンス指標」（2002年改訂版）を公表している。

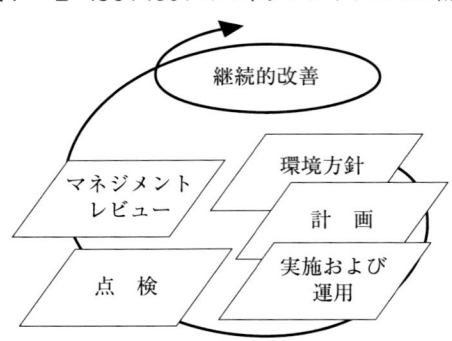

図表7－2　ISO14001のマネジメントプロセス概念図

出所：大西　靖「環境マネジメントシステム」佐和隆光監修『環境経済・政策学の基礎知識』有斐閣ブックス, 2006年, 363ページ, ISO, *ISO14001 : 2004Environmental Mental Management System Requirement with Guidelines for Use*, ISO, 2004.

③　環境ラベル（Environmental Label）

環境保全や環境負荷の低減に有用な商品，またその取組みに対し添付するラベルのことであり，消費者が環境に配慮した製品を選別するための情報であることを目的とする。ISOでは14020～14025が環境ラベルの規格となっている。日本では，1999年7月にISO14020の「一般原則」，2000年8月にISO14021・ISO14024，そして2008年6月にISO14025をJISに制定している。

ISO（JIS）におけるこれら規格では，環境ラベルを3つのタイプに分類している。

図表7－3　環境ラベルにおける3分類

認証の有無	タイプ	ISO/JIS Q	特　徴	例
有	タイプⅠ	ISO 14024 JIS Q 14024	・製品・サービスのライフサイクルを考慮し，基準以上を認証	・エコラベル（(財)日本環境協会） ・その他，各国における環境ラベル
有	タイプⅢ	ISO 14025 JIS Q 14025	・事前に設定された環境的特性に基づき，定量化されたデータを表示して開示 ・第三者認証	・エコリーフ環境ラベル制度（(社)産業管理協会） ・環境製品宣言（EPD）制度（スウェーデン環境管理評議会／(財)日本ガス機器検査協会）etc.
無	タイプⅡ	ISO 14021 JIS Q 14021	・主要12項目について検証方法を規定（拘束力無し） ・自己宣言による環境主張	・グリーンマーク ・再生紙使用マーク ・牛乳パック再利用マーク etc.

第7章　現代企業の環境経営　107

④　ライフサイクル・アセスメント（Life Cycle Assessment；LCA）
　製品やサービスに対する環境影響評価の手法のことである。主に個別の商品における資源の調達から生産，輸送，販売，使用およびサービスの提供，廃棄，再利用に至る各段階の環境への影響を定量的，客観的に評価する。ISO14040の規格においては，ⅰ）目的及び調査範囲の設定，ⅱ）ライフサイクルインベントリ分析，ⅲ）ライフサイクル影響評価，ⅳ）ライフサイクル解釈，ⅴ）報告，ⅵ）クリティカルレビュー——と6段階から構成されている。

⑤　環境適合設計（Design for Environment；DfE）
　調達，生産，輸送，販売，使用およびサービスの提供，廃棄，再利用（ライフサイクル）に至るまでの生産物連鎖のすべての段階で発生する環境負荷をより小さくするように配慮した製品・サービスの開発および設計のことである。

⑥　環境会計（Environmental Accounting；EA）
　環境省によれば，環境会計は「企業等が，持続可能な発展を目指して，社会との良好な関係を保ちつつ，環境保全への取組を効率的かつ効果的に推進していくことを目的として，事業活動における環境保全のためのコストとその活動により得られた効果を認識し，可能な限り定量的（貨幣単位又は物量単位）に測定し伝達する仕組み」であり，その機能は外部に対する機能（外部環境会計）と内部に対する機能（内部環境会計[7]）の2つに分けられる。環境省では各国の成果を取り入れ，環境保全コスト，環境保全効果，環境保全対策に伴う経済効果の測定・伝達の手引きとして2005年5月に「環境会計ガイドライン」(1999年「環境保全コストの把握及び公表に関するガイドライン」以降，数回にわたり改訂)を公表しており，環境と経済を連携させるのに有効的なシステムであるとして，近年，多くの企業がこれを導入している。

⑦　環境報告書
　企業が自らの活動において，環境配慮の取組み状況に関する情報を公開し，

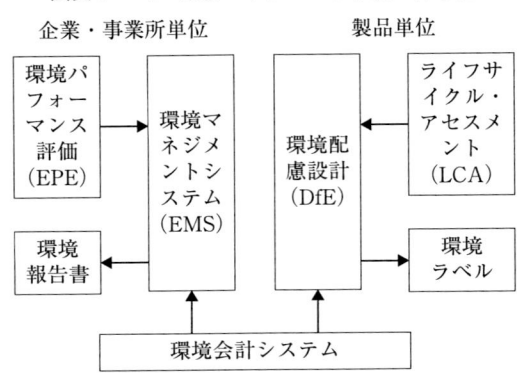

図表7-4　環境マネジメント手法の体系化

```
       企業・事業所単位              製品単位

   ┌─────────┐  ┌─────────┐  ┌─────────┐  ┌─────────┐
   │ 環境パ   │→│ 環境マ   │  │          │←│ ライフ   │
   │ フォー   │  │ ネジメ   │  │ 環境配   │  │ サイクル・│
   │ マンス   │  │ ントシ   │  │ 慮設計   │  │ アセス   │
   │ 評価     │  │ ステム   │  │ (DfE)    │  │ メント   │
   │ (EPE)    │  │ (EMS)    │  │          │  │ (LCA)    │
   └─────────┘  └─────────┘  └─────────┘  └─────────┘
                      ↓              ↓
                ┌─────────┐    ┌─────────┐
                │ 環境     │    │ 環境     │
                │ 報告書   │    │ ラベル   │
                └─────────┘    └─────────┘
                      ↑              ↑
                  ┌──────────────────────┐
                  │   環境会計システム    │
                  └──────────────────────┘
```

出所：大西　靖「環境マネジメントシステム」佐和隆光監修『環境経済・政策学の基礎知識』有斐閣ブックス，2006年，363ページ。

社会ないし利害関係者からの評価を受け，企業経営に反映していくための情報提供の有用な手段として環境報告書の役割は大きくなってきており，近年，これを作成し公表する企業が増加している。

わが国における環境報告書について環境省は，企業などが「経営責任者の緒言，環境保全に関する方針・目標・計画，環境マネジメントに関する状況（環境マネジメントシステム，法規制遵守，環境保全技術開発等），環境負荷の低減に向けた取組の状況（CO_2排出量の削減，廃棄物の排出抑制等）等について取りまとめ，名称や報告を発信する媒体を問わず，定期的に公表するもの」としており，その目的・効用は「環境への取組に対する社会的説明責任を果たし，利害関係者による環境コミュニケーションが促進され，事業者の環境保全に向けた取組の自主的改善とともに，社会からの信頼を勝ち得ていくことに大いに役立つ」，また「消費や投融資を行う者にとっても有用な情報を提供するものとして活用することができる」としている。

この報告書の内容や公表にあたり大きな影響を与えたものが2007年6月に環境省が，環境報告を行う際の実務的な手引きとして提示した「環境報告ガイドライン（2007年版）」である。これは「環境報告書ガイドライン（2003年度

版)」$^{(8)}$，および「事業者の環境パフォーマンス指標ガイドライン（2002年度版）」を統合し，国内外の動向を踏まえ改訂したものである。報告書に記載する情報・指標は，ⅰ）基本項目（誓約，事業の総括など），ⅱ）環境配慮の方針・目標・実践，ⅲ）環境マネジメントに関する状況，ⅳ）環境負荷の発生およびその低減に向けた取組みの状況，ⅴ）社会的取組みの状況——の5分野に分類され，25に及ぶ詳細項目を提示している。なお，環境省が公表した2005年度の「環境にやさしい企業行動調査」（1部，2部上場企業および従業員数500人以上の非上場企業の合計6,444社を対象）によると，環境報告書を作成・公表している企業は933社あり，そのうち6割以上が，環境面だけでなく，社会・経済的側面も記載している。同省では，企業の社会的責任（Corporate Social Responsibility；CSR）や持続可能（sustainability）など，CSR関連の情報を含むものも環境報告書とみなすとしている。

3. 環境配慮型市場

　環境経営を実践する企業が，さらに進展し継続性が保持されることを支援するものとして，市場環境は不可欠である。本項では，環境配慮型市場として，社会的責任投資と排出権取引を取り上げる。

　① 社会的責任投資
　消費者が市場において財・サービスを購入する際，従来は，主に価格・質・利便性を選択基準とするのが一般的であった。しかし，1990年代後半から，責任を持って生産された製品，ならびに責任を持って遂行されるサービスの市場が拡大してきている。これは，企業を評価する市場の基準が変化しつつあることを裏付けている。換言すれば，生産主体に対して，環境保全を含め，社会的に責任を遂行している企業か否かが問われてきている。具体的には，どのような状況の下，どのような過程で財・サービスが生産されたのか，すなわち，CSRが問われているのである。このような傾向を反映するものとして欧米を

中心に展開している「社会的責任投資」("Socially Responsible Investment"；SRI)（以下，SRI という）の伸長があげられる。

SRI は，財務的指標に，社会・環境的指標，すなわち非財務的指標を加えて企業を評価し，社会的に責任を果たしている企業を選別し投資する行動，または社会的・環境的・倫理的側面に関する企業の姿勢を考慮した投資行動である。

アメリカの SRI 推進団体である Social Investment Forum (SIF) の *2001 Trends Report* では，SRI の主な投資方針 (strategy)（すなわち広義の SRI と理解する）を，ⅰ）選別 (screening)，ⅱ）社会志向的株主行動 (shareholder advocacy)，ⅲ）地域社会投資 (community investing)――の3つに類別している。

選別とは，CSR に対する取組みを勘案して投資銘柄を選定するもので，CSR に積極的に取り組んでいる企業を投資先として選定するポジティブスクリーニング (positive screening) と，特定の基準により不適当であると判断された企業を排除するネガティブスクリーニング (negative screening) との2つの方法がある。これは，社会的責任を果たしている企業ほど持続的な好業績が見込めるという長期的な視野を基本とする。社会志向的株主行動とは，株主が株式を保有している企業に対して，ⅰ）企業市民の視点に立ち，より責任を果たす行動，ⅱ）会社の利害関係者すべての福利を高める活動に向けた管理に導くこと，ⅲ）長期的財務業績の向上――等の要求を，対話や議決権行使を行って要請することである。地域社会投資は，貧困層や地域の小規模事業者の経済的自立の促進，低所得者居住地域の開発などを支援することを目的として，低利の融資提供や投資を行う投資手法のことを指し，社会貢献とは区別される。SRI は企業を評価することで市場を通して企業に支持（ないし不支持）を与えることになるもので，欧米において，その市場は拡大している。特に，2006年の「国連責任投資原則」(PRI) 策定を契機に急速に成長しており，SRI という呼称だけでなく「サスティナブルインベストメント」，ESG (Environment, Social, Governance) 投資，責任投資などと変更し，その投資目的も，倫理や社会正義だけでなく，より広く持続可能な社会を構築するための合理的投資へと変容してきた。

わが国で初めて環境に配慮した金融投資商品（エコファンド）が登場したのは1999年である。その後，国内株式中心のエコファンドだけではなく，グリーン不動産投資商品，マイクロファイナンス投資など，急速に拡大している。

② 排出権取引

排出量取引，排出許可証取引ともいい，「汚染物質の排出総量目標を各排出源に配分したうえで，その取引を認めることによって，最少の費用で総量目標を達成しようとする政策手段」[9]であり，具体的には，国や企業ごとに温室効果ガスの排出枠（キャップ）を定め，排出枠が余った国や企業と，超過してしまった国や企業との間で取引する制度である。

京都議定書（1997年機構変動枠組条約第3回締約国会議；COP3）では，国際協力のもと，二酸化炭素などの温室効果ガスの削減を効率的に行うために，京都メカニズム（京都議定書第17条）として，ⅰ）共同実施（第6条），ⅱ）クリーン開発メカニズム（第12条），ⅲ）排出権取引（第17条）——を導入している。

先進事例であるイギリスの排出権取引制度（UK-ETS）やEUの排出権取引制度（EU-ETS）により，わが国では2005年に，企業の自主的・積極的な努力で効率的な排出削減を目指す「環境省自主参加型国内排出権取引制度」（"Japan's Voluntary Emissions Trading Scheme"）が導入され，本格的な国内市場の創設が検討されている。

第3節　環境ビジネス

わが国では経団連が，1991年に「地球環境憲章」を制定した後，1996年には，「経団連環境アピール―21世紀の環境保全に向けた経済界の自主行動宣言―」において，「1. 個人や組織の有り様としての『環境倫理』の再確認，2. 技術力の向上等，経済性の改善を通じて環境負荷の低減を図る『エコ・エフィシェンシー（環境効率性）』の実現，3.『自主的取組み』の強化」を重要なキーワードとして，1. 地球温暖化対策，2. 循環型経済社会の構築，3. 環境管理システム

の構築と環境監査，4. 海外事業展開にあたっての環境配慮——について提示し，さらに1997年には，より積極的・具体的な取組みを行うため，主な産業部門の各業界団体（製造業・エネルギー産業をはじめとする36業種）が「経団連環境自主行動計画」として，自主的に数値目標・対策を定め，翌年から毎年，その状況を公表している。

　一方で，地球環境問題とのかかわりや，それに関連し厳しくなる規制，他方で，市場における自由競争と自己責任の要請という狭間に立つ現代企業は，環境負荷の軽減と同時に，より効率的な資源の活用を通し，事業を展開していかなければならない。すなわち，企業と社会の持続可能な発展の実現である。その実現には，資源の効率的循環，すなわち「循環型社会」の構築が必要になる。その取組みにあたり，経済的誘因から経済的効果，さらにはその波及効果を期待されるものが環境ビジネスであると考えられる。

　環境ビジネスは，①技術系環境ビジネスと②ソフト・サービス系環境ビジネスの2つに大別することができ，前者には公害防止型ビジネス，資源節約型ビジネス，新環境型ビジネスなどがあり，後者には，環境コンサルティング，環境アセスメント，環境情報型ビジネス，環境系金融ビジネスなどがある[10]。

1. 技術系環境ビジネス

　日本の環境問題は，1960年代から深刻化し，1967年に，大気汚染，水質汚染，土壌汚染，悪臭，騒音，振動，地盤沈下——の7つを公害と定義した公害対策基本法成立後は，これらを防止する技術開発やその技術を用いたビジネスが進展し，わが国の環境ビジネスの主流をなしてきた。その後1990年代に入り，環境問題の内容・範囲がともに拡大すると，地球温暖化問題の解決や循環型社会構築が強く求められ，この分野における技術は，単にそれまでの公害防止技術だけでなく，より広く環境技術の概念に包含されるようになる。

　他方，新興国の急速な経済成長と，食糧，土地，水，エネルギーなどにおける世界的な供給制約を調和させることが重要な課題となってきている。将来的

にこれらの資源を節約できる代替エネルギーの開発，ないし低コストかつ再生可能な新エネルギー導入の開発も進展している。たとえば，太陽熱，太陽光，風力，波力などのエネルギーを使用した発電装置や電熱併給システムなどに関するビジネスが含まれる。

2．ソフト・サービス系環境ビジネス

　環境ビジネスにおける「ソフト」とは，環境技術を使用する機械，装置，設備などの物理的実態（「ハード」），すなわち技術系環境ビジネスに対する用語で，知識・情報・流通サービスなどを基本とするビジネスを意味し，環境教育ビジネスや環境専門の人材派遣ビジネス，環境賠償責任保険，エコショップ，エコツアー，廃棄物処理なども含まれる。環境問題は，環境保全にかかわるさまざまなビジネスを生み出す一方で，大きな影響をも及ぼしている。

　金融業における環境保全の潮流は，欧米各国では 1990 年代初頭から多くの議論がなされてきており，特に投・融資先への資金調達面での影響力を通じて，広く社会の環境配慮行動を牽引することが期待されている。アメリカにおいて，金融機関が環境問題に関心を払う契機となったのは「スーパーファンド法」であると言われる。この法の制定により，金融機関は当初，責任問題が生ずることへの懸念から投・融資に対する制限を行ったり，また，浄化責任を問われることにより投・融資先企業が破綻する事例も相次いで起こった。このことは，この法が厳格責任を有することにより責任当事者の過失の有無が問われず，したがって，潜在的責任当事者にも必然的に浄化責任が発生する。すなわち，貸し手責任の観点から有害物発生者に投・融資した金融機関に関する責任の可能性を認めたことを意味する。また，責任対象を当時に遡及するため，将来に責任負担義務が生ずる可能性を持つ当事者が存在すること。さらに，連帯責任を付帯することにより，各当事者は，汚染浄化の全責任を負担する可能性が生ずることになり，すなわち，支払い能力のない当事者の責任を，他の当事者が負担することを意味する。そこで，金融機関は，融資の審査項目に環境リ

スクを組み入れたり，土地などを担保にする場合，環境監査を実施することなどを一般化し，さらに強化している。

　こうした潮流は，1992年，国際的な銀行が発表した「銀行による環境及び持続可能な発展に関する宣言」で世界に提示され，1997年には，銀行のみならず金融機関すべてを含む「金融機関による環境及び持続可能な発展に関する国連環境計画宣言」（UNEP）に発展し，2003年には，開発等に伴う環境負荷を回避・軽減するために，環境社会影響のリスクを評価・管理すべく金融業界が独自に設定した行動原則である「赤道原則」（"the equator principle"）が世界の主要金融機関により採択され，これが，機関投資家の意思決定過程に環境，社会，企業統治（ESG課題）を受託者責任の範囲内で反映させるべきとした2006年の「責任投資原則」（PRI）の策定へとつながった。金融機関におけるこのような投・融資先の配慮は，将来的に健全な環境ビジネス全般への資金流入を加速させ，社会の環境に対する関心の向上，そしてそれによる効果が期待できると考えられている。

【注】
（1）1978年にナイアガラのラブ・カナル運河で発生。運河の所有権を持つフッカー社が，1940年代から1950年代にかけてこの運河に化学物質の大量廃棄を行い，その後の豪雨により化学物質（ダイオキシンやPCBなど）などが漏出し，住民に環境被害が生じた。
（2）「環境循環型社会形成推進基本法」は，2003年に第1次基本計画，2008年に第2次基本計画が策定されており，とりわけ第2次基本計画では，「循環型社会」，「低炭素社会」，「自然共生社会」に向けた取組みを総合的に推進している。なお，この計画では，それぞれについて指標を定め，目標値を設定し，進展状況を毎年公表している。
（3）経済産業省「REACH規則に関する解説書」〔http://www.meti.go.jp/policy/chemical_management/int/081104kaisetusyo.pdf（2010/7/29）〕。
（4）EUでは各加盟国内の法律と並行し，あるいは国内法に優先する法体系を持つ。それは，適用範囲と法的拘束力により，①規則（regulation），②指令（directive），③決定（decision），④勧告・意見（recommendation/opinion）の種類がある。

（5）社団法人 経済団体連合会『経団連地球環境憲章』，1991年4月。
（6）経済同友会提言『地球温暖化問題への取組み――未来の世代のために今なすべきこと』，1991年10月。
（7）内部環境会計は，欧米を中心に「環境管理会計」(environmental management accounting) という語が使用されている。
（8）国際的なNPOである「環境に責任を持つ経済のための連合」(Coalition for Environmentally Responsible Economies；CERES) が，国連環境計画などと連携して，多くの利害関係者の参加により1997年に開始され，作成された「持続可能性報告書」のガイドライン［通称GRI（Global Reporting Incentive）ガイドライン］は，世界中で多くの企業により参照されており，わが国においても環境省による環境報告書ガイドライン（2003年版）はこれを参考にしている。
（9）新澤秀則「排出量取引制度」環境経済・政策学会編『環境経済・政策学の基礎知識』有斐閣，2006年，222～223ページ。
（10）豊澄智巳『戦略的環境経営――環境と企業競争の実証分析』中央経済社，2007年，76～79ページ。

◆参考文献◆

佐和隆光監修『環境経済・政策学の基礎知識』有斐閣ブックス，2006年。
豊澄智巳『戦略的環境経営――環境と企業競争の実証分析』中央経済社，2007年。
畠山武道・大塚 直・北村喜宣『環境法入門』（第3版）日経文庫，2007年。
吉澤 正『ISO14001入門』（第2版）日本経済新聞社，2005年。

第8章
経営戦略論における理論体系

第1節　経営戦略論の系譜

1．はじめに―経営戦略の概念

　企業活動は経営者によって推進されるのであるが，その方針と内容はさまざまである。たとえば，日常的な経営活動とは異なり事業の多角化や大規模な設備投資などは，従来の組織を維持する活動とは異なる。すなわち，企業の基本的な方針を決定したり，重大な選択を行うような活動を戦略的意思決定といい，そのさまざまな理論的・実践的行動を経営戦略活動ということができる。したがって，経営戦略活動をうけて種々の具体的目標を実施することを一般に経営戦略と呼ぶことができる。つまり，環境条件の変化に適応するために，組織が持つところの変化させない行動目標および行動方式を戦略というのである。

　しかしながら，変化しないものとしては，経営者の理念とか，取るべき行動の方向，原則ないしポリシーなどがある。経営戦略の概念を明確にするため，われわれは，戦略策定を規定する企業の目的との関係で戦略の概念を把握する必要がある。この企業の目的は，企業が第一義的に追求しなければならないものであり，たとえば，第一義的目標が企業を存続させることであったり，収益性やマーケット・シェアであったりする。したがって，ここでは経営目的を達成しようとする手段として戦略が登場する。有効な戦略は，この目的を達成す

るため実現可能ないくつかの目標を持っており，その目標を実現するための諸活動を戦略策定（Strategic Formulation）として実施プランとして決定する。経営戦略は限られた資源で，しかも一定の時間内で実施されねばならないし，目標を実現する際，それをめぐる環境と行動主体の能力（ヒト・モノ・カネ・情報）から規定を受けるのである。ここにおいて，所与の目的が設定された場合，われわれは戦略を目標 ← 手段関連として把握し，目標 ← 手段の連鎖プロセスとして認識することができる。

全社的な企業戦略においては，どのような事業を行うかを環境とのかかわりから示そうとしているし，事業レベルの戦略では市場において，いかに競争優位を確立してゆくかということで企業と環境との関係性を明らかにしている。そういう意味において，企業は，他の組織と競合しながら環境との間に製品，サービス，情報の交換関係を持つオープンシステムであるといえる。

2. 経営戦略論の源流

本節では，経営戦略論にいたる経営システムの進展過程を鳥瞰し，くわえて経営戦略論の流れとその内容を明らかにしたい。経営学の分野で戦略（Strategy）という概念が登場したのは，おそらく1960年代からであろう[1]。

1950年代，アメリカにおいて戦略という言葉が使用されたが，現代のそれとは異なっていたようだ。企業戦略に近い内容を表す場合，ビジネス・ポリシー（Business Policy）とか長期経営計画という言葉が一般的であった。経営戦略そのものを論じたわけではないが，それに類する内容はおおむね3つの系譜で論じられていた。

第1の流れは，当時の経営学の中の6つの学派の1つである経営管理過程学派の研究である。この学派は，ファヨールによって創始され，テイラー等によって継承・発展されたのであった。経営における管理という活動を計画・組織・指揮・統制という4つのプロセスから考察したところにその特徴がある。当初は組織や指揮を中心に議論していたが，1950年代には計画についてもっ

と幅の広い議論が出てくるようになった。長期経営計画の必要性が高まったのは1960年代以降であり，やがて実質的な戦略研究に進み，経営戦略論の流れの1つが形成されるようになった。主たる研究として，ロッキード・エレクトロニクスの経営者であったアンゾフによる『企業戦略論』の研究に基づくものである。彼は過去の趨勢からのみ外挿するような従来の長期計画に失望し，それにとって変わる戦略的経営論を展開するにあたり，その戦略論の基礎となる概念と意義を明らかにした。

　経営戦略の第2の流れは，経営史学の研究から展開されたものである。アメリカの大企業がどのようなプロセスを辿って成長してきたかという歴史的な経過の解明である。19世紀まで，成長というのは市場支配のために主として独占体制の形成および事業を川上・川下に広げていく垂直統合プロセスであり，その後，1930年代からは経営多角化が主たる成長戦略であった。1945年以降は，多国籍企業の拡大に伴い経営のグローバル化が急速に進展した。チャンドラーJr.は，巨大企業70社から実証的な研究をもとに組織としての事業部制が，経営多角化の成長戦略のために登場した形態であることを論証した。ここで彼は，経営組織と戦略とは密接な関係にあり，「組織機構は戦略に従う」という命題を提示した。このことは経営戦略ばかりではなく，経営学の諸分野に大きな影響を及ぼしたのであった。

　経営戦略の第3の源流は，ビジネス・スクール（MBA）におけるケース・メソッドからの発展である。特に，ビジネス・ポリシーという科目は，ハーバード・ビジネス・スクールを中心に早くから設置された科目である。ハーバード流の戦略についての考え方や策定方法は，企業の成功と失敗の実例を分析し，とられるべき意思決定のあり方を議論するやり方である。この流れは，経営戦略論の中心的な潮流であり，ホファー＆シェンデルおよびポーターなど重要な研究をもたらしている。企業は，環境との間での取引関係によって成立しており，環境に依存した存在である。この中で，環境との間にどのような関係をつくっていくか，というのが経営戦略の中心的な問題であった。

3. 経営戦略の理論体系（1950年代〜1990年代）

　経営戦略論の理論体系をアンゾフは，経営システムの流れとして次のように整理しているのでさらに詳しく考察したい。経営システムの流れの中で，戦略論の研究は非常に新しく，前述のように1950年代後半に台頭してきた「長期経営計画」が出発点である。この長期経営計画は「**OR**」や「システムズ・アプローチ」といった計量分析をベースに企業の資源配分を計画的に実施して目標を達成しようとするものである。外部環境は比較的安定しており，この環境の非連続性を正確に予測することが，企業の成長の成否に大きな影響を及ぼしたのがこの時代の特徴である。1960年代になると，アンゾフ『企業戦略論』(1965) に代表されるように戦略プランニングの研究が進められ，経営計画の中に戦略的イシューを導入するようになった。ここで既知の脅威と機会を分析し，環境からの影響力を企業成長の発条（ばね）とする発想のもとに実践的な研究が進められた。1970年代以降，経営の比較研究や実証研究が重視され，理論構築のみではなく，それをいかに現実の経営に適合させるか，また，いかに現実から学習するかというトータルなマネジメントが要請されるようになってきた。とりわけ，多角化した事業活動をいかにして管理していくかという問題が重要な課題であった。

　それらの要請に応えるというかたちでボストン・コンサルティング・グループ（B.C.G.）のプロダクト・ポートフォリオ・マネジメント（PPM）やGE社のビジネス・スクリーンなどが開発された。第9章で述べるPPMは，企業活動が複数の事業（SBU）からなるポートフォリオと考え，企業の成長と存続はこの事業の更新と経営資源の適切な配分にあると捉える点に特徴がある。このようなPPM分析は，市場成長率と自社の事業の相対的なマーケット・シェアという2つの基準から個々の事業の戦略（投資拡大，撤退，現状維持，投資回収）を決定するフレームワークを提供する。事業成長率は，事業資金ニーズの代理変数であり，相対シェアは事業の資金供給の代理変数である。この根拠は，経験

曲線（Experience Curve）であり，経験曲線は，累積生産量の増加とともに平均生産費用が逓減することを示す。この理論は，ホファー＆シェンデル（1978）によってプロダクト・ライフ・サイクルを組み込んだ製品／市場ポートフォリオ・マトリックスへと展開され，戦略策定と分析の主要なツールとして実践的な経営活動に大きなウェートを占めるようになった。PPMの登場により，新たな戦略策定の手法が開発され，1970年代には分析的な戦略策定の全盛期が到来したのである。そして，ピーター＆ウォーターマンJr.（1982）の研究である『エクセレント・カンパニー』では，優良企業の特徴をコンサルタントとしての実務経験から意味づけたのであった。彼らの研究活動の他には，経営戦略論の理論と実践から，より普遍的かつ具体的な方法を求めた現れとして，経営の国際的比較の問題や経営移転の成否の戦略的な要因の研究等があげられる。

第2節　ポジショニング・アプローチ理論

　本節では，ポジショニング・アプローチの代表的な研究であるマイケル・E・ポーター（Porter, M.E. 1980）『競争の戦略』について述べる。彼は，一般に企業は競合他社と比較して無数の長所や短所を持つが，基本的には競争優位のタイプは，低コスト化と差別化の2つに絞ることができるとしている。この2つが，ターゲットとなる市場セグメントと結びつき，業界内で平均以上の業績を達成するために3つの「基本類型」を示す。なお，ポーターの貢献は，経済学的な視点である「構造−行動─成果パラダイム」に戦略を組み込むことにより，戦略概念の有用性を経営学以外の分野にも広めるきっかけを与えるようになったことである。それらは次に示す3つの戦略類型である。

1．3つの基本類型

① コスト・リーダーシップ（低コスト化）戦略

　ある業界において，規模の経済性の追求や経験曲線効果，独自の技術や他社より有利な原材料の確保などにより，同業他社と比べて徹底的に低いコストの地位を確立するという戦略である。調達・設計・販売など総体的なオペレーションコストを削減することによって実現する。

② 差別化戦略

　他社にない特徴のある製品やサービスを開発し，ブランドと顧客ロイヤリティを獲得する戦略である。製品の品質やパフォーマンスを高め，他社に比べ際立った特長を持つ流通システムやマーケティングの方法など，業界内の多くの顧客が重要だと認める特徴を持たせることにより，高い価格を実現する。

③ 集中戦略（フォーカス，ニッチ戦略）

　特定の市場セグメント（製品，地域，顧客など）にターゲットを絞り，マーケ

図表8－1　3つの基本類型

		競争優位の源泉	
		低コスト	差別化（独自性）
競争の範囲	広い	コスト・リーダーシップ戦略	差別化戦略
	狭い	低コスト集中戦略	差別化集中戦略

出所：M.E. Porter, *Competitive Strategy : Techniques for Analyzing Industries and Competitors*, New York : Free Press, 1980 を参照し作成。

ットシェアを取り込む戦略である。この戦略は，ターゲットとするセグメントに，差別化を探求するものを差別化集中戦略と呼ぶ。さらにターゲットにおいてコスト優位を追求するコスト集中戦略という2種類がある。

　一般に，ポーターの主張の本質である「安くて良い製品をつくるのは困難である」というパラドキシカルな概念は，彼の3つの基本類型のうち，2つの基本戦略であるコスト・リーダーシップ戦略と差別化戦略がトレード・オフの関係にあることを示している。コスト・リーダーシップ戦略は，他社よりも低い製造コストを実現し，低価格化によって競争優位を作り出そうとする戦略である。この戦略においては，製品の標準化を進めて大量生産による規模の経済性を実現することや製品・部品の原価管理および工程管理を徹底して追求し，欠陥品と在庫品の無駄を排除し効率的な生産体制を整備することが重要な活動内容となる。他方，差別化戦略は，自社独自の製品やサービスによって独特な品質やブランドイメージおよび便益を売りものとし，そこに競争優位を生み出そうとする戦略である。この戦略においては，ある程度のコスト高はやむを得ないが，コストが高くついてもそれによって他社製品の及ばないような高い品質や便益を実現したり，あるいは広告・宣伝の努力によって独特なイメージを形成しようとする。すなわち，これらの2つの戦略は，その性格上，同時に追求することが難しいとされている。

　それでは，なぜコスト・リーダーシップ（低原価）と差別化を同時に追求することが困難なのか。それは，どちらを追求するかで管理の方式や研究開発の重点の置き所，さらには市場動向に対する感受性のあり方など，企業経営についてのさまざまな仕組みや考え方に差異が生じてくるからである。差別化を志向する仕組みや体質を持ちつつ低原価を追求することは困難であり，低原価を追求する体質を持っていれば差別化戦略の発想が出にくくなる。しかしながら，現実には，「安くて良い製品はできない」という主張が，ある意味では否定され，国際競争力のある製品が数多く市場に出回っている。特に，技術革新が顕著であるようなハイテク製品分野では，日進月歩の勢いで価格競争力の高い製品が登場している。このような状況は，近年の情報技術の急速な進展と顧

客嗜好の多様化に裏付けられていることを看過してはならない。

2. ファイブフォース（5つの競争要因）分析

　企業はこれらの戦略の実施によって，新たなライバル参入の脅威，既存ライバルとの競争の程度，代替品サービスの脅威，買い手や売り手の交渉力といった競争要因に対処することが求められる。ポーターは，競合分析モデルとしてファイブフォース（5つの競争要因）分析を明らかにした。

　ファイブフォース（5つの競争要因）分析は，企業の外的環境の中心となる業界構造の分析に基づいて事業戦略を策定するツールである。「競争のルール」の5つの力を，図表8－2のように示した。ファイブフォース（5つの競争要因）分析は，5つの力の個々または総合的な強さを分析することで，業界における競争関係の特性を決める決定的な構造と特徴を明らかにすることができる。

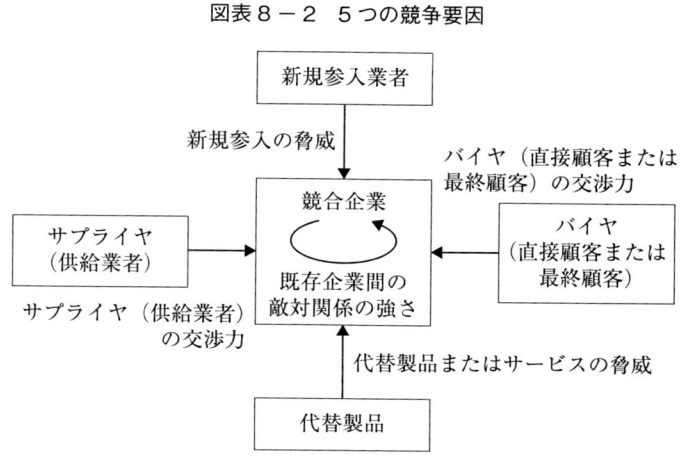

図表8－2　5つの競争要因

出所：M.E. Porter, *Competitive Strategy : Techniques for Analyzing Industries and Competitors*, New York : Free Press, 1980（土岐　坤・服部照夫・中辻万治訳『競争の戦略』ダイヤモンド社，1982年）．を参照。

① 新規参入の脅威

新規参入の脅威は，参入障壁の高さによって決まる。障壁が高い場合，業界内の競争は生じにくいが，障壁が低い場合は競争が激化する。参入障壁とは，たとえば，規模の経済性，必要資本額，確立されたブランドに対する顧客のロイヤリティ，デファクトスタンダード，政府の規制などである。

② 既存企業間の敵対関係の強さ

一般に，同業者が多いか同規模の会社が多く存在している業界，成長が遅い業界，固定コストまたは在庫コストが高い業界，撤退障壁が高い業界などは敵対関係が激しくなる。代替製品またはサービスの脅威や競争相手の買収などにより，敵対関係の強さが急変することがある。

③ 代替製品またはサービスの脅威

代替製品またはサービスの脅威は，既存製品／サービスとは異なる製品群／サービス群でありながら，既存製品／サービスと同等以上の価値を提供するものによってもたらされる。

④ 買い手の交渉力

買い手は，同品質なら低価格で，同価格なら高品質な製品を購入したいと考えている。したがって，価格と品質は買い手の購入量・情報量などによって変化する。一般に，独占的な製品であれば買い手の交渉力は弱まるが，コモディティ製品であれば強まる。

⑤ 供給業者の交渉力

供給業者は，業界内の企業に対し最も高い価格で供給したいと考えているので，供給業者と企業の間には必然的に力関係が発生し業界構造に影響を与える。たとえば，供給業者側が少数の企業による寡占（独占）状態であれば，供給業者の交渉力は強くなる。

これまでの戦略研究が，企業の環境適応が重視されてきたとはいえ，このようにポーターが競争環境を特定化するまでは，企業は一般的な環境（政治，経済，文化，法律など）に戦略適応されるものとして扱われてきたに過ぎない。このように企業の競争行動として体系化した研究によって戦略論の研究が大きく前進したといえる。

第3節　リソースベース・アプローチ理論

　経営戦略論の主要な潮流であるリソースベースビューでは，リソース（内部資源）に焦点を当てる。リソースとは，すなわち，タンジブルな資産（財務的，物的），インタンジブルな資産（技術，評判，文化），人的資源（スキル，ノウハウ，コミュニケーション力，コラボレーション力，動機づけ）の3つをいう。

1．バーニーのVRIO分析

　リソース，ケイパビリティ，コア・コンピタンスと競争優位性がどのように関係づけられるのかについては，バーニー（Burney, J.B., 2002）はVRIOと呼ばれるフレームで説明している[2]。まず，競争優位を実現するためには，リソースに価値があること（V：Valuable Resources），稀少であること（R：Rare Resources）が条件となり，それが持続性を持つためには，模倣できないこと（I：Imitability），組織能力（O：Organization）が必要だとする。リソースベースビューでは稀少性と価値は競争優位性の必要条件，模倣性，非代替性，非転換性が，持続的競争優位性の必要条件とみるが，競争優位性を持続させることはそんなに簡単なことではない，とその困難性を指摘している。この論拠については，次の「コア・コンピタンスの5つの要素」で詳しく見たい。

① 不連続的革命：音楽のネット配信という予想不能で急激な大変動が起こり，それによる環境の変化のために持続的競争優位性を維持することができないことがある。

② マネジメントへの影響：価値あるリソースを自身で構築できれば競争優位性は持続的となるが，他から調達する場合には，他社も同等のものが獲得できるという点で持続的ではない。もし企業がコスト面で不利にならずに価値あるリソースを構築または獲得できるなら，そうしたリソースは模倣可能となり，長期的には同等の競争価値の源泉にしかなり得ない。

③ 分析単位とデータ：企業の強みと弱みの分析では，企業内部のリソースやケイパビリティに関するデータを必要とするが，それらにアクセスすることは困難である。

　ポーターの定義では，価値と競争優位性のことばの違いは明確であるが，リソースベースビューではこの違いが不明瞭だといわれる。結局，価値とは効率性（Efficiency）と有効性（Effectiveness）を増加させることで，それは競争優位性の実現と同じことを示しているのではなかろうか。

　また，デル，ウォルマート，サウスウエスト，任天堂のように，あまりに多くの脅威に囲まれ，非常に限られた機会しか存在しない業界にあっても，高いパフォーマンスをあげている企業が存在する。この事実は，業界の競争環境だけが企業の潜在的な収益性を決定する要因ではないことを示唆している。企業のパフォーマンスを理解するためには，企業の外部環境に存在する機会と脅威の分析を超えて，個別企業が保有する独自の強みや弱みを分析しなければならない。

　企業固有能力（Distinctive Competencies）とはその企業がいかなる競合他社よりもうまくやることができる行動のことである。企業の強み・弱みは企業固有能力に依拠しているとする研究である。さらに近年のリソースベースビューは，コア・コンピタンス経営論のほか[3]に「ケイパビリティの経営」「目に見えない資産経営（伊丹）」「知識創造の経営（野中ら）」などが主要な研究分野として進展を見せている。ここでは，リソースベースビューの代表的なコンセプトであるコア・コンピタンス論について述べる。

2. コア・コンピタンスの5つの要素

　プラハラード＆ハメルがコア・コンピタンス（Core Competence）というコンセプトを1990年の論文で発表して以降，一連の研究によってコア・コンピタンスとは何かという問題が提起され，より明らかにされるようになってきている。これらの研究結果によると，コア・コンピタンスのコンセプトは次の5つの要素を持っているという。

　まず第1は，スキルや技術の統合ということである。つまり，「コア・コンピタンスとは単独のスキルや技術ではなく，それらを束ねたもの」にほかならない。たとえば，「小型化」はソニーのコア・コンピタンスであるが，それはマイクロプロセッサ設計，材料科学，超薄型精密ケーシングといった多様な技術とスキルを統合したものである。

　第2に，「資産」ではないこと。あるいは，資産以上のものがコア・コンピタンスであるといいかえてもよい。ここでいう資産以上のものとは，「企業組織においてさまざまな学習が蓄積されたものがコア・コンピタンスであって，それは言葉では表現しきれない主観的・身体的な知識である暗黙知と文章や言葉で表現できる客観的・理性的な知識を意味する形式知の両方から成る」といえる。

　第3は，コア・コンピタンスが顧客の認知する価値に大きく寄与するものでなければならないことである。すなわちコア・コンピタンスとは，「企業が顧客に基本的な便益を提供することを可能にしてくれるスキルの集合」を意味しているのである。上述したように，「小型化」はソニーのコア・コンピタンスであるが，それは「携帯性」という便益を顧客に提供している。ただし，ここでコア・コンピタンスが顧客に理解されなかったり，すぐには理解できない場合もある。要するに，顧客に見えるのは，便益の基礎となっている技術的差異ではなく，便益そのものなのである。

　第4に，競争相手との差別化につながるものでなければならないことであ

る。つまり，コア・コンピタンスは競争上，ユニークなものでなければならず，コンピタンスのレベルが他社とほとんど変わらず，業界のどこにでもあるようなものであれば，それはコア・コンピタンスではない。競争相手によってはコア・コンピタンスを構成する技術のいくつかを取得するかもしれない。しかし，それがスキルや技術が複雑に統合したもので，かつ組織の境界を越えた多くのレベルの人の協働を必要とするものであれば，競争相手がそうした内部の調整と学習の包括的パターンを複製するのは困難となろう。その意味で，競争相手との差別化を可能にしてくれるものがコア・コンピタンスなのである。

　第5に，新規参入の基盤を提供してくれるものである。企業戦略レベルからすると，コア・コンピタンスは新市場への参入の可能性を与えるものでなければならない。あるコンピタンスから多様な新製品や新サービスをイメージできなければ，それはコア・コンピタンスとはいえないのである。たとえば，シャープの液晶技術に関するコンピタンスは，それを用いるノート型パソコンやDVDプレイヤー，薄型液晶TV，液晶プロジェクター等の多様な市場へアクセスすることを可能にした。シャープの液晶技術ディスプレーはコア・コンピタンスとみなすことができる。このように，多様なスキルや技術を統合したもので，単なる資産ではなく，顧客への便益提供と競争相手との差別化を可能にし，さらに新規参入の基盤となるもの，それこそがコア・コンピタンスにほかならない。

3. コア・コンピタンスの特性

　企業内部で培ったさまざまな能力のうち，競争のための手段として最も有効なもの。ハメル＆プラハラードが「顧客に対して，他社には真似のできない自社ならではの価値を提供する，企業の中核的な力」と定義した概念である。

　コア・コンピタンスを考察する場合には，a. 模倣可能性（Imitability），b. 移動可能性（Transferability），c. 代替可能性（Substitutability），d. 希少性（Scarcity），e. 耐久性（Durability）の5つの点について考える。どの要素が有

効かは市場環境や競争環境によっても異なり，またいったん築いた競争優位も，市場環境の変化とともに陳腐化する恐れがあるため，継続的な投資やコア・コンピタンスの再定義，新たな能力の育成などの努力も欠かせない。

　実際，コンピタンスの果たす役割についてのこれまでの議論は，プラハラード＆ハメルの提起したものに比べ，完全なものではなかったし，ダイナミックでもなかった。彼らの理論はリソース・ベースに立った他の研究よりも深みがあり，かつ大胆である。それは企業間の競争をコンピタンスの獲得・開発をめぐって行われるものととらえているからであるとして，コア・コンピタンス論の分析視角の重要性を強調している。

　しかし一方で，コア・コンピタンス論の基本的アイデアは支持しつつも，資源や能力，スキルという用語には依然として相当なレベルの曖昧さが残っており，コア・コンピタンスが何であるかがはっきりしない。コア・コンピタンス理論では，このコンピタンスを技術カテゴリーでとらえる傾向があるなどの見解もみられ，企業は他社と比較することなく，自社の最大の強みをコア・コンピタンスととらえるという過ちを犯しがちである。コンピタンスの評価は内部的な評価ではなく，競争相手よりも何をベターに行えるかという評価でなければならない。

4．日本における成功企業事例

　コア・コンピタンスを活用し製品・サービスという形態で顧客に提供することによって，業界での地位を高めたり，競争優位を獲得したりすることができる。次に，日本における成功企業例として3社を取りあげ簡単に紹介する。

　①　販売時点管理におけるローソン
　コンビニエンスストアーのローソンのコア・コンピタンスは，POS（販売時点）データによる販売情報管理である。バーコードから読み込んだPOSデータをいち早く実用化し，魅力的な品揃えと欠品防止の仕組みを確立した。また

図表8－3　コア・コンピタンス経営の企業例

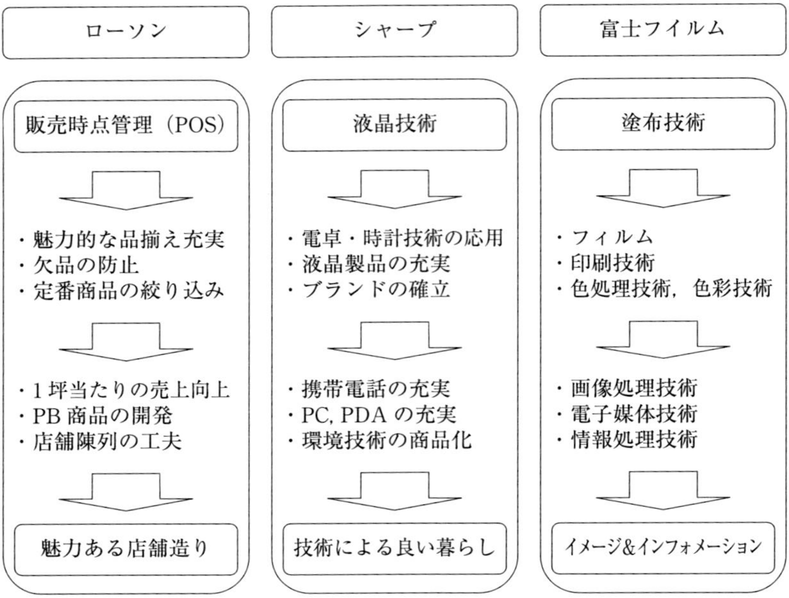

ローソン	シャープ	富士フイルム
販売時点管理（POS）	液晶技術	塗布技術
・魅力的な品揃え充実 ・欠品の防止 ・定番商品の絞り込み	・電卓・時計技術の応用 ・液晶製品の充実 ・ブランドの確立	・フィルム ・印刷技術 ・色処理技術，色彩技術
・1坪当たりの売上向上 ・PB商品の開発 ・店舗陳列の工夫	・携帯電話の充実 ・PC, PDAの充実 ・環境技術の商品化	・画像処理技術 ・電子媒体技術 ・情報処理技術
魅力ある店舗造り	技術による良い暮らし	イメージ&インフォメーション

　限られた店舗スペースを最大限に活用するため，売れスジ商品と死にスジ商品の管理を日常業務に組み込んでいる。たとえば新製品が出ると1～2週間の試験販売がなされる。売れ行きがよければ定番商品として常備品となるが，売れ行きが悪ければ店頭から排除されることになる。顧客が欲しいものを品揃えすることへのこだわりが，ローソンのコア・コンピタンスなのである。最近，ローソンは，PB商品（プライベート商品[4]）の開発を強化している。たとえば，お弁当やお菓子類などのPB商品は，売れ筋商品である。ローソンのPB商品の売上高は30％を超えている。POSデータを活用し，売れるPB商品の開発に注力しているのである。ローソンは，POSデータ活用により，他のコンビニエンスストアーにも負けない独自の「魅力ある店舗作り」を目指している。

② 液晶技術を活用したシャープ

　シャープは，電卓の表示装置である液晶事業の将来性に賭け，1970年代から経営資源を集中して次々と研究開発投資を行い，貴重な経験と技術力を社内に蓄積してきた。その後，シャープは蓄積した液晶技術を自社の強みとし，画期的な新製品を次々と発売して，他社との差別化に成功した。特に同社は，薄型液晶テレビは，大型パネル化と画像処理技術の向上により世界的な市場占有率を獲得した。シャープは製造技術やノウハウを完全にブラックボックス化し，さらに主要な部品・部材は近接立地（亀山市ほか）の企業を中心に調達，液晶パネルから液晶テレビまで一貫生産をしている。そもそも，今日のシャープの繁栄があるのは，このように液晶に社運を賭けて集中投資したことにあるとされる。そして競争の源泉は液晶製造技術であり，それらを使って得られる便益から「技術による良い暮らし」をスローガンに掲げた経営を行っている。

③ 塗布技術における富士フイルム

　富士フイルムは売上高を着実に伸ばしながら，創業以来，安定した収益力を維持している。富士フイルムは塗布技術をコア・コンピタンスとして，多角化を推進してきた。カラーフィルムを生産するためには，きわめて高度な塗布技術が求められる。カラーフィルムには十数層の化学溶液が，混ざり合うことなく多層構造で塗布されている。富士フイルムは高度な塗布技術をコア・コンピタンスとして，カラーコピー，印刷プリンター，ビデオテープ，感圧紙，レントゲンフィルムなどの分野で高いシェアを確立した。近年，デジタルカメラの高性能化により，カラーフィルムの需要が激減した。しかし，1990年代より，富士フイルムは，「I&I（イメージ&インフォメーション）」というコンセプトで，画像処理技術，電子媒体技術，最近では基礎化粧品製造法などをコアとした事業を強化している。富士ゼロックスに増資して子会社化したのも，画像処理技術をコア・コンピタンスとする戦略の一貫である。また，次世代技術の一貫として液晶材料にも注力しており，高収益体質を堅持しようとしている。

　コア・コンピタンスは自社が守り抜く強みであり，他社と差別化する中核と

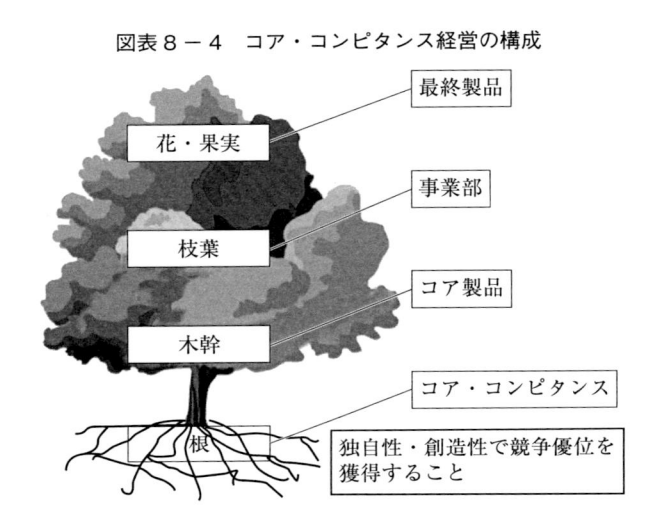

図表8-4　コア・コンピタンス経営の構成

- 花・果実 → 最終製品
- 枝葉 → 事業部
- 木幹 → コア製品
- 根 → コア・コンピタンス：独自性・創造性で競争優位を獲得すること

　なる強みである。樹木にたとえると，コア・コンピタンスは大地から水分や栄養分を吸収し，幹や枝葉に送り込む根となる部分であり，根がしっかりしていない樹木は大きくなれない。たとえば，液晶技術をコア・コンピタンスにしているシャープは，コア・コンピタンスを木の根にたとえると，木幹はコア製品である。液晶技術を応用して生産される液晶ユニットがコア製品になる。そして枝葉は最終製品を生み出す液晶事業部である。そして花や果実は最終製品で，液晶テレビやノートパソコンなどになる。たくさんの果実を収穫するためには，根っこであるコア・コンピタンスがしっかりしていて，幹や枝葉を支えることが必要である。逆に，根っこが弱くなれば，競争力も低下する。
　コア・コンピタンスは自社にとって根幹となる重要な強みであるから，他社に簡単に模倣されてはならない。さらに，コア・コンピタンスは基本的には，アウトソーシングしてはならない。企業内で研究開発費を積極的に投入して，他社に負けない水準を維持し続けることが重要である。アウトソーシングしてしまったら，自社のコア・コンピタンスが，簡単に他社に模倣されてしまう。逆にコア・コンピタンス以外で，本業とかけ離れた業務はアウトソーシングに向いている。また大規模投資や自社のコア・コンピタンスでない専門技術は積

極的にアウトソーシングすればいい。たとえば製造業にとって，物流部門は，アウトソーシングの対象として有望な分野である。なぜなら製造業は，物流部門で差別化するより，商品開発力で差別化する方が競争力が高まるからである。また，近年では複雑な情報システム部門をアウトソーシングする企業も増えている。このように中核でない部分は，それぞれの専門企業にアウトソーシングして，自社は本業に特化して，業界内での少数精鋭を目指すのである。コア・コンピタンス経営により，身軽な経営と競争力のある強い企業の両立を目指すのである。

5. コア・コンピタンスを活かす経営

　経営戦略の定石は，選択と集中である。限られた資源を効果的に活用し，投資対効果を最大化することが戦略の本質である。また企業の競争優位を維持するためには，他社のモノマネでは維持できないし，他社にない独自の魅力とコア・コンピタンスを獲得して差別化することが必要である。競争優位を確立する領域を選択し，他社とどのように差別化するかを明確化して確実に勝ちを取りに行くために，経営資源を「集中」させる。この経営戦略の定石を実現する経営手法として，コア・コンピタンス経営がある。コア・コンピタンス経営とは，自社の中核となる強みを明確化して，企業の独自性と競争優位を確立する経営手法である。

　実際，コア・コンピタンス経営は，日本企業の総花主義，総合主義に真っ向から対立する考え方である。すなわち，それは右肩上がりを前提とした，やみくもな規模の拡大という，日本企業のあり方を根本から見直す考え方で，コア・コンピタンス経営では企業の強みを生かしたまま，身軽な経営と本業重視を目指す経営手法であるといえるであろう。

　コア・コンピタンス経営の背景は，1990年代のバブル経済崩壊後に相次ぐ多角化の失敗で，多くの企業が事業から撤退し，経営を悪化させてきたことへの反省がある。事業領域を無視した戦略なき多角化や総合化路線の限界は，経

済成長の失速とともに露呈した。そして多くの企業が，本業以外の相次ぐ新規事業の失敗により，事業の撤退という形で幕を閉じた。撤退した企業の多くは，本業とかけ離れた新規事業に進出したものが多いといわれる。要するに，本業以外に進出すると，先行投資が莫大になり，またノウハウの蓄積と顧客開拓に時間がかかり，投資回収が思うようにいかない。多角化の失敗を分析すると，本業以外に安易に参入したこと，投資対効果を楽観的に判断した大規模投資があげられる。中国などのアジア諸国の台頭とともに，簡単に模倣される技術では，労働コストの安いアジア諸国に簡単には勝てないことが明らかになった。このように，自社独自の強さを持った企業でなければ競争力が維持できなくなったという背景があることを看過してはならない。

第4節　むすびに―コア・コンピタンスをめぐる議論

　本章では，まず経営戦略論の理論的系譜について述べた。経営学の分野で大きな進展を見せたのは1960年代からと比較的新しい研究分野であるといえる。
　次に，ポジショニング・アプローチの代表的研究であるポーターの競争戦略についてその論理を明らかにした。ポーターの貢献は，経済学的な視点である「構造―行動―成果パラダイム」に戦略を組み込むことにより，戦略概念の有用性を経営学以外の分野にも広めるきっかけを与えるようになったことである。
　最後に，コア・コンピタンスについてその定義と内容について，その問題点と課題についてしばらく述べておきたい。
　最近の経営戦略論のリソースベース・アプローチの代表的理論であるコア・コンピタンス論を取り上げ，コア・コンピタンスのコンセプトおよびその分析視角を中心に検討してきた。まず，コア・コンピタンスのコンセプトについては，すでに述べたように，定義が不明確，内容が技術中心などの批判がみられる。これまでの議論によれば，コア・コンピタンスとは，(1) 多様なスキルや技術を統合したもの，(2) 資産以上のもの，(3) 顧客に便益を提供するもの，

(4) 競争相手にとって模倣が困難なもの，(5) 新規参入の基盤となるもの，である。コア・コンピタンスとは，企業の持続的競争優位の源泉となりうる独自の組織能力なのである。

　さらに，コア・コンピタンス論における製品概念も注目される。そこでは，製品は最終製品とコア・プロダクトとに区別されるが，コア・プロダクトが競争優位にあたえるインパクトが大きい。これまで製品という概念については，暗黙のうちにそれが最終製品を意味するものとして使われることが多かった。それは，つまり，販売してえられる最終製品を技術と成果の源泉と見て，プロセスを考察の対象から外してきたことに起因する。しかし何をもって製品と考えるかは，それ自体経営戦略の対象となる問題である。コア・プロダクトとは最終製品に組み込まれる「コア部品」のことである。それは最終製品に比べると激しい競争にさらされにくいという意味で，コア・プロダクトについては持続可能な競争優位を構築できることが多いと考えられる。要するに，コア・プロダクトそれ自体を製品として積極的にアウトソーシングするという意識的な戦略展開があってよい。実際，わが国を代表する優良企業であるキヤノンや東レなどは，コア・プロダクトに力点をおいた戦略を展開して，すぐれた成果をあげている。また，薄型液晶パネルの製造工場を持たないソニーは，あえてコア・プロダクトである液晶パネルをサムソン電子やシャープより購入し，自前の特殊なコア部品として組み込み最終製品にして出荷しており，売上を伸ばしている。このように，冒頭で述べたように，戦略は「選択と集中」を上手く使い分けて，コアを育て，それ以外はアウトソーシングするといった経営戦略が必要になっている。

　最後に，コア・コンピタンス論に残された課題を指摘したい。コンピタンスをめぐる競争が4つのレベルで発生するというのがコア・コンピタンス論の主張である。この理論の提唱者，プラハラード＆ハメルは第1のレベルのスキルや技術の開発と入手の競争については，経営資源のレバレッジという考え方を提示することによって，コア・コンピタンスを構成する資源の獲得・蓄積方法を明らかにしている。ところが，それらを組織的にどのように統合して，コ

ア・コンピタンスを構築していくかという議論が未開拓のまま残されている。コンピタンスをマネージすることは決して簡単なことではない。なぜなら，コア・コンピタンスは目に見えないし，測定することもむずかしいからである。企業はコンピタンスのマネジメントの過程で多くの困難な問題に直面することになろう。コア・コンピタンスは真の意味で企業がかかえるところの人の能力および組織能力を開発すること，すなわち企業は人により発展し，衰退するという普遍の哲理をベースにした概念であるということを看過してはならない。

【注】
（1）1960年代のアメリカ経営学をクーンツは，（鈴木英寿『経営の統一理論』1968年によると）6つの学派に分類したが，経営学の学派は，①管理過程学派，②経験学派，③人間行動学派，④社会体系学派，⑤意思決定論学派，⑥数理学派，まさにマネジメント・ジャングル（Management Jungle）の状況であった。また，後の再考において，11学派に増加していて，現在に至っても増加の傾向が続いている。
（2）VRIO分析：企業の内部資源（ケイパビリティ）が，持続的競争優位の源泉となるための条件として4つの条件をあげている。V（Value）価値・・・経済的価値の創出，②R（Rareness）稀少性，③I（Imitability）模倣可能性・・・模倣が困難，④O（Organization）組織・・・経営資源を有効活用できる組織の存在。持続的競争優位を達成するには，このVRIOの条件をみたした「稀少で模倣にコストがかかるケイパビリティー」を確保し，それを活用して顧客ニーズに応える戦略を確立し，実行する必要がある。
（3）G. Stalk & P. Evans & L.E. Shulman, "Competing on Capabilities" *Harvard Business Review*, March-April 1992, pp.57-69. を参照。ストークらは，1990年代の競争は1980年代にいわれたようなTime-Basedな競争尺度だけでなく，Speed to respond market demands（スピード），Consistency with customers' expectation（一貫性），Acuity in competitive targeting（正確さ），Agility in business（機敏さ），Innovativeness of ideas（革新性）が重要であると主張している。
（4）コンビニエンスストアーのローソンはPB（プライベートブランド）商品「バリューライン」の取り扱いを増やしている。ローソンは，消費者の節約志向が一層強まるとみて，価格が105円のPB（自主企画）商品「バリューライン」をさらに強化して品ぞろえを拡大する。バリューラインは105円の均一価格と適量小分けサイズが特徴である。また，新しい店舗展開として「ローソン100」ショップで，低価格品目に絞り，顧客の求める低価格志向にあったマーケティング戦略を実行している。

◆参考文献◆

Barney, J.B., *Gaining and Sustaining Competitive Advantage*, 2nd ed., Pearson Education, 2002（岡田正大訳『企業戦略論【上】【中】【下】基本編—競争優位の構築と持続—』ダイヤモンド社，2003年）．

Hamel, G. & Prahalad, C. K., *Competing for the future*, Harvard Business School, 1994（C.K. プラハラード& G. ハメル著，一條和生訳『コア・コンピタンス経営』日本経済新聞社，1995年）．

Mintzberg, H., Ahlstrand, B., Lampel, J., *Strategy Safari*：*A Guided Tour Through The Wilds of Strategic Management*, HRMagazine Publication, 1998（斎藤嘉則監訳・木村充・奥澤朋美・山口あけも訳『戦略サファリ』東洋経済新報社，1999年）．

Porter, M.E., *Competitive Strategy*：*Techniques for Analyzing Industries and Competitors*, New York：Free Press, 1980（土岐 坤・服部照夫・中辻万治訳『競争の戦略』ダイヤモンド社，1982年）．

Prahalad, C. K. & Hamel, G., The Core Competence of the Corporation, *Harvard Business Review*, May-June, 1990（C.K. プラハラード& G. ハメル著，坂本義実訳「競争力分析とコア競争力の発見と開発」『ハーバード・ビジネス・レビュー』ダイヤモンド社，1990年）．

伊丹敬之『新・経営戦略の論理—見えざる資産のダイナミズム』日本経済新聞社，1984年。

佐久間信夫・犬塚正智編『現代経営戦略論の基礎』学文社，2006年。

野中郁次郎・紺野 登『知力経営』日本経済新聞社，1995年。

第9章
3つのレベルの経営戦略

第1節　はじめに―経営戦略のレベル

　企業における経営戦略は，3つのレベルが存在する。それらは，全社レベルの戦略，事業レベルの戦略，機能レベルの戦略である。それぞれ全社（企業）戦略，事業戦略（競争戦略），および機能別戦略の階層に分類できる。

　全社（企業）戦略では，企業におけるマクロ環境を含めた視点から，企業戦略の指針となる情報を分析して，ドメインの決定や多角化の選定にかかわる経営の骨子にかかわる重要な決定を行うところに特徴があるといえる。つまり，全社（企業）戦略においては，企業経営の分析結果を基にして，企業の成長を目指す方向性を明確にするとともに，経営活動を行うフィールドを選定することが重要となる。次に事業戦略（競争戦略）では，企業に含まれる事業ごとに，他社企業との競争優位性を確保するための検討を行い，事業活動の方針と実施を具体化する。さらに機能別戦略では，事業戦略と同様に，企業戦略を基にした競争優位性の確保を目指し，たとえば，研究開発部門，マーケティング部門などの機能ごとに検討を行うことだといえる。

　より具体的には，まずSWOT分析に代表される企業を取り巻く経営環境の分析を行い，次に続く全社（企業）戦略への礎とする。全社（企業）戦略では，SWOTを基にして，企業の事業領域（ドメイン）と成長する方向性を検討する。企業の目指すべき方向性が明確になった時点で，事業戦略と機能別戦略の策定に移ることになる。事業戦略と機能別戦略では，他社事業との競争において，

どのようにすれば競争優位性を保てるのかを検討する。

経営理念やビジョンは企業目的を表しているが，企業の現実の姿との間にはギャップが存在するものである。経営戦略はそのギャップを埋めるための具体的な方法論を示すものである。経営戦略は通常，前述のように3つの戦略レベルで策定されるが，それぞれ検討すべき内容や役割は異なる。いずれのレベルでも，経営理念やビジョンとの一貫性，戦略レベル間での整合性を保つ必要がある。

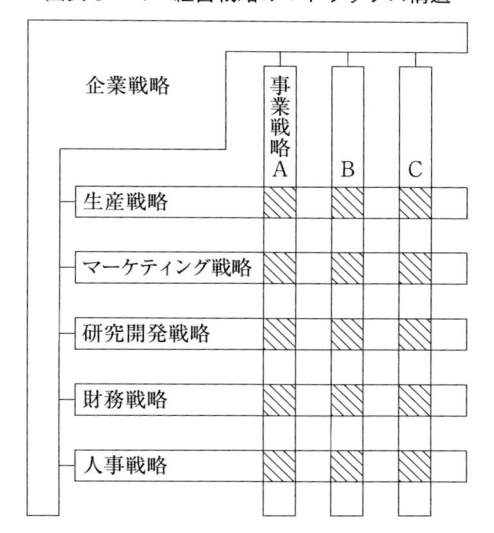

図表9－1　経営戦略のマトリックス構造

	事業戦略A	B	C
企業戦略			
生産戦略			
マーケティング戦略			
研究開発戦略			
財務戦略			
人事戦略			

出所：石井淳蔵ほか『経営戦略』有斐閣，1985年，11ページ。

① 全社（企業）戦略（Corporate Strategy）

企業全体の将来のあり方にかかわるもので，基本的にいかなる事業分野で活動すべきかについての戦略である。したがって，事業分野の選択と事業間の資源展開が主たるものとなる。どの事業領域（事業ドメイン）で戦い，何を競争力の源泉とし，どのような事業の組合せ（事業ポートフォリオ）を持ち，どのよ

うに経営資源を各事業に配分するかを決定する。単一の事業しか持たない企業であれば全社戦略と事業戦略は一致しているが，複数の事業を手がける企業（多角化企業）の場合，事業ごとの戦略以外に企業全体としての視点が必要になる。

② 事業戦略（Business Strategy）
　企業が従事している事業や製品／市場分野でいかに競争するかに焦点を当てた戦略で，資源展開と競争優位性が主となる。この戦略は個別の事業分野において競争に勝つための戦略を実施することである。全社戦略では多数の事業を対象とするため，事業ごとに競合企業や顧客が異なる場合がある。これに対して，事業戦略では具体的な事業分野や事業を扱うので，特定市場における企業間の競争を分析することが必要になる。分析結果をもとに，より具体的なアクション・プランを策定し，実施することが求められる。

③　機能別戦略（職能別）（Functional Area Strategy）
　各職能分野において資源をいかに効率的に利用するかの戦略で，資源展開とシナジーが戦略構成要素の鍵となる。それぞれの機能別戦略では，企業戦略で配分された経営資源の中で，業務効率を高める方法を模索し，各戦略が相互に連携できる仕組みを整えることが重要になる。

第2節　全社戦略（Corporate Strategy）

　3つの企業レベルの戦略が明らかにされたのであるが，企業目標達成のために全社（企業）戦略が手段としてまず策定される必要がある。全社戦略が，事業レベルの目標設定の制約要因として設定され，そして，事業戦略が策定され，職能レベルでの機能別戦略へとつながっていく。なお，こうした各レベルの戦略は，事業の拡大や多角化した企業においてそれぞれ明確に分類される。それと同時に，各レベルの戦略実施に際しては，相互に調和し，一貫したもので

あることが求められる。事業戦略は全社戦略からの制約を受け，機能別（職能別）戦略は全社（企業）戦略と事業戦略の双方からの制約を受けて展開される。要するに，全社戦略，事業戦略，機能別（職能別）戦略のいずれもが有効に機能するためには，まず全社戦略が明確なものとして策定される必要がある。したがって，全社戦略を企業行動の中心軸として，各事業戦略，機能別（職能別）戦略へバランスよく連係させることが重要である。

　全社（企業）戦略は，自社の持続的で競争的な地位を確保するために企業が目指す方向に向けて全社的な資源配分の割り当てと配分の変更を行うことを内容とする。ここでは，特に重要となる①製品─市場ミックスと，②多角化戦略，③PPM（プロダクト・ポートフォリオ・マネジメント）論を中心に全社的な資源配分の考え方を述べる。

　①　製品─市場ミックス
　自社の成長ベクトルとして今後考えられる戦略類型にはどんなものがあるのだろうか。この問題意識に応えるためには，ドメイン，資源展開，シナジーなどを考慮に入れることが必要である。そこでたとえば，全社（企業）レベルの戦略において，製品─市場分野に関しての戦略類型をみてみると，横軸に現在および新たな製品分野，縦軸に現在および新たな市場分野をとることによって，次のように戦略の識別ができる。
・市場浸透戦略
　現在の市場で，現在取り扱っている製品の販売を伸ばす成長戦略。たとえば，既存顧客に広告や値引きなどを通じて，既存商品をより多く買ってもらえるようにする方法である。
・市場開発戦略
　新しく顧客を開拓して，既存製品の販売を伸ばす成長戦略。たとえば，国内向け商品・サービスを海外で販売するという方法である。
・製品開発戦略
　既存の顧客層に向けて，新製品を開発して販売する成長戦略である。さらに

製品のモデルチェンジやバージョンアップなどもこれにあたる。

・多角化戦略

新しい製品分野・市場分野に乗り出し，新しい事業を展開することで成長する戦略である。たとえば，ソフトウェア会社がレクリエーションビジネスに参入したり，航空会社がリゾートビジネスを展開するような場合である。

図表9－2　製品－市場戦略

市場＼製品	現製品	新製品
現市場	市場浸透戦略	製品開発戦略
新市場	市場開発戦略	多角化戦略

このような製品―市場マトリックスによる戦略類型は成長ベクトルの説明にもなっている。成長ベクトルとは，現在の製品―市場分野との関連において，企業がどんな方向に進んでいるかを示したものであり，それがどんな方向にいかなる内容を伴って進んでいるかがわかるのである。

また，製品―市場マトリックスと成長ベクトルによって決定される分野では，当然，企業が競争上の優位性を獲得することが必要である。競合企業とくらべて強力な競争上の地位を持てるような独自の製品―市場分野の特性を明確にすることが要請される。そのために，企業のM&Aがあったり，事業提携（アライアンス）することにもなりうるのである。

多角化戦略の場合は，それが成功するかどうかはシナジー効果のいかんにも大きくかかわってくることになる。シナジー効果[1]は，もともと生物学の概念用語であったが，アンゾフ（1965）が企業の戦略にかかわる言葉として使用してから重要な経営用語になっている。したがって，多角化を行う場合，既存の事業と新事業の間にプラスのシナジー効果が働くような多角化であることが成功の鍵となる。

② 多角化戦略（Diversification Strategy）

さらに多角化戦略とは，企業規模の拡大に伴い，(1) 規模拡大による市場占有率を下げるための企業分割，(2) 単一事業構造による需要変動・季節変動が業績に及ぼす悪影響を回避するため，(3) 余剰資源の多角的活用，を背景として展開される戦略であって事業構造の多様化を志向する戦略といえる。

企業が事業活動を通して経営を展開させていくうえにおいては，不可避のリスク（経営リスク）が存在している。既存事業（または既存製品）がそのライフサイクル上での成熟期や衰退期を迎えることによって，今後の成長を求めることが困難となり，継続させることも難しくなる。こうした事態に備え，企業は単一事業のみに事業を依存させるのではなく，複数の事業を展開させることによって，その危険性を回避しようとする。すなわち，経営リスクの分散が多角化を行う最大の理由とされるのである。

その他の理由としては，事業間におけるシナジー（相乗効果）の追求がある。現代の経営においては，規模の経済性と範囲の経済性，同時に連結の経済性を活かしていかなければならない。規模の経済性は，生産量の増大に伴い平均費用が減少する結果として利益率が上昇することを意味するのに対し，範囲の経済性は，企業が複数の製品（サービスを含む）を生産しようとする際に必要とされる費用の合計が，これら複数の製品を個別に生産する際に必要とされる費用の合計より少なくてすむ効果のことをいう。また，最近話題になってきた「連結の経済性」は，企業活動をグローバルで展開するために情報を共有したり，情報の非対称性を活用して他社に先駆けてバリューチェーンを構築したりする。それは，ネットワークの利活用により，多くの企業の結びつきによって生まれる経済性であるといえる。このような理由により，企業にとっては，ある程度の事業の多様化をはかっていたほうが得策であることから，結果として多角化を展開させることとなるのである。

次に，M&Aによる多角化の展開があげられる。ある企業が他企業を友好的買収もしくは敵対的買収することを内容としており，経営者が自社の成長を加速させることを目的として，他社または他事業を買収しようとするものであ

る。これまでのM&Aは，その経営を継承しようとする場合や救済的または友好的な意味での買収がほとんどであった。しかしながら近年においては，証券市場を介して，あくまでも被買収企業の支配のみを目的とし，必ずしも経営権そのものの継承を意図しない買収が増加してきている点は注意が必要である。

　次に多角化の種類についてみてみる。多角化は既存事業との関連性において関連多角化と非関連多角化に分けることができる。
・関連多角化とは，新たに展開しようとする事業と既存事業との関連性が高く，既存技術や流通チャネル，管理ノウハウなどを共通して活用できるような状態での多角化をさす。
・非関連多角化とは，新たに展開しようとする事業と既存事業との関連性が希薄であったり，まったく存在しない場合の多角化をいう。

図表9－3　多角化による利点の類型

多角化による利点	関連多角化	非関連多角化
経営活動でのさまざまなスキルの共有	○	
コア・コンピタンスの強化	○	
経営資源の生産性向上	○	
事業リスクの分散		○
資金管理の効率化		○

　この2つの多角化を考えた場合，比較的実行しやすいのは関連多角化であり，非関連多角化の場合は，新事業に関する経営資源の多くを新たに獲得・配分しなければならないことから，どうしても経営リスクを伴わざるをえないことになる。しかし，同業他社が同じように多角化を検討することが大いにありえるため，非関連多角化のほうが他社の参入を阻止できる可能性が高く，成功した場合における収益は大きいという魅力を有している。ルメルト（Rumelt, E.P.）

による分類では，多角化は，(1) 単一事業型多角化（年間収入の95％以上を1つの事業に依存している多角化），(2) 主要事業集中型多角化（年間収入の70～95％を1つの事業に依存している多角化），(3) 関連事業型多角化（主要事業からの年間収入が70％未満で，他の事業と関連性がある多角化），(4) 無関連多角化（主要事業からの年間収入が70％未満で，関連事業をほとんど有していない多角化）としている。

　そして，業種の広がりとは対照的に垂直方向の広がりを統合するような動きが見られ，これは取引関係でいうと川上，川中，川下の領域にかかわる垂直統合戦略と呼ばれる。垂直統合戦略とは，川上，川下という取引関係で結ばれた垂直（上中下）方向に位置する産業間の統合化を志向する戦略である。大手製鉄会社という製造業が硝子サッシの製造・販売に乗り出したり，魚類養殖業が冷凍加工会社を設立したり，原料から販売・サービスまでを広範囲に手がけるような場合がある。企業が垂直統合戦略を展開させていく理由としては，川上から川下へとつながる垂直的事業統合をはかることで，原材料や中間製品などを常に安定的に調達することを可能とするという側面と，川下に向けて製品の販売を展開させていくうえで，垂直的に統合することで取引コストを軽減することが可能となるという側面がある。

　なお，このような多角化を軸とした企業成長戦略は自社のみで実施するだけでなく，広く同業他社や関連分野の企業の与力として展開され，戦略的提携をとおして実現されるケースも多くみられるようになってきている。この戦略的提携（Strategic Alliance）とは，異なる企業間における生産や販売における委託，共同研究開発や生産および販売，技術援助や部品供給を具体的内容とするものである。すなわち，この連携に係る企業が互いに外部資源を活用することで，それぞれにとっての戦略的地位を強化することを目的とした互恵・共創的なつながりを意味している。

　③　プロダクト（製品）ポートフォリオ・マネジメント―（PPM 分析）
　さて，経営資源の包括的な把握と適切な配分を考えるのに有用なフレームワークとして，プロダクトポートフォリオ・マネジメントがある。戦略研究が

盛んになるにつれ，こうしたフレームワークもつぎつぎと生みだされてきているが，ボストン・コンサルティング・グループ（BCG）の開発したプロダクト（製品）ポートフォリオ・マネジメント（Product Portfolio Management）はその代表的なものである。これは，通称，PPMと呼ばれているものであるが，多角化した企業が各事業に効果的に資源を配分するにはどうすればよいか，また企業全体として製品事業の組合せを最適なものにするにはどうすればよいかを明らかにするのに役立つ。その論理が構築されるために，2つの概念が前提となっているので，まずそのことを明らかにしたい。

1つは，製品とか産業にライフサイクル（寿命）があるというライフサイクル説を肯定することである。この説は，すべての生物は誕生から成長，成熟して衰退へといたるプロセスがあるが，それと同じように製品や産業にも寿命があって，一連のプロセスをたどるというものである。ライフサイクルの形状についてはさまざまに考えられるのだが，一般的にはS字型をしているといわれる。すなわち，導入期には成長率があまり高くないが，年数がたつに従いしだいにそれが高くなり，やがてまた低くなるというものである。

2つ目は，経験曲線（Experience Curve）に則ることである。経験曲線とは，企業経営において経験が蓄積されるに従いコストが下がるという，昔からよく知られていた経験効果の現象を計量的に測定したものである。この現象は，製造コストばかりでなく，管理，販売，マーケティングなども含んだ総コストにもあてはまり，1つの製品の累積生産量が2倍になるにつれ，総コストが一定の率で低減することが実証研究によって発見されたのである。すなわち，業界や製品にもよるが，総じて累積生産量が倍増するごとに総コストは20％から30％ぐらいずつ低下していくということが明らかになっている。

以上のようなライフサイクルと経験曲線の2つの前提から引き出される論理がPPMであり，これは図表9－4のような概念図によって表すことができる。それは，市場成長率と相対的マーケットシェアの2次元で構成されるマトリックスである。それぞれの軸に相当する市場成長率は，当該製品の属する市場の年間成長率であり，そして相対的マーケットシェアは，その製品事業の相対的

図表9－4　BCGマトリックス

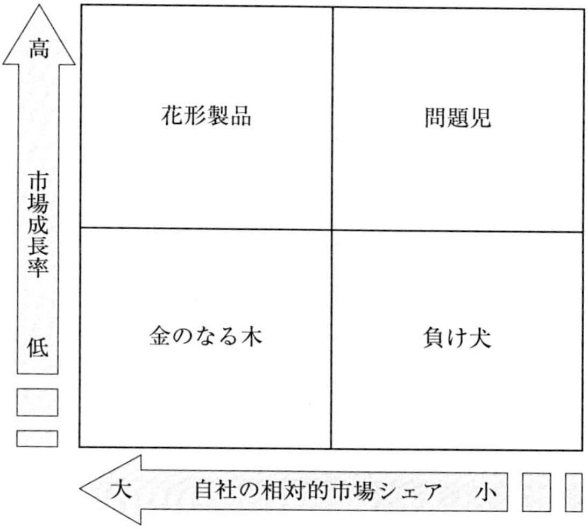

	花形製品	問題児
	金のなる木	負け犬

縦軸：市場成長率（高←→低）
横軸：自社の相対的市場シェア（大←→小）

シェアを意味している。また，マトリックスの各セルにはその性格から独特の名前がつけられており，それぞれつぎのような特徴を持っている。

(1) 金のなる木

マーケットシェアが高いために，資金がかからず収益率の高い製品である。成長率が低いので過度な投資を控え，収益を他の製品へ回す，重要な資金源となる。成熟製品。フリー・キャッシュ・フローはプラスが継続する。

(2) 花形製品

マーケットシェアを維持するために資金はかかるが収益率は高い。マーケットシェアが維持できれば，市場成長率の鈍化に連れて「金のなる木」になるが，失敗すれば「問題児」に転落する。ここの製品は成長・成熟製品である。

(3) 問題児

成長率は高いがマーケットシェアが低いため資金の流出が多い。将来の成長が見込める製品なので「花形製品」にするための有効な戦略が必要で，資金投入を継続する必要がある。ただし，花形への成長可能性の見極めがはなはだ難しい。フリー・キャッシュ・フローは当面マイナスである。

(4) 負け犬

資金の流出・流入のいずれも低い。投入する資金以上の収益が見込めなければ，撤退・売却・縮小のどれかをとる必要がある。概ね衰退事業あるいは衰退製品である。

さて，製品ポートフォリオの概念図はいろいろな活用法が考えられるが，この点に関して土屋（1984）はつぎのような指摘をしている。
(1) 自社の現状における製品構成をこれによって分析することができる。
(2) 同業他社やライバル企業について，このようなマトリクスをそれぞれ時系列的に描いてみると，自社とライバルとの間の相対的な強み，位置関係などについて理解できるようになり，将来の競争関係の展望を持つことができる。
(3) 経営多角化しようとして新しい事業を選択するとき，えてして負け犬に位置づけられる産業に参入してしまうことがあるが，それを避けるための1つの指標を与えてくれる。

一方逆に，2次元マトリクスであるPPMの限界についても留意しておくことが賢明である。すなわち，フレームワーク自体の説明力に限界があることも知っておく必要がある。PPMには，(1) 事業間のシナジーが考慮されない，(2) 現時点での市場成長率や自社の相対市場シェアでしか評価しない，(3) 潜在的に成長可能な事業であっても，成熟市場に属する事業（製品）には資源投入しないことを前提としている，などの問題が指摘できる。さらに現状では市場シェア・市場成長率がともに低い事業であっても，社会貢献という観点から存在意義のある事業として撤退せず継続すべきという判断が下される場合があるということも考慮すべきである。

第3節　事業戦略（Business Strategy）

　企業が自らの成長と発展を実現するための適切な手段として事業戦略を展開するのだが，この事業戦略は個別の事業分野において競争に勝ち抜くための戦略を実行することである。全社戦略では多数の事業を対象とするため，事業ごとに競合企業や顧客が異なる場合がある。これに対して，事業戦略では具体的な事業や事業分野を扱うので，特定市場における企業間の競争を分析することが可能である。事業戦略は競争優位性を確立するために，より具体的なアクション・プランを策定・実施することが求められる。ここでいう競争優位性とは，競争戦略を考える上で重要な意味を持つものであり，市場において価値あるものであると認識されると同時に競合企業が未だ保有し得ないもの，または経営能力をさす。

　① 競争優位性のための事業戦略

　1980年代にホール（Hall, W.K.）が，当時すでに成熟産業となっていた米国8産業において調査した結果，逆境化の中でも好業績を収めている企業の存在が確認されている。それらの成功を収めている企業は2点において共通性を有していたといわれる。それによれば，各産業において逆境下でありつつも，成功を果たしている企業は，(1) 当該産業における最低原価の達成，(2) 最高の製品・サービス，品質等における差別的地位の構築を達成していたのであった。このことから解明されたことは，原価における優越性と製品・サービスにおける差別化の実現が，これからの企業経営において何よりも重要であるということであった。このことを通して競争優位性をいかに構築させるかということについては，1980年代以降，企業競争戦略および生き残り戦略として，その重要性を高めてきている。特にポーター（Porter, M.E.）による競争戦略論の提起以来，企業経営の中心的課題は，この競争戦略としての事業戦略に焦点が当てられるようになったのである。

彼が提示した企業が競争優位を構築するための3つの基本戦略は、その後の企業の戦略的経営のあり方を決定づけたともいえる。ポーターはその後、産業組織論の考え方に基づき、企業に対し収益をもたらしうる産業構造の特性を抽出した。それによれば、(1) 新規参入の脅威（潜在的参入業者を含む新規参入業者の数と規模がもたらす脅威），(2) 代替品の脅威（買い手のニーズを充足させる別の製品（代替品）の出現がもたらす脅威），(3) 買い手の交渉力（顧客が及ぼす収益への影響），(4) 売り手の交渉力（原材料の仕入れ先である供給業者が及ぼす収益への影響），(5) 既存企業間の競合関係（業界内における競合企業どうしの競争状況の程度差がもたらす脅威）の5つの要因の存在が、実際の業界における競争構造を決定すると述べている。これらの諸要因によって決定される業界の収益性を分析したのち、最も収益性の高い業界（産業）を企業が選択する（ポジショニング）ことの重要性を指摘するのである。

したがって、ポーターによる競争戦略とは、競争の発生する基本的な場所である業界において、有利な競争的地位を探すことと意味づけられ、その中心概念は「低コスト化」と「差別化」にまず求められる。さらに、これらを基礎に戦略ターゲットという次元（いわゆる集中化）を加えることにより、企業がとるべき競争戦略としての基本類型を (1) コスト・リーダーシップ戦略（低コスト化戦略），(2) 差別化戦略，(3) 集中戦略の3つから構成されるものとしてとらえることができる。

② バリューチェーン（価値連鎖）分析の基本

バリューチェーン（価値連鎖）は、企業のすべての活動が最終的な価値にどのように貢献するのかを体系的かつ総合的に検討する手法を指す。ポーターが1985年に『競争優位の戦略』中で紹介してから人口に膾炙された。バリューチェーンは、事業を顧客にとっての価値を創造する活動という切り口から分析し、それぞれの主活動の特徴を把握して、それらの活動の連鎖を構築するフレームワークである。また、それは、企業により競争優位をもたらすために、

どこで付加価値を生み出すのかを明らかにするためのフレームワークである。

　事業戦略において競争優位を確保するためには，付加価値よりも実はバリューチェーンを分析するほうが適切であると述べている。その理由は，付加価値（販売価格から総費用を引いた額）は，原材料と会社の活動に利用される多くの購入物を正確に分離しておらず，企業とサプライヤの連結関係を明らかにしていないのがその理由である。それに対し，バリューチェーンは，価値のすべてを表すものであるとしている。

　なお，バリューチェーンは，価値をつくる活動とマージンとからなる。価値活動は，主活動と支援活動に分かれており，主活動は，製品・サービスが顧客に到達するまでの「材料や部品の購買物流」「製造」「出荷物流」「販売・マーケティング」「サービス」などをいう。一方，支援活動には，「調達活動」「技術開発」「人事・労務管理」「全般管理」などがあり，すべての支援活動が個々の主活動に関連しており，バリューチェーン全体を支援する。マージンとは，総価値と，価値活動の総コストの差であるとしている。

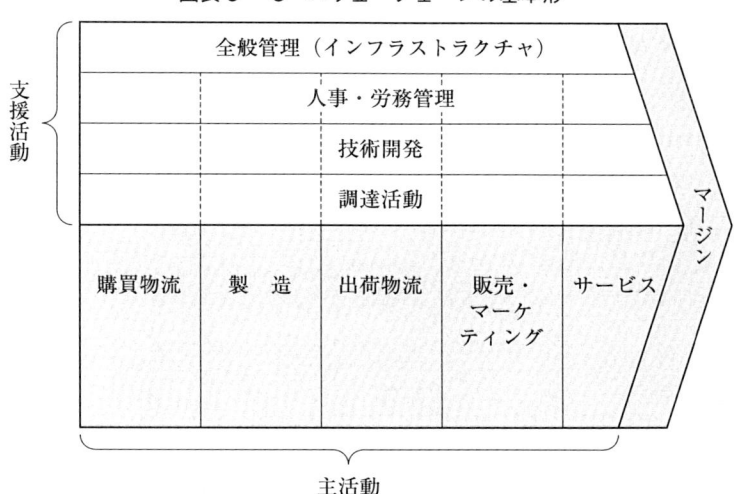

図表9-5　バリューチェーンの基本形

支援活動	全般管理（インフラストラクチャ）					マージン
		人事・労務管理				
		技術開発				
		調達活動				
	購買物流	製造	出荷物流	販売・マーケティング	サービス	

主活動

出所：M.E. ポーター『競争優位の戦略』ダイヤモンド社，1985年，49ページ。

ここで重要なポイントは，企業活動のバリューチェーンにおいて，一部の活動だけが価値を生み出しても有効性が低く，相互の活動が有機的に機能して初めて，その価値を最終的に顧客まで提供することができるということである。換言すると，各活動が有機的に機能して初めて，競合他社に模倣されない価値を生み出し，競争優位性を確保できるとする。

　さらに，競争相手のバリューチェーンについての情報収集による分析を行い，他社にないバリューチェーンの構築を行うことが求められる。近年，情報通信技術の活用が主活動全般にわたって価値（バリュー）を生み出す重要な要因となっており，これが差別化要因となりうるのである。この構築されたバリューチェーンによって，コスト・リーダーシップや差別化を実現するには，不断に自社のバリューチェーンの再検討と模倣困難性を成し遂げることが理想である。

第4節　機能別戦略（Functional Area Strategy）

　機能別戦略は，生産，マーケティング，人事，財務，研究開発といった各機能の戦略であり，事業戦略を実現させるための施策を機能別に落とし込み，機能別の視点から戦略をいかに実施していくかという内容である。図表9－6に示すように，機能別戦略は次のような内容になる。

　機能別戦略で重要なことは，部分最適化ではなく全体最適化を考えながら機能別戦略を策定することである。そのためには，前節で述べたバリューチェー

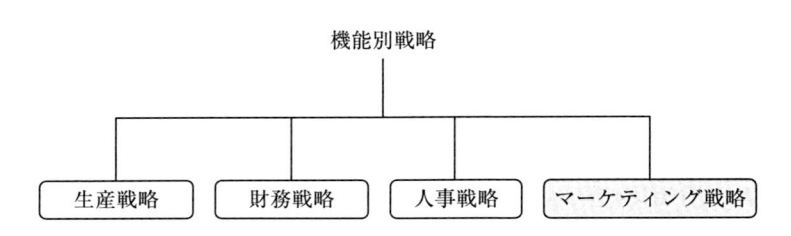

図表9－6　機能別戦略の内容

```
                機能別戦略
    ┌──────┬──────┼──────┬──────┐
 生産戦略   財務戦略   人事戦略   マーケティング戦略
```

ンの考え方が有効である。バリューチェーンは，企業が活動した最終的な付加価値がどのように生み出されているかを計る尺度となりうる。機能別戦略では各機能の能力を最大限に引き出す戦略を構築すべきであり，個々の機能をばらばらに構築するのではなく，うまく結合させ，全社（企業）戦略や事業戦略の策定との整合性を取ってゆくことが大切になる。機能別戦略は，生産，マーケティング，人事，財務，研究開発といった各機能の戦略であるのだが，ここではマーケティング戦略のみについてその内容をしばらく述べたい。

① マーケティングの4P

マーケティングの4Pとは，製品（Product），価格（Price），販売促進（Promotion），販売チャネル（Place）をさす。マーケティング戦略において重要なことは，市場のニーズと製品・サービスなどの要素をマッチングさせることである。まず，マーケティングの4Pについて簡単に説明する。

・製品（Product）戦略

製品戦略とは，どの市場にどのような商品を販売するかを用途別，顧客別，商品別に定めたものである。製品アイテムに関する戦略立案，製品ラインに関する戦略立案，に分けることができる。また，製品アイテムを構成するコア機能，形態，付随機能のうち，マーケターが腐心する要素の1つが形態である。製品の形態は，特徴，スタイル，ブランド名（ネーミング），パッケージ，品質の5つの特性を持っている。

・価格（Price）戦略

これは，商品の価格をどのように設定するかを原価や市場価格をもとに定めることである。価格はマーケティング・プロセスの中で，唯一利益の創出を決定づけるものである。そのため，値決めは企業業績に非常に大きなインパクトを与える要素になる。健全な競争が行われている製品やサービスでは，通常，価格は下限が製造コスト（自社の視点），上限がカスタマーバリューの最大値（顧客の視点）になり，その間に市場での需給によって形成されている価格（競合の視点）になる。

・販売促進（Promotion）戦略

　販売促進戦略とは，広告宣伝，マージンとリベート，催事などをどのように行うのかを定めるものである。

　広告が顧客の意識下に累積的にイメージを浸透させていくアプローチなのに対し，販売促進は，比較的即物的な面が強いといわれる。販売促進は，流通業者向けと消費者向けの2つに分かれる。流通チャネル向けの販売促進は，卸売業者や小売業者へのインセンティブであったり，消費者の目には触れないことも多い。一方，消費者向け販売促進は，主に流通業者を介して潜在顧客に試用を促したり，値引きや記念品などのおまけ（景品）を付けたりなどの手段を講じることによって，購入意欲を促すものである。販売促進は労働集約的な仕事であり，通常はSP会社と呼ばれる小規模な販売促進専門の代理店が主要業務を担当することが多い。しかし，大型キャンペーンやイベントはテレビ広告や新聞のPRなどと連動する傾向にあるので，大手の広告代理店が中心となって総合的に運営するケースが増えている。

　なお，店頭でのディスプレーやプロモーション用パッケージ，カタログの作成なども，目立たないが重要な販促業務の一環である。また，販売促進は広告と違って，流通業者に働きかけ，流通業者側がこれを受けて，単独であるいはメーカーと共同で消費者に購買をプッシュするものである。最近では多様な販売形態が増えており，たとえば，ダイレクト・マーケティング，TVショッピングなど顧客に商品価値を訴えて売り込む販売促進がそれである。

・販売チャネル（Place）戦略

　販売チャネル戦略とは，どのような販売チャネルで販売するかということに関して，地域別，商品別，得意先別に定めたものである。

　販売チャネルは，構築するのに時間がかかる上，一度構築するとなかなか変えられない性質を持っているので，選定には慎重を期する必要がある。また，販売チャネルは，他の「マーケティングの4P」と異なり人が絡む要素がきわめて大きいため，コントロールが難しく，論理だけでは統制が取れないという性質を持っている。しかし，優れた流通チャネルをしっかり押さえた企業がト

ップシェアを取れることも事実である。たとえば，パナソニックなどは優良な流通チャネルを押さえていることが，トップ企業である一因となっている。ポジショニングや他社との優位性，販売ターゲットの利便性を加味して設定することが重要になる。

② コトラーの4つの競争地位戦略

マーケティング戦略を考えていく上で，業界地位を考慮しておくことは大変重要である。それは，業界の地位に見合った戦略をとることで，企業の体力の消耗や顧客満足への阻害を防ぐことができるからである。企業の業界地位は大きく次の4つに分類することができる。

・リーダー……………………市場においてナンバー1のシェアを誇る企業
・チャレンジャー……………リーダーに次ぐシェアを保持し，リーダーに競争をしかける企業
・ニッチャー…………………特定の市場（ニッチ）で，独自の地位を築いている企業
・フォロワー…………………リーダーの戦略を模倣して，市場での地位を維持している企業

この4タイプの内容と特徴について簡単にまとめると図表9－7のようになる。この表は4つのタイプの企業群と4Pとの関係を表したものであり，マーケティング戦略の力点と留意点を確認できる。

・リーダー企業

リーダー企業は通常，業界のトップシェアを誇っていると同時に，強力なチャネルと商品開発力を持ってるので，広告や価格面で強気の戦略を実施している場合が多い。リーダー企業はそのシェアの大きさから，市場規模拡大の恩恵を最も大きく受けており，したがって，チャレンジャー企業が市場を拡大した場合に，それに追従する動きをしておけば，シェアの分だけ収益が拡大していく。

図表9－7　マーケティングの4Pと競争地位

	リーダー	チャレンジャー	ニッチャー	フォロワー
製　品	フルライン戦略	リーダーとの差別化	徹底して隙間製品	リーダーの真似
価　格	価格維持	価格維持・ただし思い切った高低価格設定もある	業界平均以上の値付け	低価格化
チャネル	開放型	開放型	必要最小限	必要最小限
プロモーション	全方位型	全方位型	媒体絞込み	媒体絞込み
課　題	シェア拡大，ブランド力向上，利益拡大	シェア拡大	ブランド力向上，利益	利益
方　針	フルライン戦略	リーダーとの差別化	市場や製品の特定	リーダー，チャレンジャーへの迅速な模倣

　また，リーダー企業は，その資金力，技術力，チャネルを生かしてフルライン戦略（品種や価格帯を幅広く品揃えする戦略）をとることで，シェアをさらに拡大していくことができる。しかしながら，業界によってはイノベーションの影響や顧客の趣向の変化に対応できず，リーダー企業だけでなくその業界までもが縮小する場合があるので，安住するのではなく革新的な取組みを心がけることが重要であると思われる。

・チャレンジャー企業

　チャレンジャー企業は，シェアを拡大する方法として，リーダー企業と直接対決をしてもリーダーに打ち勝つことは容易なことではない。したがって，リーダー企業がまだ強化していない地域や製品分野に注力し，シェアを奪う戦略と自社よりもシェアの小さい企業のシェアを奪い取るようなことをしたりす

る。そのための方法は，製品・サービスを徹底して差別化したり，思いきった価格設定をしたりする。

・ニッチャー企業

　ニッチャー企業は，リーダー企業やチャレンジャー企業が参入してこないセグメント[2]を発見し，経営資源を集中することで，専門性を高めて，ニッチ市場における独占的地位を維持する戦略が重要となる。ニッチャー企業は，市場が拡大したときにリーダーの参入を招いてシェアを失うというリスクを考慮に入れておく必要がある。

・フォロワー企業

　フォロワー企業は，リーダーやチャレンジャーの模倣活動をすることにより，収益性を確保している場合がある。フォロワー企業には，リーダー企業にとってあまり魅力がない市場（たとえば，低価格志向の市場）にターゲットを絞る戦略がよく見られる。

　いずれの場合も非リーダー企業はリーダー企業に比べ，経営資源，商品ラインアップ，チャネル力のいずれも劣ることが多いので，マーケティング戦略における製品・サービスの選択と集中が重要になる。

第5節　むすび―マーケティング・ミックス

　マーケティング・ミックスは製品・価格・プロモーション・流通チャネルの最も効果的な組合せを計画し，実行することをさす。4Pというマーケティング・ミックスの視点はいずれも売り手の側の見方であり，これに対して，買い手側の視点での4Cという観点から考察することが重要だと批判したのが，ラウターボーン（Lauterborn, R.F.）[3]である。彼は，売り手は4Pを設定する前に，まず買い手の視点での4Cの検討から入るべきだと主張した。4Cとは，顧客価値（Customer Value），顧客コスト（Customer Cost），利便性（Convenience），コミュニケーション（Communication）からなり，それぞれ4Pと4Cは対応関係にある。

ラウターボーンが主張しているのは，マーケターはターゲット市場の顧客を4Cの視点で理解すれば4Pの設定もはるかに容易になるということである。そもそもマーケティングがターゲット市場を決め，顧客を理解することから始める活動だということを考慮すれば，ラウターボーンの主張はきわめて正当性がある。どんな便益をもたらす製品を開発するのか，どんな価格で売るのか，どんな販売チャネルを使うのか，どんなプロモーションを行うのかといった判断は，対象となる顧客や市場が決まっていて初めて可能となる。適切なマーケティング・ミックスを行うためには，まず顧客ありきの視点が必要なのである。しかし，逆に言えば，4Pがマーケティング・コンセプトに基づくものであることを考慮すれば，4Cの視点はあらかじめ4Pの中に埋め込まれているということもできる。

　このようにマーケティング・ミックスの分析方法は，企業がターゲットとする市場や顧客，製品ライフサイクル，企業規模など，さまざまな外部環境要因，内部環境要因によって，適切な組合せが変わるので，適切なマーケティング・ミックスを行うためには，まず，適切な事業戦略が必要になるということを意味している。マーケティング・ミックスとは，未だ形を伴わない事業戦略を具現化するアクション・プランであるということができる。

　事業戦略とマーケティング・ミックスはとても密接な関係にあり，一方がなければもう一方もうまく機能しなくなる。そして，実行を伴わないマーケティング戦略は何ら価値を生み出さないが，戦略のない実行は売上減退と同時に予期せぬリスクを発生させかねないと考えるべきである。マーケティング・ミックスとは，単なるマーケティング・ツールの組合せではないことをしっかり認識しておく必要がある。

【注】

（1）通常2＋2は4になるのだが，これが5になったりする現象をプラスのシナジー効果といい，逆に3になったりするのをマイナスのシナジー効果という。シナジー効果についてはそれが具体的にどこからでてくるかということも問題となるが，ア

ンゾフはこの点を4つについて述べている。
- 販売シナジー　流通経路や製品の広告などの販売促進活動の統合をさす
- 生産シナジー　相手企業と原材料を一括仕入れする，または施設の共通利用などをさす
- 投資シナジー　原材料の共同保管，企業間で類似した製品の研究成果の統合をさす
- マネジメント・シナジー　新規事業に対する過去の戦略，業務，管理の経験の統合をさす

（2）セグメンテーションとは，マーケティング対象を類似の購買行動を持った集団（セグメント）に細分化することである。セグメンテーションを行う場合，製品と顧客をどのようにセグメンテーションすれば，差異を創出できるかを重視すること。また，潜在的なセグメントをいち早く発見することで，競合との優位性を見出すことが大切になる。セグメンテーションの分類型には，年齢，性別，居住地域，年収，消費行動などがある。

（3）彼の貢献は，それまで「4P」のようなプロダクトアウトのマーケティングの概念をマーケットインの発想へと転換させる大きなきっかけとなった。

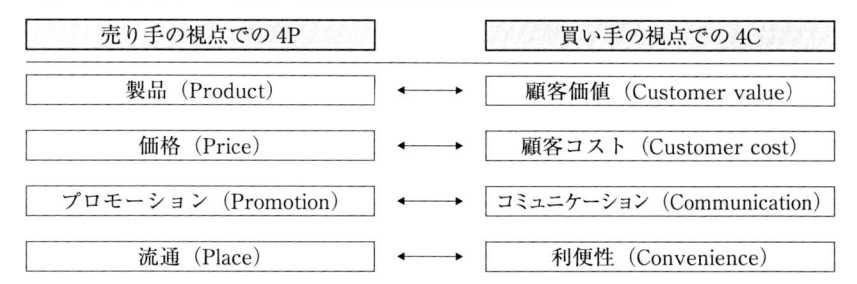

売り手の視点での4P	買い手の視点での4C
製品（Product）	←→ 顧客価値（Customer value）
価格（Price）	←→ 顧客コスト（Customer cost）
プロモーション（Promotion）	←→ コミュニケーション（Communication）
流通（Place）	←→ 利便性（Convenience）

◆参考文献◆

Hamel, G. & Prahalad, C. K., *Competing for the future*, Harvard Business School, 1994（C.K. プラハラード& G. ハメル著，一條和生訳『コア・コンピタンス経営』日本経済新聞社，1995年）．

Kotler, P., *Marketing Insights from A to Z：80 Concepts Every Manager Needs to Know*, John Wily and Sons International Rights, 2003（恩蔵直人監訳『コトラーのマーケティング・コンシェプト』東洋経済新報社，2003年）．

Mintzberg, H., Ahlstrand, B., Lampel, J., *Strategy Safari：A Guided Tour Through the Wilds of Strategic Management*, HR Magazine Publication, 1998（斎藤嘉則監訳『戦略サファリ—戦略マネジメント・ガイドブック』東洋経済新報社，1999年）．

Porter, M.E., *Competitive Strategy；Techniques for Analyzing Industries and Competitors*,

New York：Free Press, 1980（土岐　坤・服部照夫・中辻万治訳『競争の戦略』ダイヤモンド社, 1982年).
石井淳蔵ほか『経営戦略』有斐閣, 1985年。
石井淳蔵ほか『ゼミナールマーケティング入門』日本経済新聞社, 2004年。
伊丹敬之『新・経営戦略の論理』日本経済新聞社, 1984年。
犬塚正智『ネットワーク時代の企業戦略』学文社, 2000年。
大月博司・高橋正泰・山口善昭『経営学―理論と体系（第三版）』同文館, 2008年。
奥村昭博『経営戦略』日本経済新聞社, 1989年。
佐久間信夫・犬塚正智『現代経営戦略論の基礎』学文社, 2006年。
土屋守章『企業と戦略』リクルート出版, 1984年。

第10章
テイラーの管理論

第1節　テイラーの生涯と主要業績

　「経営学の父」あるいは「科学的管理の父」と呼ばれるテイラー（Taylor, F.W.）は1856年フィラデルフィアに生まれた。1874年，ハーバード大学を受験し合格したが，目の病気のため進学せず，小さな工場の機械工見習いとして働いた。1878年にミッドヴェール製鋼（Midvale Steel）に入社し，この会社で職長などを経験した後，工場長にまで昇進したが，この間にも苦学して夜間の大学院に通学し，1883年スチブンス工科大学（Stevens Institute of Technology）から工学修士の学位を授与された。ミッドヴェール製鋼に11年間勤めた後，1890年に退社し，バルブ工場を経営するメイン州の会社に勤めたが，彼は自分の開発した管理方式をさまざまな作業現場に適用することを試みた。1898年には従業員6,000人の大企業ベスレヘム製鋼の能率顧問として迎えられ，金属削りの研究やズク運びの研究を行った後，1901年に退社した。

　テイラーの開発した科学的管理法（scientific management）は1910年に起きた東部鉄道賃率事件によって広く知られるようになった。この事件はアメリカ東部の鉄道会社が「州際商業委員会」に運賃の値上げを申請したが，荷主側の反対にあい，紛争に発展した事件である。荷主側は鉄道会社の非能率を証明するために，何度も開かれた公聴会にアメリカ機械技師協会（American Society of Mechanical Engineers：ASME）の能率技師たちを招き科学的管理法の効果について証言させたのである。

テイラーは 1880 年，ミッドヴェール製鋼の旋盤の組長になったのを機に管理の問題に取り組み，一連の実験を行った。ミッドヴェール製鋼時代の研究成果は 1895 年の論文「差別出来高払制」(a piece rate system, being a step toward partial solution of the labor problem) としてまとめられた。これはアメリカ機械技師協会のデトロイト大会において発表された論文で，その副題に見られるように，当時労使間の大きな問題となっていた賃金をめぐる対立を解決しようとする目的で書かれたものであった。具体的には，①要素的賃率決定部門，②差別出来高払制度，③日給制度で働く工具を最もうまく管理する方法と信ぜられるもの，の3点について説明することを目的としていた[1]。

　ベスレヘム製鋼時代には課業管理や職能的職長制についての研究に力が注がれ，その成果は 1903 年に『工場管理』(Shop Management) として公表された。ここでテイラーが目指したものは，①明確な法則を持った技術としての管理を明らかにすること，②「高賃金低労務費」(high wages and low labor cost) を実現するために，課業 (task) の確立，作業の標準化，作業の管理組織の構築を行うことであった[2]。この『工場管理』においてテイラー・システムの体系が完成したと考えることができる。

　これに対して 1911 年に著された『科学的管理の諸原理』(Principles of Scientific Management) は『工場管理』における成果からむしろ後退したものと評価される[3]。この著書は，例証を用いて科学的管理の一般的原理を説明することを目的としていた。しかし，1911 年，ウォーター・タウン兵器廠の鋳物工を中心にテイラー・システムに反対する大規模なストライキが起こり，テイラーは世論の非難を回避するために，『工場管理』における課業管理の主張をあいまい化，抽象化させたと考えられる。

　彼の論文や著書は各国語に翻訳され，多くの国々で科学的管理法が導入されることになった。科学的管理法がいかに広範に浸透したかは，共産主義国ソビエト連邦のレーニンが，1918 年共産党機関誌「プラウダ」においてテイラー・システムのロシアへの導入の必要性を強調していることからも知ることができる。テイラーは 1915 年，59 歳で死去した。

第2節　科学的管理論の背景

アメリカでは南北戦争をきっかけに市場が拡大したため，企業の大規模化が進んだ。1880年代には大量生産体制のもとで分業化が促進された。同時にこの時期には労働運動も激しくなり，1886年にはAFL（American Federation of Labor：アメリカ労働総同盟）が結成された。

当時，アメリカでは工場制度が進展し，機械を導入した作業が普及していったが，それは「従来の技術と熟練に基礎をおいた作業組織と管理方式」，すなわち「万能的熟練工であった職長を中心とする従弟制度的作業管理体制」を崩壊させていった[4]。いわゆる熟練の機械への移転が起こり，大量の未熟練労働者の需要が高まったのである。

また，この時期，アメリカには大量のヨーロッパからの移民が流入したため，多種の言語を母国語とする労働者の多くは英語能力を欠き，それが作業現場において「命令伝達の一大障害となった」ばかりか，「作業態度や道具の不統一」さえもたらされることになった。工場制度は「労働の細分化，標準化，画一化，常規化」とともに促進されてきたが，それは労働者が「判断力や高度の熟練を必要としないように仕事を単純化する方向に進められてきた」ということができる[5]。

当時の生産現場においては作業能率を増大させるために刺激的な賃金制度が取り入れられていた。雇用主が一定の刺激的賃率を提示すると労働者はより多くの賃金を得ようと生産高を増加させる。すると雇用主はもともと賃率が高すぎたとして賃率を切り下げる，というようなことが繰り返された。雇用主のこのようなやり方に対応するために労働者がとった対策が「組織的怠業」（systematic soldiering）であった。

すなわち，高い賃金を得ようとして生産高を増加させると賃率の切り下げにあうことになるから，労働組合は組合員である労働者に生産量を抑制するように命令を出す。労働組合の命令に違反した労働者には罰金が科せられるから，

労働者は敏速に仕事をしているように見せかけながら，実際には非能率に仕事をする。これが組織的怠業といわれるものであり，当時の生産現場における最も大きな問題であった。

1880年にはアメリカ機械技師協会（ASME）が設立され，組織的怠業の解消を目的として能率増進運動（efficiency movement）や管理運動（management movement）が展開された。アメリカ機械技師協会は創立当初は活動の中心を工業技術の研究に置いていた。しかし，当時のアメリカの技師たちが直面していた問題は組織的怠業による著しい能率の低下であり，アメリカ機械技師協会のメンバーは工場における能率問題への取組みをしだいに強めていかざるを得なかった。1886年のアメリカ機械技師協会の年次大会において，同協会会長タウン（Towne, H.R.）の行った報告「経済人としての技術者」（The Engineer as an Economist）はこうした当時の技術者たちの置かれた状況を如実に反映するものであった。彼の報告は，技師は工学と同様に工場管理，とくに作業能率の問題にも取り組むべきである，というものであった。

その後，アメリカ機械技師協会の技師たちによってさまざまな賃金制度が考察され，採用されることになった。同協会のメトカーフ（Metcalf, H.）やタウン，ハルシー（Halsey, F.A.）らは，「タウン分益制」や「ハルシー割増賃金制」などを提唱した。彼らの方式は，賃金収入の刺激によって労働者をより多く働かせようとする方法であり，創意と刺激の管理（management of initiative and incentive method）と呼ばれ，後にテイラーによって成行管理と呼ばれたものであり[6]，これによって組織的怠業をなくすことはできなかった。とはいえ，「ハルシー割増賃金制」は1900年頃からアメリカで広く採用されるようになっただけでなく，イギリス，ドイツ，日本などにおいても導入が進んだ。アメリカ機械技師協会はハルシーのこの功績を認め，1923年に彼を表彰している。

第3節　課業管理

すでに述べたように，19世紀後半のアメリカでは，大規模生産の普及，多

数の移民労働者の流入，生産現場への機械の導入と大量の未熟練労働者の発生等々を背景に，テイラーもまたアメリカ機会技師協会の一員として組織的怠業の問題に取り組むことになった。

　テイラーは組織的怠業が起こる原因には次の3つがあると考える。まず第1は，労働者の間に浸透している誤解である。労働者は生産能率を増大させれば，より少ない労働者で同じ量の製品を生産することができるので，労働者は解雇されると考えた。しかし，テイラーによればそれはまったくの誤解であり，生産能率の増大は製品価格を引き下げ，製品に対する需要が増大するため失業は起こらないというものである。第2は，経営者の無知によって間違った管理法が行われていることである。彼は，経営者がそれぞれの仕事を遂行するために必要な適正な時間を知っていれば，組織的怠業は起こらないと考えた。第3は，生産高や能率の決定が，過去の経験などに基づいて目の子算方式で行われていたことである。テイラーは生産には唯一最良の方法と用具が追求されるべきであると考え，計画などの管理的職能は経営者が担当すべきであると主張した。

　あまりにもあいまいな能率基準によって賃率が決定されていることが組織的怠業の原因になっていると考えたテイラーは，能率基準を科学的な方法に基づいて決定しようと試みる。それはテイラーの経営学研究における最も大きな貢献と評価される課業管理（task management）として結実することになった。課業管理は課業の設定と課業の実現とから成る[7]。課業の設定は，1日の公正な作業量である課業を決定することである。テイラーは一流の労働者を基準にして，無駄のない，最も速い作業動作を研究し，標準的な動作とそれに要する標準時間を決定した。これは一流労働者の全作業を要素的動作に分解して，1つひとつの要素的動作に要する時間をストップ・ウォッチを用いて観察する方法で行われ，それぞれ要素時間研究（elementary time study），動作研究（motion study）と呼ばれた。従来，作業全体に必要な時間が経験的，想像的に決定されていたのに対し，テイラーは一流労働者の無駄のない動作をいくつかの要素動作に分解し，その最速の作業時間を測定することによって標準時間を決定したのである。

課業の実現は，職能的管理組織（functional organization）および差別賃率制度（differential rate system）によって行われる。すなわち，テイラーは設定された課業をできるだけ完全に遂行するために，新しい管理組織と新しい賃金支払い制度を採用した。

　職能的管理制度は，従来の作業を執行的作業（performing work）と計画的作業（planning work）の２つに分け，執行的作業は労働者が，計画的作業は経営者が担当することとした。また計画部を設置し，頭脳的な仕事は計画部に集中し，労働者を頭脳的な仕事から排除した。

　また，これまでは１人の職長がすべての職能について労働者を監督・指導する責任を負う万能的職長制であったが，テイラーはこの万能的職長の担当していた職能を８つの職能に分割し，それぞれの専門的職能を１人の職長に担当させる職能的職長制（functional foremanship）を取り入れた。すなわち，①作業の手順係，②指図票作成係，③治具，工具，図面などの準備係，④作業の速度を指導する速度係，⑤検査係，⑥修繕係，⑦時間および原価の計算集計係，⑧工場規律をつかさどる工場訓練係の８人の職長がそれぞれの専門的職能について労働者すべての指導にあたることになった[8]。このうち①②⑦⑧が計画部における職長であり，③④⑤⑥の４人が執行的職長である。従来の職長が担当していた職能を８つの専門的職能に分割したため，１人の職長が担当する専門領域は狭められ，その負担は大幅に軽減されるため，労働者をより良く指導することができるだけでなく，職長の養成もより短期間に容易に行えることになった。

　ここで８つの職能についてより詳細に説明しておくことにしよう[9]。

　手順および順序係は，資材の通過経路すなわち時と場所と人を計画し決定したのち，工程図あるいは手順表によって，図式的あるいは時系列的にその経路を示す。

　指図票係は，手順表に示された各要素について，最も損失の少ない作業方法を詳細に記述して指図票を作成する。そして労働者と執行部門の職長にそれを交付する。

時間および原価係は，工具によって，作業に要した時間が原価とともに報告されると，それに基づいて賃金と原価を計算する。

　訓練係は，訓練に係る組織内の問題をすべて扱う。意見の不一致や誤解を防止したり，また調停したりする。

　準備係は，教師的職能を行い，指図票に示された作業方法を労働者に説明する。

　速度係は，個々の作業が指図票どおりに正確な速度で，行われていくように看守し，時によっては，自分で機械の操作を教えなければならない。

　修繕係は，すべての機械を清潔かつ良好な状態に保ち，指図票どおりに修繕・分解掃除を行う。

　検査係は，品質について責任を持つ。作業の誤りを防ぐため，労働者の近くに立って，作業方法を正確に知らせるために，最初の仕事を最も注意深く検査する。

　差別賃率制度は，課業を達成できた労働者には高い賃率，達成できなかった労働者には低い賃率を適用する制度であり，テイラーの理念である「高賃金低労働費」(high wage and low labor cost) を実現する手段である。課業あるいは要素的作業時間が設定されても労働者がその標準作業時間に向けて働く保証はないが，差別賃率制度は労働者を標準作業に向けて最速で作業させる方向に仕向ける手段であるということができる。

第4節　精神革命論

　科学的管理法の普及とともにAFLを中心とする労働組合の科学的管理法反対運動もしだいに激しくなった。科学的管理法に反対して行われた，ウォーター・タウン兵器廠の大規模なストライキは1つの社会問題として捉えられた。アメリカ議会もこの事態を重く受けとめ，下院に「テイラー・システムおよび他の工場管理の制度を調査する議会特別委員会」が設置された。委員会は1912年1月25日から30日まで続けられ，テイラーは科学的管理法の意義や

効果について証言を行ったが，彼の精神革命論はこの議会証言の中で初めて登場する。

テイラーは科学的管理法の本質は，労働者（工員）側と管理者ないし経営者側の双方が精神革命を起こすことであると主張し，次のように述べている。

「（科学的管理法の本質は―引用者―）工員がその仕事に対し，その使用者に対し，自分の義務について，徹底した精神革命を起こすことである。同時に管理側に属する職長，工場長，事業の持主，重役会なども同じ管理側に属する仲間に対し，日々の問題のすべてに対し，自分の義務について，徹底した精神革命を起こすことである」[10]。

テイラーは売上から諸費用を差し引いたものを剰余金と呼び，この剰余金が労使双方に分配されると考える。これまで労使双方はこの剰余金を「一方は賃金として，一方は利益として，できるだけ多くとろうとしていた」。これまでの労使間の争いはこの剰余金の分配をめぐって起こされたものであり，これが原因となって争議やストライキが起こったと述べている。そして剰余金の分配をめぐる争いが原因となって，労使は反目するようになり，互いを敵視するようになった。

しかし，科学的管理法の実施の過程で，労使双方の精神的態度に大革命が起こり，労使双方は剰余金の分配をそれほど重要なことと思わないようになり，剰余金を増やすことを重視するようになると，テイラーは主張する。

「互いに逆らって力をだすことをやめ，同じ方向に力をあわせて働くと，協力した結果として生まれてくる剰余金は非常に大きなものになってくる。反対と闘争にかえて友情的協働と助け合いとをもってすれば，この剰余金が今までよりもずっと多くなって，工員の賃金も増すことができ，製造家の利益も増すことができるようになる。

これがすなわち大きな精神革命の始まりであり，これが科学的管理法にいたる第一歩である。まず，双方の精神的態度を全然かえてしまうこと，戦いにかえるに平和をもってすること，争いにかえて，兄弟のような心からの協働をもってすること，反対の方向に引っぱらずに，同じ方向に引っぱること，疑いの

目をもって監視するかわりに，相互に信頼し合うこと，敵にならずに友だちになることが必要である。

　この新しい見方に変わってくることが，科学的管理法の本質である。これが双方の中心観念になった上でなくては，科学的管理法は成り立たない。この新しい協働および平和の概念が，古い不和と争いの概念と入れ替わらなければ科学的管理法は発展してこない」。

　科学的管理法が効果的に機能するための要件として，テイラーは精神革命のほかに科学性の確立をあげている。すなわち，労働者も管理者・経営者も，仕事について用いられる方法，仕事をなし終える時間に関して，従来の古い個人的な意見や判断ではなく，正確な科学的研究と知識に基づいてこれを決定すべきである，というものである。

　彼は精神的態度の変革と正確な科学的知識の採用を科学的管理法の不可欠の要素として捉えている。

第5節　科学的管理に対する批判と労働組合

　テイラーの科学的管理法は労働者の強い反発を生み，社会的な問題にまでなったため，テイラーがアメリカ議会の公聴会において証言を迫られるような事態にまで発展した。科学的管理法に対する批判について稲葉氏は①生産基盤から生ずる批判，②技術的批判，③経済的・社会的批判の3つの側面から詳細にまとめている[11]。ここでは稲葉氏の指摘した経済的・社会的批判の中から主要なものだけを取り上げることにしよう。

　まず，第1は，標準作業時間の決定が一流労働者を基準に設定されたため，一般労働者にとっては労働の強化になるというものである。第2は，能率基準の設定が経営者によって一方的に決定される場合には，その基準ができる限り高く設定されるであろうということである。第3は，労働の強化により「8時間中に10時間分の労働が詰め込まれ，能率増進によって9時間分の賃金が与えられる」ということになれば，それは「本質的には賃金の切下げになる」と

いうものである。第4は，能率が標準以下であった場合に懲罰的に低い賃金を課すことは労働者の生活を脅かす，というものである。第5は，テイラーの科学的管理法は技能的個人能率向上主義であり，個人タスクの達成を志向するものであって，部門タスク，工場タスクではないから企業全体の利潤の最大化に必ずしも合致しない，というものである。

　他方，稲葉氏は科学的管理法が労働の生産性を高めるのに大きな貢献をし，社会主義諸国にも導入された点を高く評価し，テイラーの研究成果の意義を次の3点にまとめている。

① 最良のものを，従来の伝習的経験的方法に比べるならば，分析的科学的な方法であくまでも追求しようとした科学的批判的な態度
② 標準動作と標準時間の観念を提唱しようとしたこと
③ これらのことを直接に現場労働と取り組むことの中から研究していった研究方法をとったこと

ところで，科学的管理法は一般の労働者に労働の強化を求めるものであったため，労働組合の強い反発を招くことになり，AFLは1913年に科学的管理法反対の決議を行った。元来人間は変化に対し不安を持ち抵抗しようとするが，科学的管理法は当時の労働者の作業に大きな変化を求めるものであったため，労働者の反発を生むことになった。また，科学的管理法は労働者を集団としてよりも個人として取り扱う性格を持っていたため，労働組合否定の性格を持つものと労働組合は捉えた。さらに科学的管理法を十分理解していない経営者や専門家が科学的管理法を実施することも多かったため，科学的管理法がうまく機能せず，それが，労働組合が科学的管理法に反対する原因にもなった。

　労働組合は科学的管理法と管理における科学とを明確に区別し，管理における科学には反対しないが科学的管理法には反対するとして，以下のような反対理由をあげている[12]。

① 科学的管理法は金銭的刺激による労働の強化である。それを回避するためには，労働者が経営上の諸点について参加することが必要である。
② 科学的管理法は労働を細分化，専門化してしまうため，熟練を消滅させ，

熟練労働者を未熟練労働者の地位に押し下げてしまう。
③ 課業は一流労働者を基準に設定されるため，一般労働者には達成できない。
④ 科学的管理法は熟練と創意を破壊し，人間的要素を無視し労働者を機械として取り扱うものである。
⑤ 科学的管理法は，労働災害の危険を増大し，労働者の健康をむしばみ，彼らの活動期間，所得能力を減少させる。
⑥ テイラーの考え方および方法は，労働者に不利な，不当な損害を与えるような手段を雇用者に与え，ブラックリスト作成の可能性をつくりだす。
⑦ 計画樹立は経営者・管理者によって行われ，労働者は単にその指揮にしたがうのみでよいことになるから，経営者・管理者専制主義である。
⑧ 科学的管理法は労働組合無用論を含み，また労働者を個人主義化し，その団結力を弱める傾向を持っている。

このように労働組合は科学的管理法に激しく反発したけれども，1914年に第一次世界大戦が勃発すると，アメリカは軍需物資を中心としてヨーロッパへの物資の供給基地となり，生産の増強が強く要請されることになったため，労働組合も態度を軟化させ，労使の協調が始まり，科学的管理法の導入が進んだ。その結果，科学的管理法は幅広く普及するようになり，生産現場のみならず，配給や財務の領域にまでその原理が適用されるようになってきた。

また，戦後の恐慌の際にも科学的管理法を実施している企業の方がむしろ失業も少なく，労働条件も良かったが，労働組合がこうした事実を正しく認識するようになった。さらに，第一次大戦後，一般に科学的調査への関心が高まり，労働組合も科学的調査に基づいて発言する必要性が高まったために，科学的管理法にも関心を持つようになり，団体交渉を通じて科学的管理法に協力するようになってきた。他方，経営者・管理者も科学的管理法を導入するためには労働者の協力が不可欠であることを理解するようになり，その実施にあたっては事前に労働組合の了解を得るなど，労働組合に対し民主的に対応するようにな

ってきた。科学的管理法の導入に関しては，当初労使の激しい軋轢があったにもかかわらず，第一次大戦後急速に普及していったのは，労働組合と経営者・管理者双方の対応にそれぞれこのような大きな変化があったためである。

第6節 科学的管理法の継承者たち

テイラーの動作研究・時間研究はテイラーの死後も継承，発展させられていった[13]。ガント（Gantt, H.L.）はガント課業賞与制度（Gantt task and bonus plan）を考案した。これはテイラーの差別賃金制度において標準に達しない労働者の反発を緩和しようとする制度で，作業が標準時間を超えた時は時間給としての日給を支払い，標準時間内で終わった時は標準時間による賃金に20％を賞与として加えて支払うものである。

ギルブレス（Gilbreth, F.B.）はテイラーのストップ・ウォッチによる動作研究をより精緻化し発展させた。すなわち，彼の微細動作研究（micro-motion study）は高速度映画の撮影機によって作業者の作業動作と高速の時計の針（12万分の1時間を記録できる）とを一緒に撮影することによって，微細動作の分析を行おうとした。しかし，この方法では動作の正確な経路や動作の長さを正確に測定することができなかったため，ギルブレスはさらに動作経路写真法と時間動作経路写真法を開発した。動作経路写真法は指や手などの体の各部分に豆電球をつけて作業動作を写真撮影するものである。現像された写真には動作経路が白線となって現れるため，無駄な動作を発見し，最良の動作を見つけ出すことができる。しかしこの方法では作業動作における時間を測定することができなかったので，彼は豆電球を一定の間隔で規則的に点滅させるなどの方法を考案した。これが時間動作経路写真法であり，これによって動作時間と動作のスピードを測定することができるようになった。彼はこの研究にさらにいくつかの工夫を加え，作業方法の改善と労働者の訓練に利用した。

テイラーの職能的職長制は命令一元化の原則に反するため，指揮命令に混乱が生ずることになる。エマーソン（Emerson, H.）は職能的職長制における専門

的職長による助言機能という長所を生かしながら命令の一元化を維持しうる管理組織として，参謀部制直系組織（line and staff organization）を提唱した。

テイラーの科学的管理法における作業の標準化という側面を継承し，徹底して追求していったのはフォード（Ford, H.）である。フォード自動車は1908年にはすでにテイラー・システムを導入しており，フォード自動車の事例は「管理論の歴史において，標準化思想の徹底と科学的管理理論の実践を示すケースとして」[14]知られている。フォードにおける標準化は「消費者に対して最良の商品を十分なだけ，しかも最低のコストで生産できるようにするために，生産上のすべての最良の点（the best point）と，諸商品のすべての最良の点とを結合すること」[15]を意味し，彼の提唱した方法の標準化は「多くの方法の中から最良の方法を選び，それを用いること」[16]を意味する。

フォードにおける方法の標準化は具体的には，1つの工場（組立て工場）は1つの製品だけを製造すべきであるとする①「単一製品の原則」(principle of a single product)，1つの工場は1つの部品の製造に特化されるべきであるとする②工場の特殊化（specialization），生産における経済性を高めるためにはすべての部品が互換性を持つものとすべきであるとする③部品の互換性（all parts are interchangeable），さまざまな工場で製造された部品が組立て工場において不具合を起こさないようにするための④製造の正確性（accuracy in manufacturing），1つの作業のみのために用意された⑤単一目的機械（single-purpose machinery）をその内容としている。標準化と移動組立法，すなわちベルトコンベアを用いた組立て作業法を結合して採用することにより，フォードは生産コストを飛躍的に引き下げることに成功し，労働者に対する高賃金の支払いと製品価格の大幅な引き下げ，すなわちフォードの経営理念である「高賃金と低価格」（high wages and low prices）を同時に実現したのである。フォードは「テイラーによって一応集大成されたと考えられる科学的管理を，実践的，具体的，理論的に一層高度化，深化せしめた」[17]ということができる。

さらに寺沢正雄氏は，テイラー・システムの展開・発展過程をトヨタ生産方式にまで連なる，4段階のより広いタイムスパンで捉えている[18]。すなわち，

テイラー・システムの経営管理システムとしての展開の第1期は,「工場の生産管理の科学化を意図する時期」である。第2期はフォード・システムであり,「テイラー・システムの生産管理方式を基盤として,ビッグ・ビジネスとしての自動車産業の経営に応用」した段階である。第3期はドラッカー・システムである。これは「統合経営管理組織（integrated management system）または情報管理組織が発展する時期」の大規模企業の経営管理システムであり,ドラッカーは具体例としてゼネラル・モーターズの経営方法をあげて説明している。第4期は,トヨタ生産方式であり,「情報管理組織の基盤の上に,世界各国が独自の工夫をこらして開発する経営管理組織」の発展段階である。寺沢氏はトヨタ生産方式を「テイラー・システムとフォード・システムを基盤として,日本の自動車産業のになう宿命ともみられる多種少量生産のなかに,大量生産の利益と効果を取り入れるため,日本の風土に合わせて研究開発されたもの」と捉えている。

【注】

（1）上野陽一訳・編『科学的管理法』産業能率大学出版部,1966年,3～4ページ。
（2）相馬志都夫「テイラー」車戸 實編『経営管理の思想家たち』早稲田大学出版部,1987年,15ページ。
（3）松岡磐木「古典的経営管理論」高宮 晋『現代経営学の系譜』日本経営出版会,1969年,24ページ。
（4）相馬,前掲稿,7ページ。
（5）同上稿,8ページ。
（6）稲葉 襄『企業経営学要論』中央経済社,1991年,201～202ページ。
（7）以下,稲葉,前掲書,207～213ページによった。テイラーの用いた専門的用語には異なった日本語の訳が当てられているものもあるが,ここでは原則として稲葉氏のものを用いた。
（8）同上書,208ページ。
（9）相馬,前掲稿,18～19ページ。
（10）以下のテイラー証言については,米国議会議事録第3巻1300～1508,1912年,上野陽一訳「科学的管理法特別委員会における供述」上野陽一訳・編『科学的管理法』産業能率短大出版部,1969年,337～541ページによっている

(11) 稲葉，前掲書，213〜218ページ。
(12) 同上書，223ページ。稲葉氏のあげる以下の反対理由は主としてAFLによる反対理由であるが，これについてはホクシー・レポートに詳述されている。次を参照のこと。Hoxie, *Scientific Management and Labor*, 1915.
(13) 同上書，218〜221ページ。
(14) 坂井正廣「アメリカ経営学の発展」高柳・飯野編『新版　経営学（1）総論』有斐閣，1975年，24ページ。
(15) H. Ford, *Today and Tomorrow*, 1926, p.80（稲葉　襄監訳『フォード経営』東洋経済新報社，1968年，100ページ）。
(16) *Ibid*, p.80（訳書100ページ）。
(17) 工藤達男「フォード」車戸　實編『新版　経営管理の思想家たち』早稲田大学出版部，1987年，41〜42ページ。
(18) 寺沢正雄「テイラーの科学的管理法」小林康助編著『アメリカ企業管理史』ミネルヴァ書房，1985年，226〜229ページ。

◆参考文献◆

稲葉　襄『企業経営学要論』中央経済社，1991年。
上野陽一訳・編『科学的管理法』産業能率短大出版部，1969年。
佐久間信夫・坪井順一編著『現代の経営管理論』学文社，2002年。

第11章
ファヨールの管理過程論

第1節 ファヨールの生涯と主要業績

　経営管理論の創始者アンリ・ファヨール（Fayol, H.）は1841年，フランスの建設技師であった父親の赴任先コンスタンチノープルで生まれた[1]。彼は少年時代を，ボスポラスの海岸で，鉄橋の建設工事を眺めながら過ごした。フランスに戻ったファヨールはパリの中学校を卒業して，1958年サンテチェンヌ鉱山学校（École Nationale des Mines de Saint-Étienne）に入学し，技師の資格を取得して，1860年コマントリ・フールシャンボール鉱業会社に入社した。この会社は一般にはコマンボール（Comambault）と呼ばれており，ファヨールは25歳の若さで鉱業所長に就任，要職を歴任した後，経営危機に直面していた会社を立て直すために1888年，同社の社長に就任した。彼は新しい管理方式の採用などによって，1885年以降無配を続けていた同社の経営を再建することに成功した。

　彼がコマンボール社の再建に用いた方法は，老朽化した工場を閉鎖し，効率の高い工場に生産を集中すること，研究開発を重視したことなどであるが，とりわけ，ファヨールが述べているように「自ら革新的な管理方法による成功」でもあった。経営危機の会社をわずか数年で建て直したばかりでなく，その後20年以上にわたって高い業績をあげ続けたことについて，ファヨールは，「同一の鉱山，同一の工場，同一の財源，同一の販路，同一の取締役会，同一の従業員であったにもかかわらず，ただ管理の革新的方法の影響のみによって，会

社は衰退への歩調と同じ歩調で上昇していった」と述べ，経営管理の重要性を強調している[2]。

彼は管理の重要性と管理教育の必要性を早い時期から説いていたが，その主張は1916年，「産業ならびに一般の管理」(Administration Industrielle et Générale) の表題で *Bulletin de la Société de l'Industrie Minérale* という雑誌に掲載された。経営学史における不朽の名著といわれるこの論文が単行本として刊行されたのは1925年であり，英訳が刊行されたのは1929年であったため，彼の理論がフランス以外の国々に紹介され評価されるようになったのは相当後になってからであった。

ファヨールは管理を企業以外の，政治や宗教などのすべての組織体に適用可能なものと捉え，これらの組織体に共通の管理原則を提示し，理論化しようと試みた。彼は管理が予測し，組織し，命令し，調整し，統制するという一連の過程を通して実践されると主張したことから，彼の理論は管理過程論と呼ばれている。彼の理論を高く評価し継承したアーウィック (Urwick, L.F.)，デイヴィス (Davis, R.C.)，クーンツ (Koontz, H.)，ニューマン (Newman, W.H.) などは管理過程学派と呼ばれている。

1918年，ファヨールはコマンボール社を退職し，管理学研究所 (Centre d'Etudes Administrative) を設立して管理論の普及に努めると同時に，政府の要請に基づいて行政機関や軍隊の管理についての調査・研究を行った。この管理研究所は，1920年にフランス・テイラー派によって設立された「フランス科学的管理協会」と合併し，フランス管理協会 (Comité National de l'Organisation Française) に発展した。後は1925年，84歳で死去した。

第2節　企業管理と管理教育

ファヨールはまず，規模の大小を問わず，あらゆる企業に見出される活動として6つの活動をあげている[3]。

① 技術活動——生産，製造，加工

②　商業活動——購買，販売，交換
③　財務活動——資本の調達と管理
④　保全活動——財務と従業員の保護
⑤　会計活動——財産目録，貸借対照表，原価，統計など
⑥　管理活動——予測，組織，命令，調整，統制

　これら6つの活動は企業活動の本質的な職能であり，より詳細には次のように説明される[4]。

①　技術的職能
　技術活動の多様性，あらゆる性質（物的，知的，道徳的）の製品が一般に技術者の手で作られている事実，職業学校における教育がもっぱら技術的教育であること，技術者に与えられる就職口などをみれば，技術的職能の重要性は明らかである。しかし，技術的職能がすべての職能の中で常に最も重要な職能というわけではない。本質的な6つの職能は相互依存の関係にある。

②　商業的職能
　購買することおよび販売することの知識は，うまく製造する知識と同じように大切である。商業的手腕は，鋭敏性や決断性とともに，市場や競争者の力についての深い知識，長期の予測，さらに大規模事業の経営にあっては，業者間協定の実務経験を必要とする。

③　財務的職能
　資金を調達するためにも，余剰資金を利用してできるだけ多くの利益をあげるためにも，上手な財務管理を必要とする。成功のための本質的な条件は，企業の財政状態をいつも正確に把握していることである。

④　保全的職能
　保全的職能は財産や従業員を窃盗や火災や洪水から保護し，ストライキ，テ

ロや陰謀を避けることを使命とする。

⑤　会計的職能

会計的職能は企業の推移を見る，いわば視覚器官である。企業の状況についての正確な観念を与える簡潔で明確な優れた会計は，経営の強力な一手段である。産業大学校は会計教育に対して無関心であるが，これは会計的職能の役割の重要性が認識されていないためである。

⑥　管理的職能

事業の全般的活動計画を作成すること，組織体を構成すること，諸努力を調整すること，諸活動を調和させることは，通常管理と呼ばれる職能であるが，これらは上記5つの職能の中に含まれない固有の職能である。計画，組織，調整，統制に加え，管理と密接に入り交じっている命令も管理概念に含める。

企業の本質的活動が6つの職能から成ることを指摘したファヨールは，中でもとりわけ管理職能が重要であると主張する。管理することは具体的には以下のことを意味する(5)。

(1) 計画することとは，将来を探求し，活動計画を作成することである。
(2) 組織することとは，事業経営のための，物的および社会的な，2重の有機体を構成することである。
(3) 命令することとは，従業員を職能的に働かせることである。
(4) 調整することとは，あらゆる活動，あらゆる努力を結合し，団結させ，調和を保たせることである。
(5) 統制することとは，樹立された規則や与えられた命令に一致してすべての行為が営まれるよう監視することである。

管理は企業の社長や経営者だけに特有の職能ではなく，他の5つの企業活動における本質的職能と同様，組織体のトップと構成員間で分担されるべき職能である。また，ファヨールは管理（administration）と経営（government）を明確に区別する。経営することとは，企業に委ねられているすべての資源からで

きるだけ多くの利益をあげるよう努力しながら企業の目的を達成するよう事業を運営することである。つまり，企業活動の本質的な6つの職能を確保することである。これに対して管理は，経営がその進行を確保しなければならない6職能の1つにすぎない。

ファヨールは，上記の6つの職能を遂行するためにはそれぞれ専門的能力が必要であると述べている。すなわち，技術的職能を遂行するためには技術的能力が，商業的職能を遂行するためには商業的能力が必要であり，管理的職能を遂行するためには管理的能力を必要とするのである。これらの6つの能力は次のような資質および知識の全体を基礎としている[6]。

(1) 肉体的資質 ── 健康，体力，器用さ
(2) 知的資質 ── 理解習得力，判断力，知力と柔軟性
(3) 道徳的資質 ── 気力，堅実性，責任をとる勇気，決断力，犠牲的精神，機転，威厳
(4) 一般的教養 ── 専門的に訓練されている職能領域以外の種々な一般的知識
(5) 専門的な知識 ── 技術，商業，財務，管理などの職能に関する知識

企業活動のための本質的な職能はこれらの資質と知識を含んでいなければならない。そしてファヨールは，実際の企業活動において本質的な職能がどの程度重要とされるかは，企業の規模や職能の分担状況によって異なってくると主張している。

一般に，上位の責任者であればあるほど管理的能力の重要性が増大し，企業規模が大きくなればなるほどその経営者の管理的能力の重要性が増大する。しかし，当時のフランスの実業学校においては管理能力を養成するための科目はまったく設けられておらず，管理能力は実務経験の中でしか修得することができなかった。ファヨールは管理能力もまた他の技術的能力と同様にまず学校において修得されるべきものであると主張する。そして彼は，フランスの実業学校において管理教育が行われていないのは，管理教育のための教理（doctrine）が欠けているためであるので，まず管理の教理を確立すべきであると考える。

教理の確立はそれほど難しいことではない。「ただ何人かの偉大な経営者たちが，事業の経営を容易にする最も適当と思われる原則とその原則の実現に最も有効な方法についての彼らの個人的な見解を発表しようと決意すればよいのである。これらの諸見解の比較と討論からやがて原則という光が現われてくるであろう」[7]。すなわちファヨールは，成功した複数の経営者たちの経験から導き出された最高の管理法をさらに検討し，洗練することによって管理の教理を確立することができると考えたのである。

管理能力は企業だけでなく，政府や家庭においてさえ必要とされるから，国民のあらゆる階層において管理教育が必要であり，教育水準もさまざまなレベルにおいて準備されなければならない。すなわち，管理教育の水準は「小学校では初歩的であり，中学校ではやや拡大されたものであり，高等学校では十分に展開されたものであるべきである」[8]と述べている。

第3節　管理原則

あらゆる組織体には管理機能が必要である。そして管理機能を遂行するためには，判断の基準となる原則が必要となる。管理原則はそれを適用する際に厳密なものでもなければ，絶対的なものでもない。同一の原則を同じような条件の中で二度適用するようなことはほとんどない。状況は多様で変化しやすいし，人間や他の要素も多様で変化しやすいためである。したがって原則の適用にあたっては柔軟性が重要であり，原則を使いこなすには知性，経験，決断，節度などを必要とするのである。さらに，管理原則の数は特に限定されるわけではないが，ファヨールは彼が最もよく用いたものとして14の管理原則をあげている。

　①　分業の原則
　②　権限・責任の原則
　③　規律の原則
　④　命令の一元性の原則

⑤　指揮の統一の原則
⑥　個人的利益の全体的利益への従属の原則
⑦　公正な報酬の原則
⑧　権限の集中の原則
⑨　階層組織の原則
⑩　秩序の原則
⑪　公正の原則
⑫　従業員の安定の原則
⑬　創意の原則
⑭　従業員団結の原則

　これらの管理原則のうち経営管理論の中でよく知られている①〜⑤について，ファヨールの解説にしたがい，詳細に見ていくことにする[9]。

①　分業の原則
　分業は同じ努力でより多く，またよりよい生産を可能にする。常に同じ仕事を繰り返す労働者，同じ業務を絶えず処理する管理者は，熟練，信念と正確さを取得して，その結果，それぞれの能率を増進することになる。仕事を変えることはそのたびごとに適応のための努力を必要とし，そのために生産は減退する。分業はその結果として職能の専門化と権限の分化をもたらす。

②　権限・責任の原則
　権限とは命令を下す権利であり，これに服従させる力である。職能に結びついた力である権限と，学識，経験，道徳評価，業績などから形成される個人的権威とは区別されなければならない。個人的権威は権限に欠くことのできない補完物である。
　権限が行使されるところには常に責任（権力の行使に伴う制裁）が生ずる。権限に基づく制裁，すなわち賞罰は，優れた管理のための条件の1つである。権限の濫用とトップの弱体化とを防ぐことはトップの高い道徳的価値にかかって

いる。

③　規律の原則

規律は，本質的には，服従，勤勉，活動，態度であり，企業と従業員との間に締結された協約に従い，これを守ることである。協約が変われば規律も変わるが，優れた企業経営には規律が絶対的に必要であり，またどんな事業も規律なくしては繁栄しない。規律を作成し，これを維持する最も有効な方法は次の3つである。

　a．すべての組織段階に優れた管理者をおくこと
　b．できるだけ明瞭で，できるだけ公正な協約をつること
　c．適正な判断で賞罰の制裁を行うこと

④　命令の一元性の原則

職務担当者はどんな行為をするにあたっても，ただ1人の管理者からのみ命令を受けなければならない。命令の2元性はしばしば見られるが，そのような場合には，権限は害され，規律は損なわれ，秩序は乱され，安定は脅かされる。

⑤　指揮の統一の原則

同一の目的を目指す諸活動の組織体は，ただ1人の指揮者とただ1つの計画を持つべきである。これは行動の統一，諸力の調整，努力の集中のための必要な条件である。

これら14の管理原則はファヨールが最もよく用いてきたものであるが，彼の個人的見解にすぎないので，多くの人々によってさらに検討され，一般に広く認められるような管理法典（code administratif）に編集される必要があると彼は述べている。管理原則は航海において進路を決定させる灯台のようなものであり，原則がなければ闇夜に方向を見失うことになり，またたとえ立派な原則があったとしても経験や節度がなければそれを経営活動に活かすことができない。

第4節　経営管理の要素

　ファヨールは経営管理の機能が，計画（予測），組織，命令，調整，統制の5つの要素から成ると考える。

　「計画すること」とは具体的には，活動計画を策定することである。活動計画とは目標とされる成果であり，従うべき活動方針であり，超えるべき発展段階であり，とるべき手段でもある。活動計画の策定はすべての事業経営において最も重要であり，かつ最も困難な活動の1つである。活動計画は，①企業の保有する資源（土地・建物などの不動産，機械・原料・資金などの動産，従業員，生産力，販路など），②現に営まれている事業活動の性質と重要性，③将来の可能性（部分的には技術的・商業的・財務的諸条件などの可能性）に基づいて策定される。ファヨールは大規模な鉱山会社における活動計画の作成方法を例示した後，「活動計画は企業の保有する資源の利用と目的達成のために使用すべき最良の手段の選択を容易にする」[10]と述べている。

　企業を「組織すること」は，原材料，設備，資本，従業員など，事業の運営に有用なあらゆるものを企業に備えることである。組織は物的組織と社会的組織に区別されるが，ここで問題とされるのは社会的組織である。

　社会的組織は階層的に構成され，従業員の人数が多くなるほど階層数が増大する。いま1人の経営者が15人の労働者を部下に持つことができるとすると，階層数は2つであり，労働者の数がこれ以上多くなる場合には経営者と労働者の間に職長が仲介者として入らなければ労働者の監督ができなくなる。1人の職長が監督できるのは労働者15人までであるので，60人の労働者に対しては4人の職長が必要である。経営者はこの4人の職長を介して社会組織を監督するが，経営者が同時に監督できるのは職長4人までであるので，労働者がこれ以上に増加する場合には職長と経営者の間に課長を置かなければならなくなる。この課長も職長4人までが監督の限界であるので，それ以上に労働者が増えた場合には課長と経営者の間にさらに責任者を置かなければならなくなる。

第 11 章　ファヨールの管理過程論　185

図表 11 － 1

最初の長	C^0,	15
——	C^1,	60
——	C^2,	240
——	C^3,	960
——	C^4,	3,840
——	C^5,	15,360
——	C^6,	61,440
——	C^7,	245,760
——	C^8,	983,040
——	C^9,	3,932,160
——	C^{10},	15,728,640
——	C^{11},	62,914,560
——	C^{12},	251,658,240

（訳者注）原本はCとあるが，任意の段階の4人の長が，C^nであるから，最初はC^0でなければならないので訂正した。つまり4^0は1だから，1人の職長に労働者15人になる。Cでは4となって誤りとなる。

出所：H.ファヨール著，山本安次郎訳『産業ならびに一般の管理』ダイヤモンド社，1985年，101ページ。

そこで社会的組織の構成は図のように階層的に形成されることになる。

　企業規模が拡大するとともに機関の数も増加するが，ファヨールは株式会社においては次のような機関を区別することができると述べている。

　a．株主集団

　b．取締役会

　c．全般的管理者（社長）とその参謀

　d．地域ならびに地区の管理者

　e．技師長

　f．部課長

　g．工場長

　h．職長

　i．労働者

社会的組織の担当者あるいは構成要素は，たとえば大規模な工業企業においては，労働者，職長，係長，課長，部長，技師長，管理者，全般的管理者などがあげられる。社会的組織の価値は，これらの責任者の資質にかかっているが，大規模企業の責任者に求められる条件は，① 何よりもすぐれた経営管理者であること，および ② 企業の特徴的な専門的職能に関するかなり大きな能力を持っていることの2つである。

　社会的組織を構成することやこれを監督することは，組織図を作ることによってより容易に行うことができる。組織の一覧図表によって組織の全体像，諸部門とその限界，階層組織の各段階などを一目で把握することができる。それはまた，部門の重複または侵害，命令の2元性，所属の明瞭でない職能，専任の責任者の欠如などといった組織の欠陥に目を向けさせることになる。

　社会的組織が構成されると，次にこれを機能させることが問題となるが，これが「命令すること」の使命である。この命令という使命は企業の各階層の管理者によって分担され，各管理者はその担当する組織単位について権限と責任を持つ。各管理者にとって命令の目的とするところは，企業全体の利益のために，自分の担当する組織単位の構成者に，できるだけ有利な働きをさせることである。

　「調整すること」というのは，企業の活動と成功とを容易にさせるように，すべての事業活動を調和させることである。換言すれば，調整することとは，事物と行為に適切な割合を与えることであり，手段を目的に適応させることである。したがってよく調整された企業には次のような事実が見られる。

① 経営の各部門は他の部門と歩調を合わせて活動する。すべての活動が秩序を保ち，確実さをもって遂行される。
② 各部門においては課や係が共同の仕事において担当すべき役割と，互いに手を貸し合わねばならない相互援助について正確に情報を与えられている。
③ 諸部門と各部門内の課の進捗計画は，絶えず周囲の状況と調和が保たれている。

これに対してよく調整されていない企業には次のような徴候が見られる。

④ 各部門が他の部門を無視するか，あるいは無視しようとする。各部門は隣接する部門も企業全体も気にすることなく，あたかもその部自体が目的であるかのように行動する。
⑤ 同じ部門の中の課や室の間に，異なる部門との間におけるような完全な仕切りが存在する。
⑥ 人々はだれも全体の利益を考えない。創意工夫も献身の精神も存在しない。

これらの徴候は不調整に起因するものであり，部門責任者の会議によってこの不調整を解決することができる。

「統制すること」とは，すべての事物が，採用された活動計画，与えられた命令，承認された原則に従って行われているかどうかを確かめることである。統制の目的は間違いを修正して，これを繰り返すことを避けるように警告を発することである。統制は事物，人間，行為などすべてに適用される。

管理的見地からみれば統制は，活動計画が存在すること，その計画が日々執行され維持されていること，社会的組織が完成されていること，従業員の一覧表が用いられていること，命令が原則に従って発令されていること，調整の会議が行われていること，などという事実を確保するものでなければならない。統制は管理的見地のほか，商業的見地，技術的見地，財務的見地，保全的見地，会計的見地からも行われなければならない。

第5節　ファヨール管理論の特質と管理過程学派

ファヨールは企業活動が6つの活動から構成されていることを示した。このように企業活動の構成要素を明確に提示し，その中でも特に管理的活動が重要であることを指摘したのはファヨールが最初である。彼はさらに，経営管理職能が計画，組織，命令，調整，統制という5つの要素から成ることを指摘し，

その1つひとつを詳細に検討している。彼の経営管理概念は今日の経営学に広く継承されており，これが，彼が「近代管理論の真の父」と呼ばれるゆえんである。

　ファヨールの管理論の特質は彼の活動計画についての理論および組織理論に見出すことができる[11]。まず活動計画論であるが，その中核は予算である。彼は活動計画にあらわれる生産要素を予算の形で統一的に把握した。そして予算には経営活動の統制基準としての役割も意図されている。

　一方，組織はファヨールがあげた管理の5つの要素のうちの1つにすぎない。しかし，彼の著書においてこの組織についての記述は5要素全体の半分以上（99ページ中の57ページ）を占めており，5つの要素の中でも彼がとりわけ組織を重視していることがここからもわかる。「むしろ彼の管理論全体を1つの組織論とみることも可能」であり，「たとえば，彼の14の管理原則の大部分は，そのまま組織原則といい得るもの」[12]であるとも考えられる。

　ファヨールはテイラー（Taylor, F.W.）の科学的管理法を高く評価しながらも，テイラーの職能的職長制度については，命令一元性の原則に反し命令系統を混乱させるとして厳しく批判している。そして，ファヨールは命令の一元性を維持しつつ，全般管理者の負担を軽減し，職能専門化の利点も引き出すことのできる組織として参謀部を提唱したのである。

　テイラーの研究が能率技師として労働現場における作業の能率化や作業の標準化を目的としたものであるのに対し，ファヨールのそれは経営者として企業全体の管理組織の合理的な運営を目的とするものであった。下位の管理階層である作業現場の管理を研究対象とするテイラーの研究と企業全体ないし上位の管理階層を研究対象とするファヨールの相違は，2人の実務における経験の相違からきたものである。

　テイラーの主たる関心は課業を設定し，作業を標準化することによって，作業能率を向上させることにあった。彼は職長の職能を執行的職能と計画的職能に分け，計画的職能を作業現場から奪い取り，管理者の手に委ねてしまった。そして8人の職長が同時に労働者を監督・指導する職能的職長制を提唱したの

図表11-2　マネジメントプロセスの分類

	計画	組織化	経営要素の調達	要員化	動機づけ	指令	命令	行動化	調整	統制
Fayol, H.	○	○					○		○	○
Brech, E. F. L.	○				○				○	○
Davis, R. C.	○	○								○
Newman, W. H.	○	○	○			○				○
Terry, G. R.	○	○						○		○
Koontz, H. & O'Donnell, C.	○	○		○	○					○
Allen, L. A.	○	○			○					○
Fox, W. M.	○	○								○

出所：杉本　常「ファヨール」車戸　實編『経営管理の思想家たち』早稲田大学出版部，1987年，34ページ。

であるが，これら8人の職長間の調整の難しさの問題はほとんど考慮されていなかったように思われる。これに対して，経営者として部門間や部門内の各セクション間の調整の困難さを十分経験してきたファヨールは，組織が1つの目的に向かって順調に活動を進めるためには調整が重要な管理の要素であるということを十分認識していたのである。

　経営管理がいくつかの過程的要素から成るというファヨールの経営管理概念は，その後多くの研究者によって継承・発展させられていくことになったが，この理論の継承者たちは一般に管理過程学派（management process school）[13]と呼ばれている。彼らはファヨールが提示した経営管理の5つの要素の他にさまざまな要素を追加し提示している。

　彼はまた，管理を企業だけでなく，あらゆる組織体に適用可能なものとして捉えた。この考え方は近代的組織論の研究者に継承されていくことになった。さらに彼は経営と管理を明確に区別し，経営を企業目的を達成するための職能と捉え，したがってトップ・マネジメントの職能と捉え，組織のあらゆる階層

において必要とされる職能である管理と区別した。

　ファヨールによって始められた経営管理原則と経営管理過程についての研究は，その後多くの研究者によって受け継がれ，発展させられていった[14]。まずイギリスのシェルドン（Sheldon, O.）は，その製菓会社経営者としての経験を踏まえ，企業の社会的責任を重視する立場から書かれた彼の主著の中で，経営管理の原則をあげている[15]。アメリカのフォレット（Follett, M.P.）も1925年から1932年にかけての彼女の講演の中で独自の管理原則を提唱した。彼女はもともと政治・社会思想家として多くの社会事業に携わっていたが，しだいに政治・社会問題から経営管理問題へと関心を移してゆき，「経営管理の科学化」を目指した。彼女の講演集は彼女の死後，アーウィックによって編集され公表された[16]。

　この他，長期にわたってイギリス経営学界を代表する立場にあり，国際経営者協会の指導的地位にあったイギリスのアーウィックはファヨールの経営管理論を紹介する著書の中で経営管理原則の体系化を試みた[17]。また，いくつかの会社の副社長などを経た後，経営組織の研究に従事したアメリカのブラウン（Brown, A.）は，経営組織一般の原則の確立と原則の経営組織への適用を試みた[18]。

　第2次大戦後，管理過程の分析と管理原則の体系化を行ったアメリカのニューマンや管理原則と管理過程の研究によって経営管理の体系化を試みたイギリスのブレック（Brech, E.F.L.）らが管理過程論の発展に貢献した。第2次大戦後は，ケース・スタディのアプローチや人間関係論など経営学の他の分野における研究も進展した[19]。その結果，経営学の他の研究分野における研究成果も管理過程学派に取り込むべきだとする「修正経営管理過程学派」を提唱したアメリカのテリー（Terry, G.R.）や，経営学の学派分類を行い，管理過程論の立場から「経営の統合理論」を提唱したクーンツ＝オドンネル（Koontz, H.& O'Donnell, C.）らが研究成果を公表した[20]。実務と経営コンサルタントとしての豊かな経験を持つアメリカのアレン（Allen, L.A.）は管理原則を重視した著作を公表した[21]。

【注】

(1) H. ファヨール著，山本安次郎訳『産業ならびに一般の管理』ダイヤモンド社，1985年，217ページ。ファヨールの生涯については山本訳書の巻末の「解説」に詳述されているので，以下のファヨールの生涯についてはこれによっている。なお，ファヨールのこの著書の日本語訳書にはこの他に，都築　栄訳『産業ならびに一般の管理』風間書房，1964年，佐々木恒夫訳『産業ならびに一般の管理』未来社，1972年がある。本章では山本訳を用いた。
(2) 同上訳書，221ページ。
(3) ファヨール理論の整理に次の文献を利用した。工藤達男『経営管理過程論の史的展開』学文社，1979年。
(4) 前掲訳書，5～8ページ。
(5) 同上訳書，9ページ。
(6) 同上訳書，11～12ページ。
(7) 同上訳書，25ページ。
(8) 同上訳書，26ページ。
(9) 同上訳書，32～70ページ。
(10) 同上訳書，89ページ。
(11) 杉本　常「ファヨール」車戸　實編『経営管理の思想家たち』早稲田大学出版部，1987年，35～37ページ。
(12) 同上稿，36ページ。
(13) 今日の経営学研究をいくつかの学派に分類し，ファヨールに連なる学派を管理過程学派と名付けたのはクーンツ（Koontz, H.）である。H. Koontz, ed, *Toward a Unified Theory of Management*, 1955.
(14) 工藤，前掲書，111～112ページ。
(15) *The Philosophy of management*, 1923（田代義範訳『経営管理の哲学』未来社，1974年）．
(16) L.F. Urwick, ed, *Freedom and Co-ordination*, 1941（斉藤守生訳『フォレット経営管理の基礎』ダイヤモンド社，1963年）．
(17) L.F. Urwick, *The Elements of Administration*, 1943（堀　武雄訳『経営の法則』経林書房，1971年）．
(18) A. Brown, *Organization*, 1945.
(19) W.H. Newman, *Administrative Action*, 1951（高宮　晋監修・作原猛志訳『経営管理』有斐閣，1958年）．E.F.L. Brech, *Management*, 1948（植野郁太郎訳『経営管理』三和書房，1953年）．
(20) G.R. Terry, *Principles of Management*, 1953. H. Koontz & C. O'Donnell, *Principles of Management : An Analysis of Managerial Functions*, 1955（大坪　檀・高宮　晋・中原

伸之訳『経営管理の原則1〜4』1965〜66年).
(21) L.A. Allen, *Management and Organizatin*, 1958 (高宮　晋訳『管理と組織』ダイヤモンド社, 1958年).

◆参考文献◆

Koontz, H.&O'Donnell, C., *Principles of Management*: *An Analysis of Managerial Functions*, 1955 (大坪　檀・高宮　晋・中原伸之訳『経営管理の原則1〜4』, 1965〜66年).
Urwick, L.F. ed, *Freedom and Co-ordination*, 1941 (斉藤守生訳『フォレット経営管理の基礎』ダイヤモンド社, 1963年).
雲嶋良雄『経営管理学の生成』同文館, 1964年。
佐々木恒夫編訳『公共心の覚醒―ファヨール経営管理論集』未来社, 1970年。
佐々木恒夫『現代フランス経営学研究』文眞堂, 1981年。
佐々木恒夫『アンリ・ファヨール―その人と経営戦略, そして経営の理論』文眞堂, 1984年。
杉本　常「ファヨール」車戸　實編『経営管理の思想家たち』早稲田大学出版部, 1987年。
徳重宏一郎『経営管理要論』同友館, 1986年。
山本安次郎『フェイヨル管理論研究』有斐閣, 1955年。
山本安次郎「フランス経営学説」『現代の経営学説』現代経営学講座第5巻, 有斐閣, 1959年。
山本安次郎訳『産業ならびに一般の管理』ダイヤモンド社, 1985年。

第12章
人間関係論と行動科学

第1節　はじめに

　クーンツ（Koontz, H.）は，1964年に経営管理論を6つの学派に分類した。管理過程学派（the management process school），経験学派（the empirical school），人間行動学派（the human behavior school），社会システム学派（the social system school），意思決定学派（the decision theory school），数理学派（the mathematical school）の6つの学派分類である[1]。本章の考察対象である人間関係論や行動科学的な経営学研究は，人間行動学派として経営管理論の一学派を形成し，経営管理の「『人間』の側面」（"People" part）を重視する研究分野であった。このような研究は，モチベーションやリーダーシップといった現在でも経営学の中心的なテーマの1つとなっている研究分野を切り開くものであった[2]。

　第10章で述べられているように，テイラー（Taylor, F.W.）らによって始まる科学的管理法は，企業で働く個人の人間的な感情や非公式な組織は捨象して，人間をいわば「マシン」のように捉えてきた。そして，機械化を推し進めたフォード（Ford, H.）がベルト・コンベア方式において科学的管理法の考えを応用するにいたって，人間のマシン化がさらに進展していった。従業員は，決められたことを，命令どおりに実行して，その実行度合いに応じて報酬が支払われる存在とみなされていた。それゆえ，科学的管理法では，作業方法や作業条件を改善することが生産性の向上に寄与すると考えられてきたのである。

　人間関係論は，金銭的な要因や作業条件だけをインセンティブ（誘因）とし

て捉えるのではなく，従業員の持つ人間的な感情やモラール（士気）が生産性の向上に影響することを指摘した。その意味で人間関係論は，経営学において，組織の構成員である「人間の管理」を中心的なテーマの1つとみなすようになった端緒となっている。さらに，心理学，社会学，人類学など学際的な成果を取り入れて，組織の人間行動を科学的に解明して，その法則性を解き明かすという行動科学的な経営学研究へと発展していく契機ともなっている。行動科学では，組織内の人間にさらに焦点を当てることで，リーダーシップ論やモチベーション論の研究が進み，それらを中心として行動科学研究が発展していく。さらに1980年代以降には，行動科学の成果を活かしながら，人間の「総合的な能力を人的資源」として捉え，その能力開発や管理を考える人的資源管理の誕生へとつながっていく[3]。

　本章では，人間関係論から行動科学への展開を整理することによって，経営学が「ヒト」という資源に注目し，その有効活用をいかに図ろうとしたか。そして，経営学が人間をどのように捉えるようになったか，つまりどのような人間観を形成していったかについて考察していく。

第2節　人間関係論の誕生とホーソン実験

1．ホーソン実験の概要

　ホーソン実験（Hawthone Experiments）は，メイヨー（Mayo, E.）とレスリスバーガー（Roethlisberger, F.J.）らが中心になってウエスタン・エレクトリック社のホーソン工場において，1927年から32年にかけて行われた生産性と作業条件を探る実験であった。そして，この長期間にわたる実験結果から誕生したのが人間関係論である。テイラーやギルブレス（Gilbreth, F.）らの科学的管理法は，動作・時間研究により作業方法や作業条件を改善することで作業に従事する人々の生産性が高まると想定していた。ホーソン実験も，当初は科学的管理法によって主張された考えを確認すべく行われた実験であるが，実験対象と

なった従業員は作業条件や環境とは無関係に生産性を向上させたことから，科学的管理法の主張とは異なる結果を得ることになってしまった。

ホーソン実験では，計2回にわたって調査が実施された。第1回調査（1924年から3年間）は，照明の度合いと作業能率との関係を明らかにすることを目的として行われたが，そこには明確な相関関係を見出すことができず，本格的に第2回調査が1927年から行われるようになった。この第2回調査では，5名の女子作業員による継電器組立実験が実施され，さらに第1期から第13期まで期間が区分されていった。実験を進めていく過程で，5名1組の小集団単位の出来高払制，休憩時間，労働時間短縮などが導入され，作業条件が改善されていき，それに伴い女子作業員の生産性は高まっていった。しかし，第12期の調査では，これまで行われてきた作業改善が取り止められ初期の作業条件に戻したにもかかわらず，生産性はさらに高まり，低下傾向は一切見られなかったという。作業条件を良い方向だけでなく，悪い方向に変化させても，作業を行う女子工員の生産高はつねに増加する傾向にあった[4]。

このことから，ホーソン実験では，生産性の改善は作業者の作業条件によって影響を受けるのではなく，それ以外の何らかの要因に基づくものであると考えられた。それは人間的な要因に求められるという結論に至り，職場の人間関係にこそ，生産性を改善させる要因があることをホーソン実験は明らかにしたのであった。

2. ホーソン実験により得られた知見

ホーソン実験に端を発する人間関係論が導き出した知見は，社会人仮説，モラール概念，非公式組織の3点である[5]。

① 社会人仮説
科学的管理法では，経済学で想定される「経済人」（economic man）という人間観に基づき人間を管理する。経営者や株主は利益の最大化を志向し，従業

員は最大限の給与・賃金収入を得ようと行動する。このように，人間は経済的動機によってのみ動機づけられると考えるのが，この経済人仮説というものである。

　これに対して人間関係論では，賃金や作業条件と生産性には直接の関係がなく，「従業員は安定感や帰属感などの人間社会的欲求」を持った「社会人」(social man) の仮説を提示することになった。人間を経済人として捉えるか，社会人として捉えるか，これにより経営管理の在り様も異なってくるが，人間関係論は社会人として人間を捉えることによって，人間を中心に据えた新たな管理方法を展開し経営管理論に影響を与えることになる。

　② モラールの概念

　モラール (morale) とは，作業に従事する従業員の「生産性目的に協力しようとする意欲ないしは士気」であり，具体的には従業員の態度として表れてくる。科学的管理法では，作業条件と生産性との間の直接的な因果関係を想定するが，人間関係論では，作業条件が生産性に直接の因果関係を持たないと考えるため，各作業者のモラールが向上し，それに伴い態度が変化することが生産性向上の大きな要因とみなしている。

　この態度に関しては，個人的な事情と職場の状況（職場の人間関係）の2つの要因が影響してくる。個人的な事情は，個人の遺伝的な特性や生活環境などによって形成される仕事に対する態度であり，これをコントロールすることは難しい。これに対して，職場の人間関係はコントロールできる要因である。ホーソン実験では，従業員が作業条件の決定にも加わるようになり，また，自分たちが上級管理者や研究者の注目を集めていることなどを知るようになり，その結果，職場内の人間関係が変化し従業員の満足感が高くなりモラールも高まったと考えられている。

　③ 非公式組織

　第13章において述べられているように，組織とは「2人以上の人々の意識

的に調整された活動や諸力の体系」と定義される。ここから，企業，行政機関，NPO，大学などあらゆる組織は，その建物や称号などを表すのではなく，人々の集合体を示している。そして，このような組織は，「目的を有効に遂行できるように各構成員の相互関係を合理的に秩序づけたのもの」であり，職務分担や命令系統などを示す職制や規則など組織図に表される「公式組織」(formal organization) と呼ばれる。

公式組織に対して，人間関係論は，企業の内部には「非公式組織」(informal organization) が存在して，それが生産性に影響を与えることを指摘する。非公式組織は，組織図には表れない非公式な組織であり，公式組織とは別に，同じ職場で働く同僚と「自然発生的」に生じる非公式な集団である。同郷出身者，人間的な相性や尊敬など感情的な側面を中心に特定の集団が形成され，公式の規則や規定とは異なるグループとしての価値や基準を持つようになる。社会人仮説では，人間はこのような非公式組織において，安定感や帰属意識，そして所属の欲求が満たされていくと考えられている。そして，各個人は，そのような集団から疎外されるような行動をしなくなり，非公式組織の持つ規範や価値観が個人の行動にも影響を与えることになる。

人間関係論は，非公式組織における職場内の人間関係が良好であるとき，つまり良い非公式組織が形成されているときに従業員のモラールも高まると考える。それゆえ，経営者は経営管理を行うにあたって，企業の経済的な合理性を高める「経済的職能」のみを担えば良いのではなく，従業員が職場の人間関係を通じて満足を得られるような仕組みも整備する必要がある（社会的職能）。このように，経済的な合理性だけでなく，人間関係に配慮した管理・監督が求められることを人間関係論は指摘したのであった。

第3節　人間関係論から行動科学へ

1. 人間関係論から行動科学的な経営学研究へ

　人間関係論は，人事管理における協調性の要素，提案制度，福利厚生制度など，第2次世界大戦前後の日米企業の経営管理実務に大きな影響を与えることになった。しかし，公式組織よりも非公式組織を重視しすぎること，経済的な動機を否定しすぎること，従業員のモラール測定の困難さおよび生産性との因果関係の不明確さなど，人間関係論の限界が明らかになっていった。そして，第二次世界大戦後の各国の不況や企業の利益率低下に直面した時期には，人間関係論は「砂糖のように甘い経営」(sugar-management)などと批判されるようになった[6]。しかし，メイヨーらが取り入れた経営学研究への社会学・心理学・人類学を適用した研究方法は，行動科学的な経営学研究へと発展していくことになる[7]。

　行動科学とは，「学際的見地から，人間行動を科学的・実証的に研究」しようとする分野であり，1950から60年代を中心に経営学では，モチベーションやリーダーシップ研究において顕著な成果が生まれることになった[8]。その代表的な研究が，マグレガー（McGregor, D.）の「X理論－Y理論」，ハーズバーグ（Herzberg, F.）の「動機づけ－衛生理論」，リッカート（Likert, R.）の「システム4」，アージリス（Argyris, C.）の「成熟理論」などである。

2. 行動科学が前提とするグループ・ダイナミクスと自己実現人仮説

　経営学において行動科学研究が盛んになった背景には，まず，レビン（Lewin, K.）を中心とする集団行動に関するグループ・ダイナミクス研究があげられる。ドイツでゲシュタルト心理学を学んだレヴィンは，集団行動に注目して，個人の行動特性における集団からの圧力の存在を明らかにする研究を行ってき

た。グループ・ダイナミクス研究に携わるとともに，経営学における行動科学研究，とくにリーダーシップ研究に大きな影響を及ぼしたといわれている[9]。レヴィンは，1940年代半ばにMIT（マサチューセッツ工科大学）で集団力学研究所を創設して，彼の没後，この研究はミシガン大学社会調査研究所（ISR）に移転され，ISRがグループ・ダイナミクス研究の中心になった。とくに，ISRの所長でもあったリッカートのリーダーシップ研究は，「ミシガン研究」と呼ばれ，オハイオ州立大学の研究（「オハイオ研究」）とならんで，「リーダーシップ研究」の双璧とされている[10]。

また，モチベーション研究において，その基礎となる人間観をつくったのが，心理学者マズロー（Maslow, A.H.）の「欲求階層説」（need hierarchy theory）であり，その中で提示されている自己実現人仮説である。欲求階層説（図表12-1）は，人間の欲求が最低次の生理的欲求から最高次の自己実現欲求まで階層的に形成されていることを示している。

人間は，まず食事・睡眠・排泄などの生理的欲求を満たそうとすると同時に，住居や衣服など安全で安定的な生活を実現しようとする（安全・安定性欲求）。これらが満たされたうえで，他者との社会的関係を良好に保とうとする欲求が芽生える（社会的欲求）。これは，組織やコミュニティなどに所属し，そこにおいて良い人間関係を保ちたいと考えるようになるため所属の欲求とも言

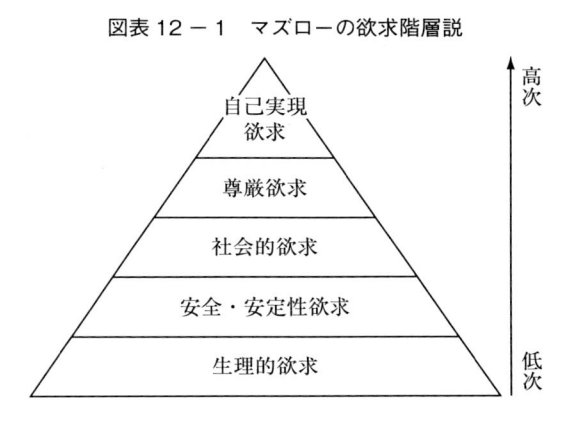

図表12-1　マズローの欲求階層説

（ピラミッド図：下から上へ）
- 生理的欲求
- 安全・安定性欲求
- 社会的欲求
- 尊厳欲求
- 自己実現欲求

（右側に「高次」←→「低次」の矢印）

い換えることができる。そして，所属の欲求が満たされると，今度はそのようなコミュニティ内で尊敬されたり，承認されたいと思うようになる（尊厳欲求）。

これらの欲求は，満たされてしまうと，もはやモチベーション要因としては機能しなくなる。これに対して，最高次の欲求である自己実現欲求 (self-actualization needs) は，自分の能力を最大限に発揮し，理想とする自己の姿へと近づいていこうとするものであり，一時的に満足してもその欲求は減少せず，さらに高められていくと仮定されている。行動科学におけるモチベーション研究では，このような自己実現人仮説に基づいて，実証・理論構築が進展していった[11]。

3. 行動科学的経営学研究

① リッカートのリーダーシップ論（1961年，1967年）

集団を研究対象とする人間関係論の発想は，リーダーシップ研究へと発展していく。リーダーシップ研究の双璧の1つであるミシガン研究は，リッカートによって率いられ，またレヴィンのグループ・ダイナミクス研究を出発点とするものであり[12]，高い生産性をあげる集団のリーダーシップ機能についての研究であった。

リッカートは，CEO（最高経営責任者）やCFO（最高財務責任者）などの経営者だけでなく，組織の中で各部門や階層間を結びつける人物，つまり中間管理職のようにチームを率いて「連結ピン」としての役割を担う人物もリーダーとして取り上げている。そして，リーダーシップのパターンを以下の4つのパターンに分類している。

(1) 独善的専制型（システム1）…リーダーが絶対的な存在としてあらゆる権限を有し，集団は懲罰を恐れリーダーの決定に盲目的に追随する。

(2) 温情的専制型（システム2）…リーダーは集団をある程度信頼するようになるが，多くの意思決定はリーダーの権限として残り，報酬や懲罰（アメとムチ）によって動機づけを図る。

第 12 章　人間関係論と行動科学　201

(3) 相談型（システム 3）…リーダーは集団を信頼するようになり，特殊な意思決定については権限が委譲され，リーダーと集団とのコミュニケーションも行われる。また，全体の意思決定においてもある程度の従業員参加が見られるようになるが，報酬と懲罰による動機づけも若干残る。
(4) 集団参画型（システム 4）…「目標や計画の決定や作業条件の変更をするにあたって，その意思決定の過程に従業員を参加させ，集団討議を経たうえで，決定に到達して，これを実行していく」ものであり，課題遂行に際して人間関係を強く重視するリーダーシップである[13]。

　リッカートは，実証研究を重ね集団参画型のリーダーシップ（システム 4）が，従業員の高いモチベーションと高い成果につながることを明らかにした。彼のリーダーシップ論は，集団のモチベーションを高めるリーダーシップの在り様に言及し，それは従来の専制的な監督者タイプではなく，意思決定の過程における従業員参加の重要性を指摘するものであった。リッカートの研究は，集団を対象とする視点や経済人的な人間観の否定という人間関係論の研究手法を継承し，そこにグループ・ダイナミクスの手法を取り入れたリーダーシップ論の先駆的研究であったといえる。その後，リーダーシップ研究は，ブレークとムートン（Blake, R. & Mouton, J.）のマネジリアル・グリッド理論，三隅のPM理論，フィードラー（Fiedler, F.）の状況適応的リーダーシップ論，ハーシーとブランチャード（Hersey, P. & Blanchard, K.H.）のSL理論など多様な発展を辿ることになる。

② モチベーション論
　リーダーシップ論が集団を対象としたのに対して，個人の仕事に対するモチベーションを研究対象とする代表的な研究者が，マグレガー，ハーズバーグ，アージリスなどであり，これらの学説のベースとなっているのは自己実現人仮説である。そして，「個人の自己実現欲求が，仕事を遂行していく過程で満たされていくような組織の仕組みをつくることが，個人を生かし，かつ組織の生産性をも高める最善の方法」と主張する点にその特徴がある[14]。

マグレガーは，1960年に「企業の人間的側面」に焦点を当てて，「X理論－Y理論」という人間観と組織観を提示した。X理論に立つ人間観・組織観は，性悪説的な見方で人間を捉える。人間は怠惰で責任回避志向が強いため，仕事はマニュアルに沿って行われ，命令と中央集権に基づく強い管理・監督の必要性を説く。科学的管理に代表される伝統的な管理論は，このような人間観・組織観に依拠してきた。これに対して，Y理論に立つ人間観・組織観は，性善説の見方から人間を捉える。人間は，自己実現と目標達成に向けて自発的に努力をするし，人間関係も相互信頼に基づくものである。そこでは，中央集権的な管理・監督ではなく，分権的な組織構造の下で，上司やスタッフは従業員を支援することが望ましいとされる。今日の企業の管理がすべてY理論に基づいているかというと，必ずしもそうとはいえずX理論的な側面も存続している[15]。その意味で，マグレガーのY理論は一種の理念型である。しかし，自主管理，従業員自身による目標設定，管理者のリーダーシップなど，従業員の自主性を重視した管理制度などが提唱されている点で[16]，従来の伝統的な管理論とは異なり従業員の人間的側面が強調されていることがわかる。

　ハーズバーグは，1968年に女子作業員の仕事への満足に対する調査を行い，作業者を動機づける要因には，「動機づけ要因」(motivation factor)と「衛生要因」(hygiene factor)の2つがあることを明らかにした。衛生要因とは，それが満たされなければ不満足を生じるが，それを満たすことが従業員の満足にはつながらない要因である。たとえば，作業環境，対人関係，給与などであり，これらは不満足を解消するが，従業員のモチベーションを向上させる役割は担わない。これに対して，動機づけ要因は，仕事の達成，仕事についての責任など仕事そのものから生じるものであり，これらが満たされることによって，従業員を「より高い仕事目標へと動機づけるはたらきを」するという[17]。このようにハーズバーグは，従業員に満足をもたらす要因と不満足をもたらす要因がそれぞれ異なることを指摘し，企業は給与や作業条件などの改善を行うだけでなく，職務拡大によって，従業員の仕事そのものに対する満足を高める必要性を説いている。

アージリスは，人間を道具ではなく，自己を統制できる成熟した存在として捉えている。彼は，マグレガーのX理論とY理論に基づきながら，それぞれに対応する組織モデルの理念型を提示する。X理論に基づく組織の価値観は，官僚的・ピラミッド的な価値体系であり，権限，命令，目標達成に対する賞罰によって管理が行われ，人間関係も仕事に結びついたものになる。これに対して，Y理論に基づく組織の価値観は，指示，統制，賞罰ばかりでなく，誠実で真摯な人間関係や互いの承認，さらにオープンに議論される場を通じて従業員の意思が組織の行動に反映される組織モデルを理想としている。信頼に満ちた真摯な人間関係が培われれば，「対人関係機能の向上やグループ間協力，柔軟さなどが育まれ，組織効率の向上が期待できる」という。そして，アージリスは，科学的管理法など伝統的な管理論が，受動・依存的で単純な行動をする従属的な未成熟の存在として人間を捉え，「マネジメントは人間を『互換可能な部品』たらしめる」ことでその効率性を高めようとすることを強く批判する[18]。企業で働く従業員を成熟した人間として扱うことで，交換可能な部品ではなく，人間として個々の能力が最大限発揮できる機会を与える必要があるということをアージリスは主張するのであった。

第4節　むすび

　以上，本章では経営学において，新たな人間観を生み出し，人間が持つ固有の特性を単なる金銭的な利害などにとどまらない，人間本来の性質に焦点を当ててマネジメントを展開しようとした人間関係論，それを発展させた行動科学的な経営学研究，いわゆる後期人間関係論（あるいは人的資源管理論）について考察をしてきた。人間関係論から行動科学への変遷は，大きくその流れを整理すると以下の図表12－2のようにまとめられる。

　科学的管理法の考えを確認することを目的にして誕生した人間関係論は，職場内での非公式な人間関係が高い生産性につながる発見をしたことで，科学的管理法を結果的に反証することになった。そして，人間関係論は，第二次世界

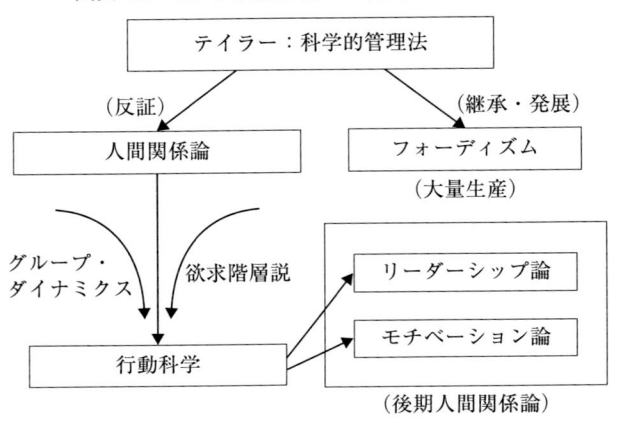

図表12－2　人間関係論から行動科学への流れ

```
              テイラー：科学的管理法
           (反証)        (継承・発展)
       人間関係論         フォーディズム
                          (大量生産)
    グループ・    欲求階層説   リーダーシップ論
    ダイナミクス              モチベーション論
         行動科学
                         (後期人間関係論)
```

出所：塩次喜代明・高橋伸夫・小林敏男『経営管理』有斐閣, 2009年, 46ページを加筆修正して作成。

　大戦後になって心理学や社会学などを取り入れ, 企業で働く「人間」を学際的に研究する行動科学へと発展していくことになる。これらの諸理論は, グループ・ダイナミクスや自己実現人仮説を共通の基盤として, 仕事そのもの, 人間関係, 従業員の意思決定への参加機会といった非金銭的なインセンティブが従業員のモチベーション向上につながることを提示するものであった。このような研究を通じて, 経済人という人間観で人間を捉え, その管理を進めてきた従来の経営学において, 社会人や自己実現人という新たな人間観を導入することになったのである。

　行動科学的な経営学研究から誕生したリーダーシップとモチベーションに関する理論は, 人的資源管理や人材開発などの形で今日においても研究が進められている。人間関係論に端を発する行動科学の考えは, 雇用形態の多様化が進み, 企業の社会的責任としても従業員の能力向上が求められている今日において, 経営学研究および企業の経営管理の実践において大きなテーマの1つになっているのである。

【注】

（1）H. クーンツ編，鈴木英寿訳『経営の統一理論』ダイヤモンド社，1968年，4～12ページ。
（2）占部都美『新訂 経営管理論』白桃書房，1999年，12ページ。
（3）塩次喜代明・高橋伸夫・小林敏男『経営管理』有斐閣，2009年，58ページ。
（4）占部，前掲書，47～51ページ。
（5）占部，前掲書，51～58ページ。
（6）占部，前掲書，61～66ページ。
（7）角野信夫「人間関係論研究5─人間関係論から行動科学的組織論へ」神戸学院大学経済学会編『神戸学院経済学論集』第23巻第1号，1991年，40ページ。
（8）宮川　満「(2) 経営管理理論の変遷─科学的管理法，人間関係論，行動科学および現代経営管理論─」日本科学技術連盟編『品質管理』第46巻第8号，1995年，51～52ページ。なお，モラールは士気・作業意欲を示すが，近年ではモチベーション（動機づけ）のほうがよく用いられる。その際，モラールは集団を対象とした概念であるのに対して，モチベーションは個人レベルの概念であることに留意すべきである。吉田和夫・大橋昭一編著『基本経営学用語辞典』同文館，1999年，273ページ。
（9）角野，前掲書，39～40ページ。なお，ゲシュタルト心理学とは，さまざまな要素で構成させる全体は，単なる構成要素の総和ではないと考える心理学派のことをいう。詳細は，K. コフカ著，鈴木正弥監訳『ゲシュタルト心理学の原理』福村出版，1988年を参照されたい。
（10）坂下昭宣『経営学への招待』白桃書房，1992年，81ページ。
（11）吉田・大橋編著，前掲書，276ページ。なお，マクレランド（McClelland, D.）は，人間行動の基本的な動機を「達成動機」（achievement motive）に求めている。また，人間は階層的かつ順次的に欲求を満たそうとするのではなく，複数の欲求を同時に満たすように行動すると主張する研究者も存在している。占部，前掲書，232～233ページ。
（12）坂下，前掲書，81ページ。
（13）占部，前掲書，236ページ。
（14）坂下，前掲書，82ページ。
（15）宮田矢八郎『経営学100年の思想─マネジメントの本質を読む─』ダイヤモンド社，2001年，159ページ。
（16）坂下，前掲書，83ページ。
（17）占部，前掲書，240ページ。
（18）P. ハーシー・K.H. ブランチャード著，山本成二・水野　基・成田　攻訳『行動科学の展開─人的資源の活用─』生産性出版，1978年，85～87ページ。

◆参考文献◆

C. アージリス著，三隅二不二・黒川正流訳『新しい管理社会の探求―組織における人間疎外の克服―』産業能率短期大学出版部，1969年。

F. ハーズバーグ著，北野利信訳『仕事と人間性―動機づけ－衛生理論の新展開―』東洋経済新報社，1968年。

D. マグレガー著，高橋達男訳『企業の人間的側面』産業能率短期大学，1966年。

E. メイヨー著，村本栄一訳『産業文明における人間問題』日本能率協会，1951年。

R. リッカート著，三隅二不二訳『組織の行動科学―ヒューマン・オーガニゼーションの管理と価値―』ダイヤモンド社，1968年。

第13章
バーナードの組織論

第1節　はじめに

　経営組織の行動を意思決定によって把握する個人と組織の均衡を目的とした組織論が近代組織論であり，行動科学的組織論ともいわれている。近代組織論はバーナード（Barnard, C.I.）によって提唱され，サイモン（Simon, H.A.）が受け継いで発展させたものである。

　経営組織論の基本理論には，古典的組織論（伝統的組織論），新古典的組織論（人間関係論），近代組織論と3つに分類される。テイラーの科学的管理論（Taylor, F.W., 1911）やファヨールの管理過程論による組織論は古典的組織論と呼ばれ，メイヨー（Mayo, E., 1933）とレスリスバーガー（Roethlisberger, F.J., 1942）による人間関係論は新古典的組織論と呼ばれ，その後のバーナードの組織論（1938）やサイモン（1945）の意思決定論による組織論は近代組織論と呼ばれている。

　バーナードはアメリカ経営学会（Academy of Management）がアメリカ建国以来200年の歴史の中で，経営理論と経営実践に最も貢献した人物の調査において第1位のテイラーに次ぐ第2位の人物として選ばれるほど，経営学に大きな貢献をした人物である[1]。1938年に出版された『経営者の役割』は，彼の代表的な著書であり，著書の前半においては「協働と組織の理論」について，後半においては「公式組織における管理者の職能と活動方法との研究」について論じられており，組織論の古典として今もなお広く読まれ続けている経営組

織論の代表作である[2]。

本章では，近代組織論の父と呼ばれるバーナードが提示した人間観や組織の概念，組織の成立と存続に必要な諸要素などを取り上げ，バーナードの組織理論を概観する。

第2節　現代社会における組織

現代社会は組織社会であると言われている。

1世紀の間，人間生活のあらゆる分野にわたって多種多様な組織が，その数，規模，力の面で目覚ましい成長を遂げ，社会や環境が大きく変化し，1世紀前と現在の社会を比べると組織の数や種類も多くなり，規模も大きくなり，より組織化されるなど，「組織革命」が起こった[3]と言われている。

このように現在社会はあらゆる組織の発展や変化とともに発達し，さまざまな組織が人々の生活と密接な関係を持ちながら人々の生活に影響を及ぼしている。現代人は多かれ少なかれ，組織に属し，教育組織の学校，医療組織の病院，宗教組織の教会，軍事組織の軍隊，経営組織の企業などのさまざまな組織とのかかわりをもって生活をしている。このように現代社会はさまざまな組織が存在している。現代文明もまた，組織的活動の成果によって成り立っており，現代文明が最も大きく依存している組織が経営組織であると考えられている[4]。つまり，組織は現代社会に生きる人々にとって不可欠なものであり，とりわけ，企業は現代社会に重要な影響を及ぼす経営組織である。バーナードは，この経営組織について研究し，経営組織論に大きな影響を与えている。

第3節　バーナードの人間観（全人仮説）

組織の研究，あるいは組織との関連における人々の行動を研究する際には，「人間」とは何か，「個人」が意味するものは何か，人はどの程度の選択力や自由意志を持つものかを理解する必要がある。

古典的組織論では，人間を「機能人」(functional man) または「経済人」(economic man) と観ている。機能人とは，課業に適合した人間を配置し，管理者が命令を下せば組織が有効に稼動するという人間観であり，経済人とは，賃金などの経済的誘因と生産能率との間に単純な正の関係があるという人間観をいう。

これに対して新古典的組織論（人間関係論）は，労働者の心理的側面を強調し，人間の合理的な側面よりも非合理的な側面を重視し，従来の機能人，経済人としての人間観に代わり，心的感情や心的態度に影響される「社会人」(social man) 仮説の人間観が提示された。

人間の社会的側面を重視した人間関係論から，バーナードは組織と個人の問題を明らかにするにあたって，人間を物的・生物的・社会的存在として総合的に捉えるとともに自由意志と選択力を持つ包括的な人間観として「全人」仮説を提示した上で，組織論ならびに管理論を展開している。

第4節　個人と組織

1人の人間 (person) としての個人はいくつかの特性を持つ「人格的 (personal)」な存在である[5]。このような個人が持つ特性とは，①活動ないし行動，②その背後にある心理的要因に加えて，③一定の選択力，④その結果としての目的である[6]。すなわち，個人の重要な特徴の1つは活動ないし行動であり，それは，心理的要因による結果である。

また，人間は選択力，決定能力，ならびに自由意志 (free will) を持つ。しかし，個人が「物的，生物的，社会的要因の結合した1つの活動領域である」限り，選択力に限界がある。人間は選択できる機会が多い場合，人間の選択力は麻痺し，選択できなくなるため，選択には可能性の限定が必要である。意思決定の過程は，してはいけない理由を見出すことが，なすべきことを決定する1つの共通の方法であり，「選択をせばめる技術」である。意思力を行使するために選択条件を限定することを「目的」の設定，または，「目的」の到達とい

う。したがって，人間は常に「選択力」を持つ「現在および過去の物的，生物的，社会的諸力の合成物」であるといえる。

人間は2つの側面を持つ。第1に，「特定の協働体系の参加者としての人間」，すなわち，組織の中の個人は，組織人として組織の目的を達成するため合理的に意思決定を行い，行動しようとする「機能的側面」と，第2に，組織外にある人間は，目的，欲求，衝動，他の機会に基づいて，協働体系に入るか否かを選択するといった自己の動機を満たそうとする選択力を持つ「個人的側面」である。協働体系においてこの両者は常に並存する[7]。

動機とは「欲求，衝動，欲望」を指し，主として「過去および現在の物的，生物的，社会的環境における諸力の合成物」であり，「心理的要因」を言い換えたものである[8]。

個人的行為がある特定目的を達成した場合にその行為は「有効的」であり，動機を満足した場合にその行為は「能率的」である。個人の行為が，有効的であっても能率的ではない場合や有効的でなくても能率的な場合がしばしば生じる。しかし，個人にとっては，目的を達成することではなく，目的を達成することによって動機を満たすことが重要である。

第5節　協働体系と公式組織

1. 協働体系

バーナードによると，協働体系（cooperative system）とは，「少なくとも一つの明確な目的のために二人以上の人々が協働することによって，特殊の体系的関係にある物的，生物的，個人的，社会的構成要素の複合体」[9]である。人々が協働する理由は，個人は動機を満たすために目的を設定し，その目的を達成するために行動するが，個人には個人ではできないさまざまな制約があり，その制約を克服するためである。つまり，協働とは「個人にとっての制約を克服する手段」であり，その制約は，「①個人の生物的才能または能力と，②環境

の物的要因」の2種類の要因の「結合」によるものである[10]。制約を克服することは「目的に対する手段」であり，制約が克服できない場合はその目的も達成できない。

2. 公式組織

　バーナードは，協働体系の中の1つの体系であり，「二人以上の人々の協働」に含まれている体系を「組織」と定義し，「公式組織 (formal organization)」とは，「二人以上の人々の意識的に調整された活動や諸力の体系」[11]と定義している。この定義において，注意すべき点は，第1に，組織を構成する要素は，「人々」ではなく，人々が提供する「活動や諸力」であり，人々は組織に活動や諸力を提供する存在であること，第2に，組織を構成する諸活動・諸力は，体系（システム）として互いに相互作用を持つこと，第3に，組織を構成する諸活動は，「意識的に調整」されていることである[12]。

　そのため，組織における個人の行動は，その主体が個人であっても，その行動は「個人的」なものではなく，「組織的」な行動である。

　公式組織の定義は，協働体系にみられる物的環境，社会的環境に基づく多様性，人間そのものの構成要素のすべてが，組織にとって外的要因となるが，協働体系にとっては外的ではない。すなわち，バーナードは，①人間，物的体系，社会的体系および組織からなる包括的「協働体系」と，②協働体系の部分でありながら調整された人間活動のみからなる「組織」とを明確に区別している[13]。

　協働体系は，物的，社会的，人的サブシステム[14]と人間行動のみから成る公式組織（というサブシステム）によって構成されている。公式組織は，協働体系の1つのサブシステムであってそれ自体が1つのシステムとみなされるとともにすべての協働体系において共通する側面であり，本質的な側面でもある。たとえば，教会，学校，企業，軍隊などは協働体系であり，組織でもあるが，それぞれの物的・社会的・人的要因に違いがある。これらの違いを取り除けば，協働体系に共通する側面が残る。つまり，協働体系から物的要因，社会的

要因,人間などが持つ多様性という概念を捨象し,残る協働体系に共通する一側面こそが組織の概念である。

3. 組織の成立および存続

① 組織の成立（3要素）

組織が成立するためには,相互に意思を伝達できる人々がいて,その人々が貢献しようとする意欲を持ち,共通目的の達成を目指すことが必要である。したがって,組織が成立するために必要な3つの要素は,(1) 貢献意欲 (willingness to serve), (2) 共通目的 (common purpose), (3) コミュニケーション (communication) であり,これらの要素は相互依存関係にある[15]。

(1) 貢献意欲（協働意欲）

組織を構成するものとして扱うべきものは,人間ではなくて人間の行為および行動であり,協働体系（組織）に対して努力を貢献しようとする人々の意欲は不可欠なものである[16]。貢献意欲が生じるのは,協働の機会が1人でやる行為よりも個人に利益をもたらし,また,他の協働の機会によって得られる利益よりもその利益が大きく,協働に伴う個人が払う貢献と組織が提供する誘因を比較し,誘因が貢献と等しいかあるいはより大きくプラスになる場合である。すなわち,貢献とは,協働する意欲であり,組織の目的を達成するために組織に参加する意志である。その貢献意欲は,組織が提供する諸誘因 (incentive) が,個人の動機を満たすか否かによるものである。したがって,組織は「個人の動機とそれを満たす諸誘因に依存する」こととなる。

(2) 共通目的

組織には目的が存在しなければならない。組織の目的が存在しないと個人の貢献意欲も生まれてこないだけでなく,目的が存在しなければ,個人にどのような努力が必要なのか,個人がどのような満足を期待するか,予測できない。

組織目的には,協働する人々の観点からすると協働的側面と主観的側面がある。協働的側面は,組織の立場から組織の利益として目的を捉え,人々が努力

をするものであり，個人的動機を満たすためのものではない。組織の参加者の主観的側面からすれば，組織の目的は個人にとって直接にはいかなる意味も持たない。

　組織に参加する者は組織人格と個人人格を持っており，協働的側面は組織人格に，主観的側面は個人人格に基づいている。組織目的の達成のために貢献する個人の行動は，組織人格によって支配されており，個人人格によるものではなく，個人的動機を満たすものでもない。したがって，組織目的と個人的動機を明らかに区別すべきである。個人的動機は必然的に内的，人格的，主観的なものであるのに対して，組織目的（共通目的）は外的，非人格的，客観的なものである[17]。つまり，共通目的とは，個人が果たすべき組織（組織人格に基づいた協働的側面）の目的であり，それは，外的，非人格的，客観的な目的である。

　(3) コミュニケーション

　コミュニケーションとは，共通の目的達成の可能性と協働意欲を持つ人間の存在は組織の両極に位置し，これらの潜在的な両極を結びつけ，動的にする過程がコミュニケーションの過程である[18]。すなわち，組織の共通目的と貢献意欲を持つ人々を結びつけるプロセスである。共通の目的が貢献意欲を持つ人々に伝達されなければならない。さらに貢献意欲を持つ人々に連絡や指示が行われなければならない。

　コミュニケーションとは，組織の構成員に対する情報の伝達を意味する。コミュニケーションの方法は口頭や書面による言葉が中心であり，具体的には命令，報告，各種の伝達などの形を取り，いかなる組織にとっても重要な要素である。コミュニケーションがなければ，組織の共通目的の形成も人々の協働意欲も存在しない。バーナードによると，組織の構造，広さ，範囲は，コミュニケーション能力によって決定されるため，組織理論においてコミュニケーションは中心的な地位を占める。

② 組織の存続（有効性と能率）

　組織が成立するためには，貢献意欲と共通の目的，これら2つを結びつける

ためのコミュニケーションの3つの要素が必要である。このようにして成立した組織が存続するためには，組織目的の達成度である有効性（effectiveness）と組織に参加する個人の動機満足度である能率（efficiency）との均衡（equilibrium）を維持させることが必要であり，この両者がともに満たされなければ，組織は存続できない。また，有効性と能率の均衡を維持するためには，個人的貢献を確保し，維持することが必要である。そのために，組織は個人的貢献と同等かあるいはそれ以上の誘因を個人に提供しなければならない（誘因≧貢献）。

(1) 組織の有効性

有効性は目的を遂行する能力に依存し，目的を遂行する行為の適切さと環境の条件に依存する技術的過程の問題である。組織の有効性は最終目的を達成するために選択された手段が適切であるかどうかという広義の技術の問題であり，応用科学技術だけではなく，組織構造の技術，技術体系の技術（会計など）なども含まれる[19]。

一般的な有効性に必要なのは，個々の課業に適する技術を選択し，その細部技術がそれぞれ有効であるべきであるが，組織全体の有効性に必要なのは技術的統合，つまり，「効果的な目的達成手段としての技術の全連鎖を統制する」[20]ことである。

(2) 組織の能率

能率とは，組織に必要なエネルギーの個人的貢献の確保に関する能率であり，組織の生命は目的を達成するために必要な個人的貢献を確保し，維持する能力にかかっている[21]。その組織の生命力を維持するのは，組織の能率である。組織の能率とは，組織の均衡を維持するために十分な有効な誘因を個人に提供する能力である。

組織は個人の協働しようとする意欲と協働体系に努力を貢献しようとする意欲に依存し，個人的努力の貢献は，誘因によって人々が提供するものであり，組織は個人の動機を満足させることができるときのみ，存続できる[22]。

(3) 誘　因

誘因（incentive）の問題は公式組織にとって基本的なものであり，あらゆる

組織において組織に参加する人々の貢献を引き出すために適当な誘因を提供することが，組織の存続のための重要な任務である。

その誘因を提供する方法として①誘因の方法と②説得の方法がある。前者は貨幣，報酬等の物質的誘因と仕事への達成感や社会的結合等の非物質的誘因を組み合わせて個人の動機を満足させる誘因を提供できるかどうかという客観的誘因[23]を提供する方法を指す。後者は組織が個人的貢献にふさわしい諸誘因を十分に提供することができない場合，組織は個人の主観的態度（心的状態，態度，動機）[24]を改変させ，客観的誘因を有効なものにする方法を指す。

4. 非公式組織

非公式組織（informal organization）とは，個人的な接触や相互作用の総合，意識された共通の目的を持たない人々の集団の連結である。

バーナードは，組織の3要素で構成される公式組織以外に，共通目的を持たず，協働意欲あるいはコミュニケーションだけで構成される集団の連結である非公式組織の存在も指摘し，非公式組織は公式組織の運営に必要であると述べ，非公式組織の重要性にも触れている。また，非公式組織と公式組織の関係について，「全体社会は公式組織によって構造化され，公式組織は非公式組織によって活気づけられ，条件づけられる。」[25]と述べ，公式組織の裏側には非公式組織が存在し，相互に依存し，必要とされる組織であることを示している。

第6節　オーソリティー受容説

組織が成立するための3要素のうち，組織へ貢献しようとする個人の意欲を引き出すためのコミュニケーションの一側面が命令のオーソリティー（権威，権限）である。その権威には，主観的側面と客観的側面があり，前者の権威は命令を権威あるものとして受容することであり，後者は受容される命令そのものの性格である。

バーナードは権威の主観的側面による「権威受容説」(acceptance theory of authority) をもって権威を定義づけている。権威とは,「公式組織における伝達（命令）の性格」であり,組織の貢献者（構成員）が命令を自己の貢献する行為を支配するものとして受容するものである[26]。すなわち,1つの命令が権威を持つかどうかは命令を受ける側がその命令を受容するかどうかによるものであり,命令を下す側によるものではない。

客観的側面による権威には,「職位の権威」と「リーダーシップの権威」があり,上位の職位からの命令がその人の個人的能力に関係なく,単に職位が高いために権威として認められる場合を職位の権威という。また,職位と関係なく優れた能力を持っているために命令が権威として認められる場合は,リーダーシップの権威という。

人々が命令を権威あるものとして受容するためには,次の4つの条件が必要であり,これらの条件すべてが同時に満足された時に初めて命令を受容することができる。①命令を理解すること,②意思決定にあたり,命令が組織目的と矛盾しないと信じること,③意思決定にあたり,命令が自己の個人的利害と両立できると信じること,④精神的にも肉体的にも命令に従うことができることである。さらに,個人が命令を受容するには個人には「無関心圏」(zone of indifference) が存在し,その圏内では命令の権威の有無に関係なく受容できる。組織の命令には,①明らかに受け入れられないもの,②中立線にあるもの,③問題なく受け入れられるものと3つに区分できる。

第7節　経営者の役割（管理職能）

バーナードは,管理職能を「技術的側面」と「道徳的側面」に分け,組織の困難を克服するために「リーダーシップ」が必要となるとし,その重要性を指摘している。

1. 技術的側面

　バーナードによると経営者や管理者の役割（executive function）は，組織を継続的に活動させ，組織を維持することである。すなわち，本質的な管理職能の第1は，コミュニケーション・システムを提供すること，第2は，組織に必要な活動を確保すること，第3は，目的を定式化し規定することである[27]。

　① 第1の管理職能
　コミュニケーション・システムの確立と維持の問題は，管理職位と管理職員を統合することである。管理職位を規定することは，組織内の活動の調整を行う組織構造を規定することである。一方，管理職員の問題とは，管理者の選抜と配置である。管理者にふさわしい人材を選抜し，配置すべきである。管理者には，組織への忠誠心，責任感，組織人格による支配などの資質や適応性，機敏さ，勇気などの一般的能力と習得した技術的・専門的能力が求められる。組織構造の展開に伴い，管理者の選抜，昇進，解雇などのいわゆる「統制」がコミュニケーション・システム維持の核心となる。

　② 第2の管理職能
　人間は自分の動機が満たされるかあるいは満たされると期待できる場合，組織に参加して貢献する。組織に必要な活動の確保は，個々の人間から貢献を確保することであり，①組織の外にいる人々に働きかけ，組織との協働関係に誘引し，②その後，組織に参加した人々から量的・質的にも優れた貢献活動を引き出し，それが継続的に提供されるように組織の参加者に動機づけ，貢献を確保する。

　③ 第3の管理職能
　組織の目的や目標を定式化し，定義することである。組織目的は細分化さ

れ，細部目的ならびに細部行動は一連の継続的協働となるように時間的に調整され，職能的に専門化された単位組織に割り当てられる。こうした無数の同時的・継続的行動および目的を定式化し，再規定し，細分化し，その実現のために組織的意思決定を行うことである。すなわち，組織の共通目的を実現するために，下位の貢献者に共通目的を教え込み，個々人の結束を保ち，細部の意思決定を共通目的に沿わせ，目的に沿って個々の意思決定を上下一貫して調整しなければならない。この管理職能の決定的側面は，責任の割当，すなわち，客観的権威の委譲である。

2. 道徳的側面

　バーナードは，上記の管理職能の「技術的側面」に加えて，組織の管理職能の技術的側面を超えて現れる組織固有の困難[28]を克服するためのリーダーシップが必要となると指摘し，管理職能の技術的側面に対比される「道徳的リーダーシップ」の重要性を強調した。すなわち，共通理解の信念，成功する信念，個人的動機が満たされる信念，客観的権威が確立する信念，組織に参加する個人の目的よりも組織の共通目的が優先する信念を作り出し，協働的な個人的意思決定を鼓舞するような力がリーダーシップであり，このようなリーダーシップが経営者に求められる。

　リーダーシップには，技術的側面と道徳的側面と2つの側面があり，責任を含むリーダーシップの側面である道徳的側面は，「人の行動に信頼性と決断力を与え，目的に先見性と理想性を与える性質」である[29]。これは，管理責任の道徳的側面であり，リーダーシップの創造機能を意味する。

　リーダーシップの本質は「創造職能」であり，組織の存続は，リーダーシップの良否に依存し，その良否はリーダーシップの基盤にある「道徳性の高さ」から生じるのである[30]。

　バーナードは「組織道徳の創造こそ，個人的な関心あるいは動機の持つ離反力を克服する精神である。この最高の意味でのリーダーシップがなければ，

組織に内在する諸困難はしばらくといえども克服できない。」[31]と述べ，道徳（moral）を創造することが経営者の役割であり，道徳を創造しうる能力が，管理者には要求されると強調した。

【注】

（1） 飯野春樹『バーナード研究』文眞堂，1978年，36～38ページ。
（2） 飯野春樹編『バーナード経営者の役割』有斐閣新書，1979年，25～27ページ。
　　　バーナードの書名である Functions は諸職能，諸機能を意味し，Executive は経営者，管理者を意味しているように，彼が目指したのは，「組織論的管理論」すなわち，「組織論を基礎理論にする管理（マネジメント）論」と呼ばれることがある。
（3） K.E. Boulding, *The Organizational Revolution*, Harper & Row, Publishers, Inc., 1953（ボールディング著，岡本康雄訳『組織革命』日本経済新社，1972年，36～37ページ）。
　　　ボールディングは，「1852年当時は労働組合は事実上存在しなかったし，雇用者団体も同業団体もなかった。また，自由職業者の団体も，これといって重視すべき老民組織も，在郷軍人会も全くなかった。また，現在と比べれば，政府は国民総生産の微々たる部分しか吸収していなかった。ワシントンには農務省も労働省もなく，フリーメーソンを除けば友愛組合もなかった。株式会社も大企業も殆どなかった。政府以外の組織と言えば，主に教会と二，三の地域的な慈善事業団体と政党ぐらいのものであった。」と述べ，1952年と1世紀前の1852年の状況を比べると組織の成立や発達が急速に進行してきたことを示している。フリーメーソン（Freemason）とは，欧米を中心にして世界中に組織を持つ慈善・親睦団体。
（4） 車戸　實『経営組織論』八千代出版，1985年，13～14ページ。
（5） C.I. Barnard, *The Functions of the Executive*, Cambridge, Harvard University Press, 1938（バーナード著，山本安次郎・田杉　競・飯野春樹訳『新訳経営者の役割』ダイヤモンド社，1968年，13ページ）。
（6） 同上訳書，13ページ。
（7） 同上訳書，17ページ。
（8） 同上訳書，18ページ。
（9） 同上訳書，67ページ。
（10） 同上訳書，24～25ページ。
（11） 同上訳書，67，76ページ。
（12） 桑田耕太郎・田尾雅夫『組織論』有斐閣アルマ，1998年，20～23ページ。
（13） バーナード，前掲訳書，75ページ。
（14） ある体系に含まれるが，その事態1つのまとまりを持つシステム。たとえば，企

業システムの中の生産システム。
(15) 同上訳書，85 ページ。
(16) 同上訳書，87 ページ。
(17) 同上訳書，92 ページ。
(18) 同上訳書，93 ページ。
(19) 同上訳書，246 ページ。
(20) 同上訳書，248 ページ。
(21) 同上訳書，96 ～ 97 ページ。
(22) 同上訳書，145 ～ 146 ページ。
(23) 客観的誘因には，物質的誘因，個人的で非物資的機会，好ましい物的条件，理想の恩恵等個人に特定的に提供されるものである特殊的誘因と社会結合上の魅力，状況の習慣的なやり方と態度への適合，広い参加の機会，心的交流の状態などの一般的要因がある。詳しくは，同上訳書，148 ～ 154 ページ参照。
(24) 説得の方法には，権利剥奪，解雇等の見せしめによる説得の手段としての強制的状態の創出，他の機会と比べて得られる満足への機会を強調したり，提供される誘因に興味を起こさせたりする機会の合理化，教育および宣伝の過程である動機の教導がある。この中で最も重要な説得方法は動機の教導である。詳しくは，同上訳書，155 ～ 160 ページ参照。
(25) 同上訳書，126 ページ。
(26) 同上訳書，170 ページ。
(27) 同上訳書，227 ～ 243 ページ。
(28) 同上訳書，270 ページ。
物的環境と人間の生物的構造に基づく諸制約，協働の成果の不確定，目的の共通理解の困難，組織に欠くべからざる伝達体系の貧弱さ，個人の分散的な傾向，調整の権威を確立するための個人的同意の必要，組織に定着させ組織の要求に服従させようとする説得の大きな役割，動機の複雑性と不安定，意思決定という永続的負担。
(29) 同上訳書，271 ページ。
技術的側面は，体力，技能，技術，知識，記憶，想像力における個人的優越性の側面であり，時と場所によって変動し，特定な事情において意味があり，条件付け，訓練，教育によって育成されうる。これに対して，道徳的側面は，決断力，不屈の精神，耐久力，勇気における個人的優越性の側面であり，より絶対的で主観的であり，行動の質を決定する。
(30) 同上訳書，294 ページ。
(31) 同上訳書，296 ページ。

◆参考文献◆

Barnard, C. I., *The Functions of the Executive*, Cambridge, Harvard University Press, 1938（バーナード著，山本安次郎・田杉　競・飯野春樹訳『新訳経営者の役割』ダイヤモンド社，1968年）.

Boulding, K. E., *The Organizational Revolution*, Harper & Row, Publishers, Inc., 1953（ボールディング著，岡本康雄訳『組織革命』日本経済新聞社，1972年）.

飯野春樹『バーナード研究』文眞堂，1978年。

飯野春樹編『バーナード経営者の役割』有斐閣新書，1979年。

飯野春樹『バーナード組織論研究』文眞堂，1992年。

金　在淑「経営組織の基本形態」佐久間信夫・大平義隆編著『改訂版現代経営学』学文社，2008年。

車戸　實『経営組織論』八千代出版，1985年。

桑田耕太郎・田尾雅夫『組織論』有斐閣アルマ，1998年。

第14章
サイモンの組織論

第1節 はじめに

　サイモン（Simon, H.A.）はバーナード（Barnard, C.I.）によって提唱された近代組織論を受け継ぎ，さらに，組織のメカニズムを意思決定のフレームワークに拠って解明しようとした。彼の研究領域は経済学，経営学，心理学，社会学，政治学など多方面にわたっており，多数の著書や論文がある。これらすべての研究業績に共通する問題意識は「組織における意思決定プロセス」であり，彼の組織理論の基本的な考え方を示した主著は『経営行動』（1945）と『オーガニゼーション』（1958）があげられる。

　サイモンは1978年度のノーベル経済学賞の受賞者であり，彼の意思決定の理論は，第1に，伝統的な経済学で提唱されてきた完全な合理性・最適基準などの概念を根底から覆す概念として限定的合理性・満足基準などを提示した点，第2に，意思決定論・組織論を経済学の範囲に取り込んだ点において高く評価されている[1]。

　本章では，サイモンが提唱した組織理論の中核をなす意思決定理論（諸前提から決定を導く過程）を彼の代表的な著書『経営行動―経営組織における意思決定プロセスの研究―』を中心に概観する。

第2節　意思決定の前提（価値と事実）

　いかなる活動も「決定すること」と「行為すること」の両方を含んでいるにもかかわらず，従来の管理理論は，行為の側面だけを研究対象にし，決定過程の重要性はほとんど認識しなかった。これに対してサイモンは管理に対する統一概念として意思決定の概念を設け，決定の過程の重要性を認識し，行為に先立つ選択の過程である意思決定の過程が管理論において重要であると提唱した。

　意思決定とは，「行為に導く選択の過程」である[2]。すなわち，数多くの代替可能な行為群が存在し，その中から，実際に取られる1つの行為へ絞られる過程を意味する。

　この意思決定を人間による選択の過程であるととらえ，「諸前提から結論を引き出す」過程とみなし，意思決定そのものよりもむしろ意思決定の前提を重視した。

　組織内の個人の行動は，目的志向的である。その行動が目的を達成するために代替的選択肢を選択する場合，それは合理的である[3]。

　特定の行為を支配する決定は①目標の選択と②それに適する行動の選択と2種類がある。この目標は最終目標に対しての中間目標であり，相対的に最終目標が達成されるまで，最終目標に対する中間目標を選択するといった意思決定が続く。そうした意思決定には2つの判断が含まれている。決定が最終目標の選択につながっているとそれを「価値判断」と呼び，決定がそのような目標の実行を意味するとそれを「事実判断」と呼ぶ[4]。これらの意思決定の前提には，事実的命題に関連する「事実前提（factual premises）」と倫理的命題に関連する「価値前提（value premises）」に分けられるが，この2つの前提が必ず存在し，意思決定過程はこれらに基づいて行為を選択する。

　事実的命題は「観察しうる世界とその動き方についての言明」であり，それが真実か虚偽かをテストして決めることができる。しかし，決定は，「べきで

ある」,「好ましい」といった倫理的命題を含んでおり，倫理的命題は事実より
むしろ「当為」を主張するもので，その真偽の客観的・経験的検証が不可能な
価値的命題に関連する[5]。

　ある目的を達成するためにとる手段が適切な手段かどうかは，純粋に事実的
な問題であり，目的自身が正しいか否かは事実的な問題ではなく，事実的には
評価できない価値前提として，意思決定においては与件[6]とされる。そこで，
意思決定において「評価されるのは，意思決定それ自体ではなくて，意思決定
とその目的の間にある純粋に事実的な関係」である[7]。すなわち，意思決定
が正しいかどうかを判断できる方法は，目的を達成するためにとる手段が適切
な手段であるかどうかであり，それは，純粋な事実的価値判断の問題を指す。

　価値前提は組織の目的に関する問題であり，事実前提は組織の目的を達する
手段に関する問題である。価値前提は与件とされており，意思決定の分析は事
実前提（合理的な手段の選択問題）が科学的分析の対象になる。このようにサイ
モンは意思決定過程における価値前提は与件として考え，事実前提のみが合理
的に検証可能なものとした。

第3節　限定合理性と満足化

　管理上の意思決定の合理性とは，ある目的に到達するための効果的手段の選
択を意味し，「管理理論を建設するためには，さらに，合理性の概念を調べ，
効果的手段の選択によって意味されていることを完全に明確にする必要」[8]
がある。

　合理性とは「行動の諸結果を評価できるような価値体系によって，望ましい
代替的行動を選択すること」に関係する概念であり，客観的に合理的な意思決
定は，行動する主体が①すべての代替的戦略（代替的選択肢）を列挙すること，
②これらの戦略から生じる結果のすべてを確定すること，③これらの一連の結
果を比較評価することの3つの段階を経るものである[9]。

　これは，「経済人（economic man）」を前提にした合理的意思決定を示すもの

である。

　しかし，個人にとって彼の代替的選択肢の「すべて」とその結果の「すべて」を知ることは不可能であり，この不可能であることが，実際の行動と客観的合理性との違いを表す重要な分岐点となっている。

　個人が行う実際の行動は次の3つの理由から，客観的合理性に及ばない[10]。

　①合理性は，各選択に対して生じる諸結果についての，完全な知識と予測を必要とするが，実際には，結果の知識は常に部分的で不完全なものに過ぎない。すなわち，人間は限られた知識や情報の範囲の中でしか合理性を達成できないという人間の「知識の不完全性」による合理性の限界を指している。

　②選択によって生じる結果は，将来のことであるため，それらの諸結果を価値づける際には，想像によって経験的な感覚の不足を補わなければならないが，その価値は不完全にしか予測できない。すなわち，経験不足などによって予測が制約されるという人間の「予測の困難性」による合理性限界を指している。

　③合理性は，起こり得る代替的行動のすべての中で，選択することを要求するが，実際の行動ではこれらの可能な代替的行動のうち，わずか2，3の行動しか思い起こすことができない。すなわち，人間は生理的・物理的限界によって制約されており，すべての代替案を列挙するほどの想像力を持っていないという人間の「限定された行動の可能性の範囲」による合理性の限界を指している。

　このように人間はさまざまな要因によって制約されているため，限られた範囲でのみ合理的である。したがって，人間が実際に行う意思決定の合理性には限界があり，意思決定は「限定された合理性（bounded rationality）」の中で実施されるのである。

　サイモンは「人間行動が合理的であるよう意図されているが，しかし，ただ，限られた範囲でのみ合理的である」領域に，組織と管理理論の中心が存在し，管理の理論は，「意図され，しかも限定された合理性についての理論，すなわち，極大にする知力をもたないために，ある程度で満足する人間の行動の理論」

であるとした[11]。つまり，限定された合理性を持つ人間の行動の理論が組織と管理理論である。

サイモンは全知全能な人間としての「経済人 (economic man)」モデルと限定された合理性を持つ人間としての「経営人 (administrative man)」モデルとの相違点について次の2点をあげている[12]。

第1に，経済人は極大化を追求し，利用できるすべての選択肢の中から最良のものを選択する。これに対して，経営人はあるところで満足する「満足できる」，あるいは「十分よい」と思われる行為を取り，満足する。

第2に，経済人は複雑な「現実の世界」をそのまま扱う。これに対して，経営人は彼自身が知覚する世界が現実の世界を極度に単純化したモデルであることを認め，それは，彼は現実の世界の事実の大部分が，彼が直面している特定の状況には大して関連がないこと，原因と結果の最も重要な連鎖は，単純であることを信じているため，このような単純化した状況で満足する。それゆえ，経営人は実質的に無関係な現実の諸側面は考慮に入れないで満足し，彼は，最も関連があり，重要であると考えるごく少数の要因だけを考慮に入れて選択を行う。

たとえば，干し草の中から，針を探す場合，先の一番尖った針を探すのではなく，「縫えればよい」程度の鋭さを持った針を探し出そうとし，それが発見されると探索を止める。つまり，経営人が行う意思決定は単純化された世界の中で，最適化ではなく，満足化を基準とする。

この2つの経営人の性質が意味するものは，第1に，極大化 (optimizing) を追求するよりもむしろ満足化 (satisfying) を求めるため，経営人はあらゆる選択可能な行動を調べることなく，また，これらが実際にすべての選択肢をつくしていることを確かめることなく，選択することができること，第2に，経営人は現実の世界を単純化された世界として扱い，経営人の思考能力が可能な関連するいくつかの要因だけを考慮し，比較的簡単な方法で意思決定を行うことができる。

経済人は，すべての情報を収集し，最適な意思決定を行うために合理的に行

動すると仮定されている人間であり，最も客観的に合理的な行動を選択することが可能である。

　しかし，人間はすべての情報を収集することは不可能であり，自分の知り得る知識と情報の中でのみ，最適な意思決定を選択する。すなわち，限定された合理性（すべての情報や知識を収集し，最適な意思決定を行うことが不可能である）しか持たない人間は，意思決定の基準を最適か否かという最適度ではなく，満足できるか否かという満足度によって意思決定を行う。

　このようにサイモンは，完全な合理性を持ち，最適化を基準として意思決定をする経済人モデルに代わり，限定された合理性を持ち，満足化を基準として意思決定をする経営人モデルを提示し，この経営人モデルを用いて管理理論および組織理論を展開している。

第4節　組織の影響力の理論

　組織において人間行動は，限られた範囲においてのみ合理的であるゆえに，現実の人間行動に先行する意思決定の合理性や客観性を高めるために，組織はどのようにして合理性や客観性を確保するかというのが，サイモンの組織影響論である[13]。

1．意思決定の心理的環境

　人間は，人間の心理的環境（順応性，記憶，習慣など）の範囲によって合理性を高めるが，「一人の独立した個人が極めて合理性の程度の高い行動を取ることは，不可能」である。なぜならば，代替的選択肢の数および評価する必要のある情報が膨大であるため，客観的合理性への接近は非常に難しく困難であるからである。

　しかし，個人の選択は，心理的な選択の環境の中で行われているが，この心理的選択の環境自体を選択し，修正することが可能であれば，その選択はかな

り高度の統一性と合理性を達成できる。これは，個人の問題であるが，組織の重要な問題でもある。すなわち，組織が遂行している1つの機能は，「組織のメンバーの意思決定を組織の目的に適合させ，これらの意思決定を正しく行わせるに必要な情報を彼らに提供するような心理的環境のなかに彼らを置く」ことであるため，組織にとって重要な問題である[14]。

2. 組織の機能

サイモンは，行動を①躊躇―選択型と②刺激―反応型に分けており，実際の人間の行動は，後者によって行われていることを示している[15]。

前者は，躊躇の期間内に，代替的行動群，環境的諸条件や諸結果に関係のある知識，予備された価値に注目しなければならない。合理性を達成するためには，選択に先立って躊躇の期間が必要であり，躊躇―選択型の行動を取るべきであるが，個人が躊躇―選択型を取ると，人間の能力に限界があり，選択に必要なすべての要素を考慮することが不可能であるため，どの代替行動を選択するか迷い，選択に先立って躊躇する期間が長引き，行動を起こさないこともある。

これに対して，後者は，ある刺激に対してほとんどあるいはまったく躊躇なしに生じる反応である。実際の行動は，意思決定は定まった方向に注目を向けさせる刺激によって始められることが多く，その刺激に対する応答は，大部分が習慣的である。この習慣的応答が目的を達成するためにあらかじめ条件づけられた調整や反応を示す場合は，非合理的なものではない。つまり，刺激に対する習慣的応答によって行動が行われるのであれば，目的を達成できると予想される刺激を意識的に選択することによって合理性を高められる。

刺激―反応型の行動を組織の観点からみると，組織は組織の目的を達成できる合理的な刺激―反応型の行動パターンを計画的に作成し，組織の各メンバーをこれに従わせることによって，組織は，そのメンバーの意思決定を組織目的に沿うように統合化し，その合理性を高めようとする[16]。

組織の各メンバーの意思決定を統合するメカニズムの過程は，次の3つの主要な段階があり，組織における意思決定が階層化されることによって，より合理的な意思決定を行うことができる[17]。

①個人（または組織）は，活動をその方向に向けさせようとする諸価値を達成するために用いようとしている一般的な方法および設定された政策の限界内で特定の意思決定をし，その意思決定を実行するために必要とする知識，熟練，情報に関する広範な意思決定を行う。これを本質的計画立案という。

②その特定の日々の意思決定をその本質的計画案と一致させるように，彼の注目を向けさせ，情報や知識などを伝達するようなメカニズムを計画し，確立する。これを手続的計画立案という。この活動は「意思決定の心理的な環境を設定する」活動に相当する。

①と②の段階によって提供された枠組みに適合された日々の意思決定や活動を通じてその計画を遂行する。これを執行的意思決定という。

組織とは「人間の集団内部でのコミュニケーションその他の関係の複雑なパターン」を指しており，このパターンは，「集団のメンバーに，その意思決定に影響を与える情報，仮定，目的，態度，のほとんどを提供するし，また，集団のほかのメンバーがなにをしようとしており，自分の言動に対して彼らがどのように反応するかについての，安定した，理解できる期待を彼に与える」ことを指す[18]。

3. 組織影響のメカニズム

個人は組織との間で，個人の貢献と組織の誘因との間に均衡が維持されれば，組織に参加する。組織に参加した個人の行動に対して，サイモンは，組織は個人の行動をいかに組織全体のパターンに適合させるか，すなわち，いかにして組織は個人の意思決定に影響を及ぼすのかについて，組織メカニズムを用いて検討している。

個人の意思決定は「価値前提と事実前提から引き出された結論」であり，組

織が個人に与える影響は，組織によって個人の意思決定が決められることを意味するのではなく，その個人の意思決定の基礎になっているいくつかの諸前提が組織によって個人に対して決められることを意味する[19]。このようなメカニズムを組織影響のメカニズムという。組織がその個人のメンバーの意思決定に影響を与えるために用いている方法として次の5つの方法をあげている[20]。

第1に，組織は，仕事をそのメンバーの間に分割する。各メンバーに特定の課業を与え，その課業に集中させる。たとえば，人事担当の役員は昇進，訓練，配員など人事に関する業務のみに携わるようにし，他の業務は，他のメンバーに担当させ，人事担当の役員はその業務のみに集中させる。

第2に，組織は，標準的な手続きを確立する。ある仕事を遂行する特定の方法を決め，その仕事を遂行するたびに遂行する方法を決める煩わしさを無くす。

第3に，組織は，オーソリティー[21]（権威，権限）と影響の制度を作ることによって組織の階層を通じて，意思決定を下（各メンバー）に伝える。この制度の普遍的形態は，フォーマルなオーソリティーのハイアラーキー（hierarchy）である。

第4に，組織は，すべての方向に向かって流れるコミュニケーションの経路を確立する。この経路に沿って意思決定のための情報が流れる。

第5に，組織は，各メンバーを訓練し教育する。組織のメンバーに知識，技能，一体化，忠誠心を教え込み，組織が行いたい意思決定の基準をその組織のメンバーに注入する。そのため，影響の「内面化」と言われる。

組織のハイアラーキーの高い階層で決められた決定は，下へと伝達されなければ，下層部にいる従業員の行動に何の影響も与えることができない。サイモンは，組織が彼らの意思決定に影響を与えるための5つの方法の中で，主要な様式としてオーソリティー，コミュニケーション，訓練，能率，組織との一体化（組織への忠誠心）をあげている[22]。

第5節　組織の参加と組織均衡

　個人は個人の組織の中での活動が，彼の個人的目的に直接あるいは間接的に貢献するときに，組織に参加する。個人は，個人が組織に対して提供する貢献と組織から受け取る誘因を比較し，誘因が貢献と等しいかあるいはより大きい場合のみ，組織への参加を続ける。

　組織の参加者を組織に対して貢献を提供し，組織から誘因を受け取る個人であるという参加者の概念からすれば，企業組織の場合，出資者（資本家），従業員，顧客，供給業者などが含まれることになる。出資者は組織に資本提供という貢献を，組織は出資者に配当等の誘因を提供し，顧客は商品やサービスを誘因として受け取り，組織に代価を貢献として支払い，従業員は組織に労働力を貢献として提供し，誘因として賃金や報酬を受け取る。このように組織に何らかの貢献をし，組織から何らかの誘因を受け取る個人は組織の参加者となる。つまり，組織の利害関係者すべてが組織の参加者として位置づけられる。

　サイモンは，組織の参加者を誘因と貢献，組織，支配制度に基づいて分類しており，個人が組織に参加する基本的な動機（誘因）は，3つ存在するという。

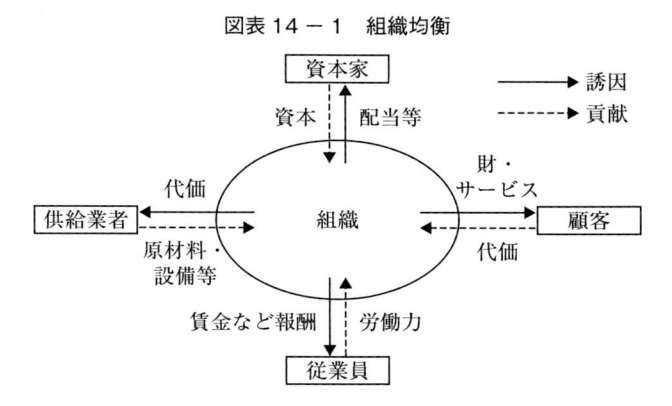

図表14－1　組織均衡

出所：桑田耕太郎・田尾雅夫『組織論』有斐閣アルマ，2000年より，筆者作成。

①組織目標を達成することから直接得られる個人的報酬であり，②組織によって提供され，組織の規模と成長に密接な関係にある個人的誘因であり，③組織によって提供される誘因から生じるが，組織の規模と成長に関係のない個人的報酬である。組織は通常，これらの３つの動機をそれぞれに持つ個人の集団から構成されている[23]。

顧客は，企業の組織目標（製品やサービスの提供）から直接得られる個人的報酬（製品やサービスの利用）を誘因として，企業が提供する製品やサービスの代価として代金を支払うという貢献を提供し，顧客から貢献として支払われた代金は，従業員や企業家を組織に参加させる主要な誘因を提供しているのである。組織と顧客の関係は，継続的な取引を何ら予定しない，特定の製品の取引や契約に基づいており，一時的な取引や契約関係にある。

従業員は，組織によって提供される個人的誘因としての個人的報酬である給料や賃金と引き換えに，彼の時間と努力を貢献として組織に提供する。組織と顧客関係，組織と雇用関係はともに契約による関係ではあるが，組織と顧客の関係は一時的な契約関係であり，雇用契約は，従業員と組織の間に継続的な権限関係を持つ。この権限関係は，従業員が組織のオーソリティーを受容することによって可能になり，従業員の受容範囲は，組織が提供する誘因の性格と大きさによる。従業員が受け取る誘因には，給料や賃金の物質的誘因に加えて，身分と威信，仕事の仲間との関係，昇進の機会といった非物質的な誘因も含まれる。

組織への個人の参加を引き出す第３型の誘因は，組織の規模と成長から生じる「存続」価値であり，この価値を参加の誘因としているのが，企業家である。企業家が「経済人」であるとすれば，利益に興味はあるが，規模や成長には興味がないことになる。しかし，利益は組織の規模と成長と密接に関係しており，企業家が組織の存続の価値を重要視するのは，多くの企業家は利益と同様，威信や権力といった非物質的な価値に強い関心を持っているからである。企業家の組織の存続への関心は，組織への忠誠心を与え，組織に忠誠な個人（企業家）が，その組織の存続と成長を促進するような組織忠誠心の基礎を与えてくれ

る。

　このような組織の参加者を，参加者の貢献と引き換えに受け取る誘因による分類以外にも，組織に対して行う貢献の形態（原料の供給者，顧客，従業員）や組織を支配する人々による分類があり，誘因，貢献，支配制度の組み合わせによって組織はさまざまな形態を取る[24]。

　組織のメンバーは組織が提供してくれる誘因と引き換えに組織に貢献しているが，1つの集団による貢献はその組織が他の集団に提供する誘因の源泉である。したがって，組織に参加する個人の貢献の合計が必要な量と種類の誘因を供給するのに十分であれば，その組織は存続し成長するが，そうでなければ，組織の均衡[25]は維持できず，組織は縮小し，結局消えてしまうことになる[26]。

　サイモンの組織均衡論は，バーナード（1938）の誘因と貢献の理論を受け継ぎ，組織の成立と存続条件を体系化したものである。すべての参加者による組織の誘因と貢献の均衡を維持することが，組織存続の条件であり，管理者（経営者）の役割なのである。

【注】

（1）H.A. Simon, *Administrative Behavior : A Study of Decision-Making Process in Administrative Organizations*, Macmillan, 1945（松田武彦・高柳　暁・二村敏子訳『経営行動』ダイヤモンド社，1989年，訳者まえがき1ページ）．
（2）同上訳書，3ページ。
（3）同上訳書，8ページ。
（4）同上訳書，7ページ。
（5）同上訳書，56〜57ページ。
（6）科学や研究の場合，その出発点として論議の余地のないものと考えられている事実ないし原理をいう。
（7）同上訳書，60ページ。
（8）同上訳書，77ページ。
（9）同上訳書，85，95ページ。
（10）同上訳書，103〜107ページ。
（11）同上訳書，第三版への序文，28ページ。

(12) 同上訳書，第三版への序文，29～30ページ。
(13) 高橋正泰・山口善昭・磯山　優・文　智彦『経営組織論の基礎』中央経済社，1998年，37ページ。
(14) サイモン，前掲訳書，101ページ。
(15) 同上訳書，113～117ページ。
(16) 松本芳男「サイモン」車戸　實編著『経営管理の思想家たち』ダイヤモンド社，1974年，162ページ。
(17) サイモン，前掲訳書，121～123ページ。
(18) 同上訳書，第三版への序文，15ページ。
(19) 同上訳書，159ページ。
(20) 同上訳書，129～130ページ。
(21) サイモンのオーソリティーの概念は，バーナードによって定義された概念に等しい定義を用いている。

　　同上訳書，162～163ページ。

　　オーソリティーは「他人の行為を左右する意思決定をする権力」として定義されており，それは，上役と部下という2人の個人の間の関係である。上役は部下によって受容されるという期待を持って意思決定を行い，それを伝達する。部下は，かかる意思決定がなされることを期待し，部下の行動はその意思決定によって決定される。

　　オーソリティーが他の影響力と区別される特徴は，部下は代替可能な行動の中から彼自身の能力で行動を選ぶことを止め，選択の基準として命令を受容するというフォーマルな基準を用いていることである。
(22) 同上訳書，14～19ページを参照
(23) 同上訳書，143～152ページ。
(24) 同上訳書，144ページ。
(25) J.G. March & H.A. Simon, *Organizations*, Wiley, 1958（土屋守章訳『オーガニゼーションズ』ダイヤモンド社，1977年，127ページ).

　　組織の「均衡」とは，「組織がその参加者に対して，彼の継続的な参加を動機づけるのに十分な支払いを整えることに成功していること」を指す。
(26) サイモン，前掲訳書，144ページ。

◆参考文献◆

March, J. G. & Simon, H. A., *Organizations*, Wiley, 1958（土屋守章訳『オーガニゼーションズ』ダイヤモンド社，1977年).

Simon, H. A., *Administrative Behavior : A Study of Decision-Making Process in Administrative Organizations*, Macmillan, 1945（松田武彦・高柳　暁・二村敏子訳『経

営行動』ダイヤモンド社,1989年).
占部都美『近代組織論―バーナードとサイモン―』白桃書房,1974年。
桑田耕太郎・田尾雅夫『組織論』有斐閣アルマ,2000年。
佐久間信夫・大平義隆編著『改正版現代経営学』学文社,2008年。
髙橋正泰・山口善昭・磯山　優・文　智彦『経営組織論の基礎』中央経済社,1998年。
西脇暢子「組織管理論の系譜」田尾雅夫編著『組織行動の社会心理学』北大路書房,
　2001年。
松本芳男「サイモン」車戸　實編著『経営管理の思想家たち』ダイヤモンド社,1974年。

第15章
経営組織の基本形態と発展形態

第1節　ライン組織

　ライン組織（line organization）は軍隊組織（military organization）とも呼ばれ，最も古くから存在する組織形態である。ライン組織は「命令一元化の原則（unity of command）」および，「監督の範囲の原則（span of control）」という2つの組織原則に基づいて組織が形成されている。「命令一元化の原則」は，組織の構成員はただ1人の上司から命令を受け取らなければならないという原則である。また，「監督の範囲の原則」は，1人の管理者が同時に監督できる部下の数には一定の限界があるという原則である。

　1人の管理者が同時に監督できる作業者は15人くらいが限度であると言われている（作業者監督の範囲）ため，たとえば1,500人の作業者を有する工場においては，これらの作業者を監督するには100人の管理者が必要である。1,500人の作業者は100人の管理者の下で仕事をすることになるが，この100グループの仕事は組織の統一的な目標の下に調整されなければならないから，この100人の管理者（管理者A1～A100とする）はさらに上位の管理者によって監督される必要がある。管理者の仕事は作業者の仕事より複雑であるため，管理者を監督する範囲は作業者監督の範囲より狭く，3～4人であるといわれる。管理者監督の範囲を3人以内とすれば，管理者A1～A100を監督するためには管理者が少なくとも34人（B1～B34）必要ということになる。これらの管理者はさらに上位の管理者（C1～C12）から監督を受ける必要があるが，

第 15 章　経営組織の基本形態と発展形態　237

このようにして組織に階層が形成されることになる。それぞれの階層は「命令一元化の原則」にしたがって，上司と部下の関係で統合される。それぞれの職位には権限と責任が明確に規定されており，企業組織の場合には研究開発，製造，販売というような機能ごとに組織が分けられているのが一般的である。

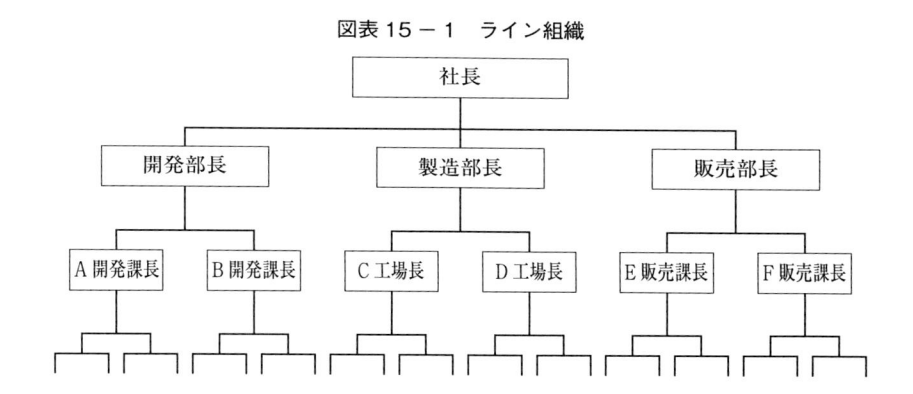

図表 15 － 1　ライン組織

```
                            社長
            ┌────────────────┼────────────────┐
         開発部長          製造部長          販売部長
         ┌──┴──┐         ┌──┴──┐         ┌──┴──┐
      A開発課長 B開発課長  C工場長 D工場長  E販売課長 F販売課長
       ┌┴┐    ┌┴┐      ┌┴┐    ┌┴┐      ┌┴┐    ┌┴┐
```

　ライン組織の長所は権限と責任がきわめて明確であることである。また，命令系統が明確であるため，命令が迅速に伝達される。したがって，組織の規律を維持しやすい。

　この組織の短所は，組織の規模が大きくなると，上位の管理者の責任が重くなり，十分に責任を果たすことができなくなってくることである。また大規模な組織においては，組織の階層数が増え，いわゆる腰高の組織（tall organization）となるため，上から下への情報伝達にはそれほど問題はないものの，下から上への情報伝達にはさまざまな問題が生じることになる。すなわち，下から上への情報伝達は時間がかかるだけでなく，たとえば現場における事故やクレームの発生などにおいては，管理者は自らの責任を回避しようとして上位者に報告する傾向があることから，情報が歪曲化される恐れも生じる。さらに，横の組織単位間でのコミュニケーションは，情報がまず上位者に伝達され共通の上位者を介して情報が伝えられることから，時間的なロスが大きくな

る。組織管理の観点からすると組織階層の低い組織（flat organization）の方が効率的であるが，企業規模の拡大とともに組織階層は多くならざるを得ない。

第2節　ファンクショナル組織

　ライン組織の管理者は包括的な権限と責任が与えられるため，上位の管理者の負担が重くなりすぎる欠点があった。ファンクショナル組織（functional organization）はこの管理者の負担を軽減しようとする組織形態である。すなわち，1人の管理者がいくつかの職能（function）を遂行している場合には，職能の数だけ管理者を置き1人の管理者が1つの職能を担当することによって管理者の負担を大幅に軽減しようとすることを目指している。従業員は職能ごとに異なった管理者から指示・命令を受ける。

　テイラーの提唱した職能的職長制（functional foremanship）が職能組織の代表的な例である。彼は職長の仕事を執行職能と計画職能の2つに分け，それぞれに4人の職長を配置した，執行職能は①着手係，②指導係，③検査係，④修繕係の4人の職長が担当し，計画職能は⑤仕事の順序および手順係，⑥指導票係，⑦時間および原価係，⑧工場監督係の4人の職長が担当した。

　職能組織の長所は，職能ごとに専門の管理者を置くことになるため，管理者の負担が大幅に軽減されること，およびそのために管理者の養成が容易になることである。

　これに対して，職能組織の短所は「命令一元化の原則」に反するため組織に混乱が起こることである。同時に複数の上司から命令を受けた従業員はどの命令を優先して仕事をすればよいのか，また矛盾する命令を受け取った場合にどちらの命令に従えばよいのか判断ができない。テイラーの提唱した職能的職長制はこのような理由から現実の企業組織に積極的に導入され，発展することはなかったが，その原理は今日も重視されている。ファンクショナル組織をライン組織の一部に導入する組織形態もかつて提唱された（図表15－3）。

第15章　経営組織の基本形態と発展形態　239

図表 15－2　テイラー式職能組織

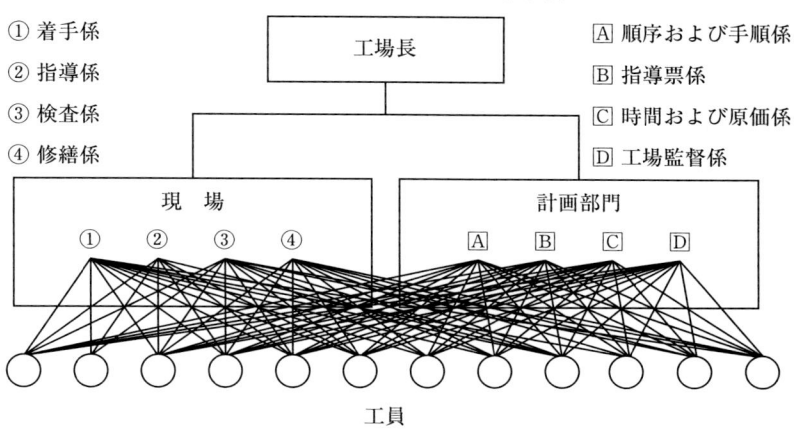

① 着手係
② 指導係
③ 検査係
④ 修繕係

Ⓐ 順序および手順係
Ⓑ 指導票係
Ⓒ 時間および原価係
Ⓓ 工場監督係

工場長 ― 現場（① ② ③ ④）／計画部門（Ⓐ Ⓑ Ⓒ Ⓓ）― 工員

出所：藻利重隆『経営管理総論』千倉書房，1968年，465ページ。

図表 15－3　直系・職能組織

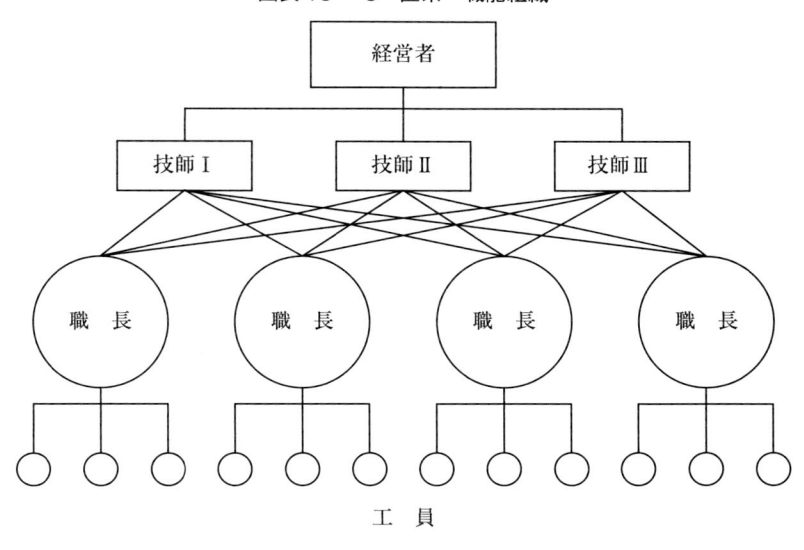

経営者 ― 技師Ⅰ・技師Ⅱ・技師Ⅲ ― 職長・職長・職長・職長 ― 工員

出所：藻利重隆『経営管理総論』千倉書房，1968年，480ページ。

第3節　ライン・アンド・スタッフ組織

　ライン組織は組織の秩序や規律が維持しやすいという長所があったが，上位の管理者の負担が重くなりすぎるという短所があった。ライン組織の長所を生かしながら，短所を補おうとしたのがライン・アンド・スタッフ組織（line and staff organization）である。

　企業経営が高度化・複雑化すると経営者はさまざまな領域に及ぶ高度な専門知識を自ら獲得することは不可能である。その際に企業は法律，会計，技術，情報などの専門領域に関するスタッフ部門を設け，経営者や管理者に対して助言することによってその職務の遂行を助けることになる。このように，ライン組織にスタッフ部門を付け加えた組織がライン・アンド・スタッフ組織である。

　スタッフの起源は1860年代にプロシャ陸軍が採用した参謀本部（general staff）制度に求めることができる[1]。プロシャの将軍フォン・モルトケ（von Moltke）は，首相ビスマルクの下で陸軍の組織改革を行った。それは新たに陸軍に参謀本部を設置し，軍事計画のすべてをここに集中するとともに軍事上の必要事項を各方面の専門家に研究させるというものであった。プロシャ陸軍の

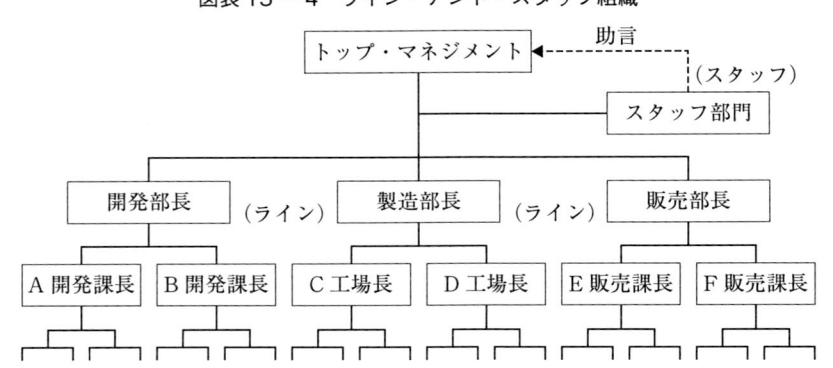

図表15－4　ライン・アンド・スタッフ組織

参謀本部制はきわめて大きな成果をあげることになったが，後に経営学者エマーソン（Emerson, H.）によってこの参謀本部制の組織形態が企業組織に採用された。

ライン・アンド・スタッフ組織の長所は「命令の一元化の原則」に従いながら専門家の助言によって上位の管理者の負担を軽減することができることである。

今日，ほとんどの企業がこのライン・アンド・スタッフ組織を採用しているが，問題点がないわけではない。スタッフが助言的立場を超えて行動したり，助言を受ける管理者がこれを命令と受け取るような場合には，命令一元化の原則に反する事態になり，組織に混乱がもたらされる。逆にスタッフの助言が管理者に聞き入れられない場合には，スタッフ部門を配置している意味がなくなってしまう。

第4節　事業部制組織

事業部制組織は1920年代に，デュポン，GM，シアーズ，GEなどのアメリカ企業に初めて採用された。今日，多くの企業が事業部制組織形態を採用しているものの，それが本格的に普及したのは第2次世界大戦後のことであった。

事業部制組織は多角化戦略と密接な関連を持っている。換言すれば，事業部制組織は製品を多角化した企業の管理に適した組織形態である。したがって，今日事業部制組織は多くの企業で採用されているが，素材産業のような多角化になじまない企業では事業部制組織形態が採用されていないところもある。

企業が製品多角化政策をとると生産・販売すべき製品が増加する[2]。これは製品によって生産技術や生産方法，必要な労働の質が異なることを意味する。また製品によって市場も異なってくる。このような場合には，多種多様な製品を生産とか販売というような機能別に管理することが難しくなる。多数の製品を持つ企業においては，機能別に組織を編成するのではなく，製品別に組織を編成したほうが合理的である。事業部制組織は製品を基準として部門編成

をした組織形態であるが，その他にも機能別組織形態にはあまり見られなかったいくつかの特徴を持つ[3]。

まず第1の特徴は，各製品部門が自立的であるということである。すなわち，事業部制組織の各製品部門（事業部）は，①それが独自の製品と市場を持ち，②生産と販売を合理的に行うのに必要な権限をすべて与えられており，③独自の管理者層を持っている。

第2の特徴は，トップ・マネジメントが，事業部長以下に大幅に権限を委譲する一方で，①企業全体の予算配分の決定権と，②事業部長らの人事権を握っているということである。事業部制組織は分権的組織の典型として知られており，トップ・マネジメントは事業部長以下に大幅な権限委譲を行っている。その結果，トップ・マネジメントは部門管理の仕事から解放され，全社的見地から各部門を調整する，いわゆる全社最適を目指すことができるようになる。また，トップ・マネジメントは事業部長に大幅な権限委譲を行うけれども，事業部長の業績を評価し，この評価に基づいて人事異動を行う強い権限を持っている。

第3の特徴は，独立採算制がとられていることである。各事業部がプロフィット・センター（profit center：利益計算の単位）とされ，事業部ごとに損益が算出される。その結果，各事業部は利益の獲得に熱心になり，事業部間で競争も行われる。大規模な企業の場合，同じ企業の中の事業部間で原材料や部品の取引が行われるのが普通であるが，ある事業部が，他の事業部から仕入れる部品や原材料が，一般市場から仕入れた場合に比べ価格や品質の点で劣る場合，その事業部は他の事業部からの仕入れの拒否を宣言することができる。すなわち，各事業部は内部取引において忌避権（right of nullification）を持つことが認められている。

第4の特徴は，各事業部内は機能別に組織が編成されているということである。すなわち，第1次的な部門編成は製品別に行われるが，事業部内は機能別に組織編制が行われている。

事業部制組織は多くの長所があり，それゆえ今日大半の企業が何らかの形で

事業部制組織を採用している。その長所は[4]，まず第1に，トップ・マネジメントは現業的な執行上の仕事から解放されるため，彼らの本来の仕事である全社的な意思決定に専念することができることである。企業を取り巻く環境変化が激しい今日，長期的な市場の動向やライバル企業の行動を予測しながら戦略を立案することは，企業の生死を決するほど重要な仕事になっている。事業部制組織を採用することによって，トップ・マネジメントは現業的な仕事を部下に委譲することができ，これによって初めてトップ・マネジメントは日常的業務から解放され，本格的に経営戦略の策定に携わることができるようになったと考えられている。

　第2に，事業部制組織はトップ・マネジメントの後継者を育成する点で大きな効果をあげることができる。事業部長は，あたかも1つの企業の社長のような大きな権限を与えられ，一般の経営者が直面する問題を経験するため，現実の仕事を通して経営者としての教育と訓練をすることができる。

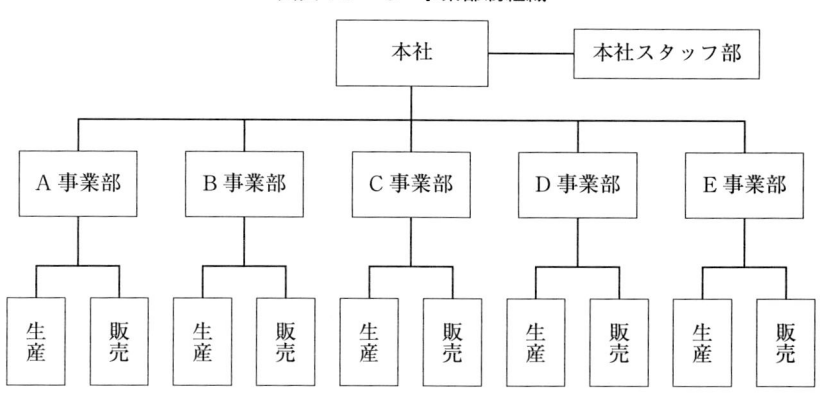

図表15－5　事業部制組織

```
                    ┌─────┐     ┌──────────┐
                    │ 本社 │─────│本社スタッフ部│
                    └──┬──┘     └──────────┘
         ┌─────────┬────┴────┬─────────┬─────────┐
      ┌──┴──┐   ┌──┴──┐   ┌──┴──┐   ┌──┴──┐   ┌──┴──┐
      │A事業部│   │B事業部│   │C事業部│   │D事業部│   │E事業部│
      └──┬──┘   └──┬──┘   └──┬──┘   └──┬──┘   └──┬──┘
       ┌─┴─┐    ┌─┴─┐    ┌─┴─┐    ┌─┴─┐    ┌─┴─┐
      生産 販売  生産 販売  生産 販売  生産 販売  生産 販売
```

　第3に，事業部制組織は分権的組織であり，比較的下位の者にも自立的な職務と権限が与えられることになるため，①モラールの向上に役立つだけでなく，②彼らの能力を現実の活動の中で検証することができる。

事業部制組織は利点の多い組織形態であるため，今日多くの企業によって採用されている。しかし実際に運用してみるとさまざまな問題点も出てくる。マトリックス組織やSBU組織は，事業部制組織をベースとしながらこれらの問題点を克服しようとして考案された組織形態ということができる。これは事業部制組織の適応能力の高さを意味するものと考えることができる。

　事業部制組織の問題点[5]は第1に，事業部門に賃金格差を設けることができないことである。独立採算制を徹底させるためには，高い業績をあげた事業部の従業員には高い賃金を，低い業績に終わった事業部の従業員には低い賃金を支給する必要がある。しかし，労働組合が全社的に構成されているなどの理由により，事業部門に賃金格差を設けることは，現実には困難である。事業部制組織のこの問題点を改善し，独立採算制を徹底するために，カンパニー制，さらには分社化などの組織改革が実施されることになる。

　事業部制組織の第2の問題点は，各事業部が過度に競争意識を働かせた場合には，セクショナリズムに陥る危険があるということである。他の事業部を犠牲にして自分の事業部の利益だけを追求しようとするような場合には，全社的にはマイナスの効果をもたらすことになる。

　第3の問題点は，長期的な視点からの経営が損なわれやすいということである。とくに事業部長がひんぱんに交代するような場合には，事業部長が自分の在任期間中の成績だけをあげようとして長期的な視野が欠けてくることになる。そうなると，長期的，全社的な発展の阻害要因となる。

　第4の問題は，重複投資が行われやすく，全社的な観点からは資源配分にムダが生じやすいということである。事業部長に大きな権限が与えられるため，同じ新規事業にいくつもの事業部が参入しようとするような場合には，同一企業内の複数の事業部で同じような製品開発が行われることになる。

第5節　マトリックス組織

　ライン組織と製品別事業部組織は長所とともに短所も持つ組織であった。マ

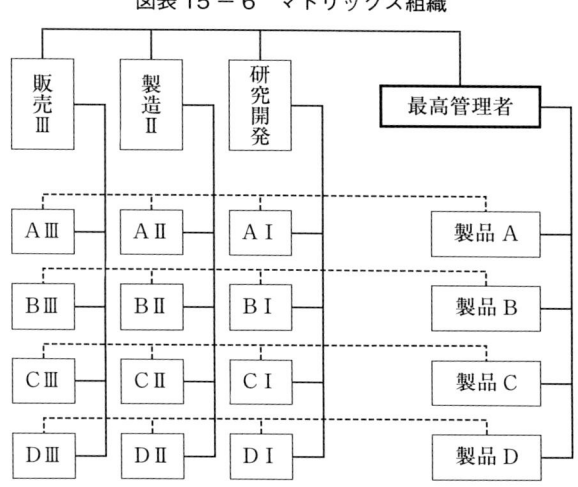

図表15－6　マトリックス組織

トリックス組織（matrix organization）は両組織の長所を生かす組織として考案された組織である。マトリックス組織は2人の上司から命令を受ける管理者（two boss manager）を持つ組織である。これがマトリックス組織の基本的な特質である。

　マトリックス組織には機能別組織と製品別事業部制組織の両方が並存しており，たとえば図表15－6において管理者AⅡは製造部長と製品Aの責任者の両者から命令を受け取ることになる。

　マトリックス組織の研究者として知られるデイビスとローレンスは，マトリックス組織がいくつかの段階をへて発展してきたことをわかりやすく説明している[6]。彼らはマトリックス組織発展の第一段階として機能別組織，いわゆるライン組織を取り上げているが，この組織は一般にはマトリックス組織とは呼ばれないので，ここでは彼らが次に取り上げた，「マトリックス組織の初期的形態」をマトリックス組織発展の第1段階と考えることにしよう。

1. マトリックス組織の初期的形態

　マトリックス組織発展の第1段階（デイビス＝ローレンスでは第2段階）はいわゆる「プロジェクトチーム」の組織である。デイビスとローレンスによれば，この組織はアメリカの建設会社，映画スタジオ，宇宙防衛産業などのプロジェクト単位の仕事を持つ産業で発展した。

　たとえばアメリカの航空宇宙産業では，かつて深刻な技術者不足に悩んでいたが，これを解決するために各プロジェクトが技術開発部から必要とする技術者を派遣してもらう体制をとった。技術開発部から各プロジェクトに派遣された専門技術者は，プロジェクト・マネジャーと技術開発部長の2人の上司を持つことになる。

　この組織においては，プロジェクトの目標が達成されると同時にプロジェクト自体が解散されたことから，デイビスとローレンスはこの「マトリックス組織の初期的形態」を「短期的なマトリックス」とも呼んでいる。

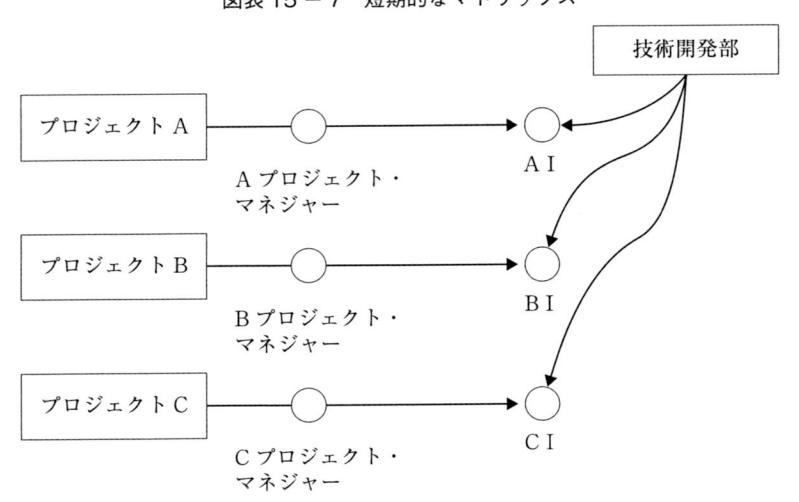

図表15－7　短期的なマトリックス

2. 恒久的な複合組織

　マトリックス組織の第2段階は，ブランド・マネジャーが配置された組織である。ブランド・マネジャーは製品あるいはブランドを担当する製品管理スタッフであり，特定の製品やブランドに関して製品開発から製造，販売までを一貫して責任を持つ管理者である。この組織において，たとえば管理者BⅡはブランド・マネジャーBと製造部長の2人の上司から監督を受けることになる。それぞれのブランド・マネジャーは，ある製品について，製品の開発，製造，販売促進のすべてにかかわり，自分の担当する製品に対する市場の評価を見極めた上でこれを次の製品開発にフィード・バックしていく。商品が豊富になり，企業が市場を重視せざるを得ない「豊かな社会」に対応した組織ということができる。

　この組織は，組織の目的が達成されると組織が解消されるプロジェクトチームと異なり，長期的に維持されるので，デイビスとローレンスはこれを「恒久的な複合組織」と呼んでいる。

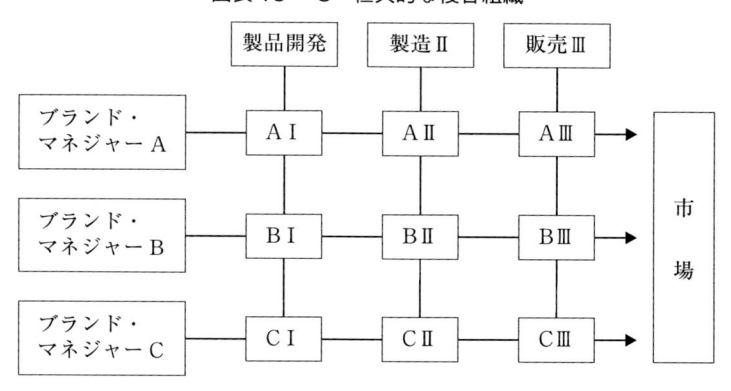

図表15－8　恒久的な複合組織

3. 成熟したマトリックス

　第2段階までは機能別の軸と製品別の軸のどちらか一方が強い権限を持つ主軸，他方が弱い権限を持つ補完軸であった。これに対して，第3段階の「成熟したマトリックス」は2つの軸が同等の権限を持つ。また，機能，製品のほかに地域や時間の軸を加えた組織も採用されるようになった。3つの軸を持つマトリックス組織は3次元マトリックス，4つの軸を持つマトリックス組織は4次元マトリックスと呼ばれる。

　文化・習慣・嗜好が大きく異なる地域を同時に管理しなければならないグローバル企業にとって，機能と製品のほかに地域の軸を設けることが必要となる。

　マトリックス組織の利点は，第1に，人員や資源の配置において重複を回避し，無駄を省くことができること，第2に，環境の変化に応じて組織構造を柔軟に変化させうること，第3に，複数の報告関係が公式に存在するため，組織

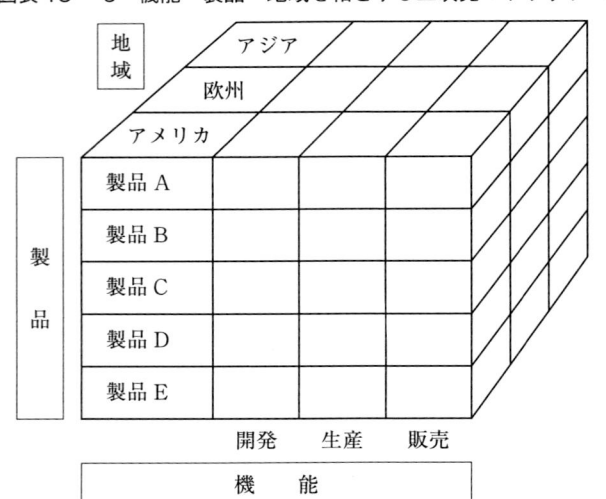

図表15－9　機能・製品・地域を軸とする三次元マトリックス

のコミュニケーションが促進されることなどである。これに対して，マトリックス組織の問題点は，第1に，複数の命令系統の存在によって責任の帰属が不明確になったり権限争いが生じたりすること，第2に，複数の命令系統の間に摩擦が生じ，それを解消するための調整に要する時間的損失がきわめて大きいこと，などである。

【注】

（1）藻利重隆『経営管理総論』千倉書房，1968年，468〜469ページ。
（2）桜井信行編『現代経営学入門』有斐閣，1954年，153〜160ページ。
（3）岡本康雄「分権制と事業部制」桜井信行編『現代経営学入門』有斐閣，1954年，155〜156ページ。
（4）同上書，156〜157ページ。
（5）日本経済新聞社編『経営の知識』日本経済新聞社，1973年，111〜113ページ。
（6）S.M. Davis & P.R. Lawrence, *Matrix*, 1977（津田達男・梅津祐良訳『マトリックス経営』ダイヤモンド社，1980年）.

◆参考文献◆

Chandler, A.D.Jr., *Strategy and Structure*, 1962（三菱経済研究所訳『経営戦略と組織』実業之日本社，1967年）.
稲葉　襄『企業経営学要論』中央経済社，1991年。
高橋正泰・山口善昭・磯山　優・文　智彦『経営組織論の基礎』中央経済社，1998年。
角野信夫『経営組織』新世社，2001年。
森本三男編著『経営組織』中央経済社，1985年。

第16章
現代企業における情報管理

第1節　はじめに

　わが国のIT化は，1999年に施行されたIT基本法を契機に，急激に進展していく。特に，ブロードバンドは，集中的に整備され，世界最先端の技術水準を確立した。産業界もこの高度なITの技術に注目し，新たな産業革命の引き金になるのではないかと期待を膨らませていった。

　折しも，この時期はバブル崩壊による不況が長期にわたり経済を逼迫させており，その意味で，産業界はその不況を打破する起爆剤としてITの導入を推奨していった。実際，ITが産業革命時のような恩恵をわれわれにもたらしたかといえば議論の余地はあるが，新たなビジネスチャンスを常にわれわれに提供してきたという点では，IT革命と呼ぶに値するものである。

　それを受け，企業も従来の情報化がもたらした業務の効率化，合理化に加え，コミュニケーション機能をも装備したIT化を推進することで，企業内のネットワークをより強固にし，それを機にグローバルな企業展開を実現することができた。つまり，IT化は企業間の新たな関係性を創造していったのである。

　ところが，このように多くの果実をもたらしてきたIT化は，さまざまな弊害を生じさせた。たとえば，2009年に猛威をふるったガンブラーウイルス(Gumblar Virus)は，Webサイトの改ざんとウェブ感染型ウイルスを組み合わせたもので，そのWebサイトを閲覧した利用者がウイルスに感染してしまう今までにない連続した攻撃であった。しかもこのウイルスによって，企業は組

織的な打撃を受け，ステークホルダーに損害を与えてしまったために，企業の存立をも脅かす事態に陥っている[1]。

情報化の進展が企業のIT化を実現し，企業に大きな果実をもたらしているにもかかわらずこのような問題が生ずるのはどこに原因があるのか。それは，われわれが企業において情報化を推進するということが，経営強化に結びつく半面，弊害も同時にもたらすものであるということを十分に理解してこなかった点にある。つまり，情報化の進展に伴った管理とはいかようなものであるかを企業はイメージできなかったのではないかと考える。

そこで，本章では，コンピュータが商用活用された時期を起点とし，わが国の情報化の流れと情報管理の進展について概観し，現在の企業における情報管理を，経営，技術，財務の面から明らかにする。また，今後の情報管理の可能性についても学んでいく。

第2節　情報管理とは何か

情報管理とは，「情報化社会において，人や金と同様に資源としての価値を持つ情報を有効に利用するため，効率的・総合的に運用すること」，また，「限られた目的以外に，情報が故意にまたは事故等によって漏えいしないように管理すること。」である[2]。

実際，企業にとって，データが価値のある情報に転化された段階で，情報は資産となり，その意味で，情報を効率的・総合的に運用することと，情報が第3者に漏えいしないよう管理を強化することは，重要なのである。

しかしながら，1960年代，軍事目的で活用されていたコンピュータが商用活用され始めた頃，情報管理は情報を効率的・総合的に運用することに終始し，情報漏えいに対する管理に積極的ではなかった。それは，情報技術を活用するには専門的知識が必要であり，集中管理されている情報システムから情報を窃取することは容易ならぬことであったからである。しかし，1965年，情報技術が18カ月後に倍になるといった「ムーアの法則（Moore's Law）」が実現

され，現在の情報システムが当初のシステムと比較できないほど高度化してしまい，専門的知識をそれほど必要とせずとも攻撃者になれる昨今，情報管理のあり方も変わらざるを得ない状況になった。

つまり，1960年代の情報管理は，情報を効率的・総合的に運用することが中心であったが，現在の情報管理は，その効率的・総合的な運用に加え，情報漏えいをはじめ，企業に損害を及ぼす様々なリスクを食い止めることが強く求められるようになった。

本節では，以上の点を鑑み，コンピュータの進展に対し情報管理がどのように変化していったかを確認する。

そこで，その手がかりとして，ノラン（Nolan, R.L.）の3つの情報化の時代区分に着目し，情報管理の進展を概観する。

ノランは，1976年に企業組織が情報を習熟していく過程を明らかにした。それは，企業がコンピュータを経営強化のツールにするには，一定の期間を有し，かつ，段階的に組織になじませていく必要があり，コンピュータを導入しても企業は，即時的にコンピュータを活用できるものではないということを知らしめるものであった。

それに加えノランは，1993年にコンピュータの進展をデータ処理時代，マイクロ時代，ネットワーク時代の3つに区分し，企業がそれぞれの時代のコンピュータと組織的にどのように対峙し，経営強化のツールにしていったかを明らかにした[3]。さらにノランは，コンピュータが進展し，新たな時代に移行する端境期には，旧時代のコンピュータも共存せざるを得ないとし，しかも，新時代のコンピュータが旧時代のコンピュータを凌駕し，旧時代のコンピュータが次第に消えていく過程をグラフで示した。

そういった中で，それぞれの時代に対応した情報管理も変わっていったのである。

1. データ処理時代（1960～1980年代）

　この時代をノランは「伝統的原則に基づく企業の期間」と捉え，「商業経済」と呼んだ。コンピュータシステムも中央集中方式で管理されたメインフレームコンピュータが主流であり，ピラミット型の企業形態と同様のシステムが取られていた。

　つまり，この時代のコンピュータの導入はトップ・マネジメントのためのものではなく，あくまでも事務の生産性を図るものであった。そのため，事務作業は同一作業ができるオートメーション化が目標とされ，コンピュータにもそれに併せたアプリケーションソフトが活用された。その結果，組織の効率化は，事務の生産性の向上，また，それに伴うコストの削減を生み出した。

　しかし，この時代の終盤である1975年頃には，図表16－1のグラフにみられるようにメインフレームコンピュータの需要は大きく後退していく。というのも，多くの企業においてコンピュータは事務作業だけでなく中間層に対しても活用されるべきとの傾向が強まり，オートメーション化された単純なシステムよりも，より複雑な業務の支援に役立つコンピュータが求められたからである。

　以上から，この時代に求められた情報管理とは，組織の効率性・総合的な情報システムを正常に稼働させていく管理システムであった。つまり，それは，課業管理，たとえば時間管理等を徹底することによって生み出される作業の合理化に他ならない。実際，当時の情報管理は科学的管理法を貫徹するものであったのである。

2. マイクロ時代（1975～1995年）

　このマイクロ時代は，特に中間管理職の仕事を支援するためにコンピュータを活用し，データ処理時代のメインフレームコンピュータとは一線を画するも

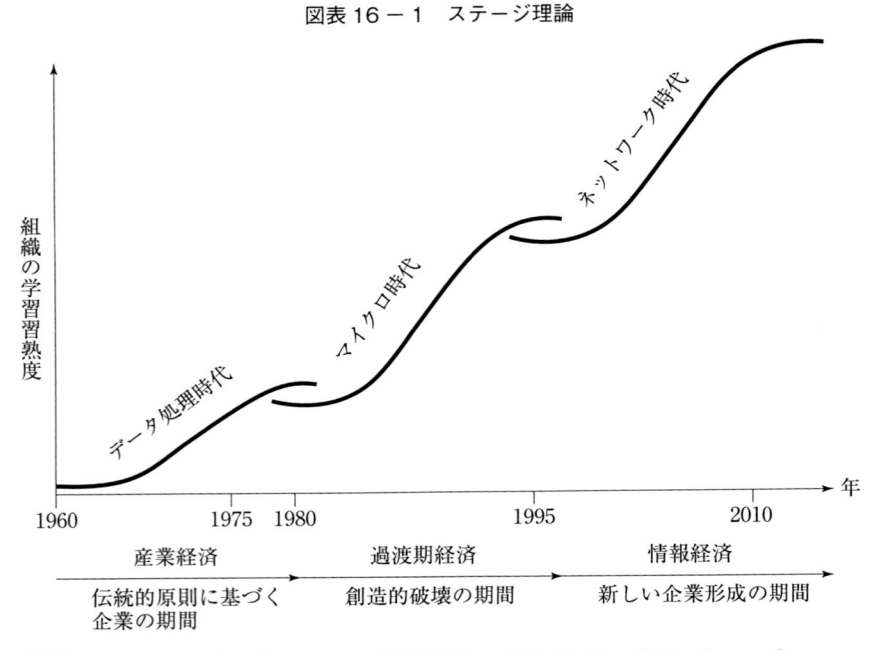

図表 16 − 1　ステージ理論

縦軸：組織の学習習熟度
横軸：年

データ処理時代　マイクロ時代　ネットワーク時代

1960　1975　1980　　1995　　2010

産業経済　　　　過渡期経済　　　情報経済
伝統的原則に基づく　創造的破壊の期間　新しい企業形成の期間
企業の期間

出所：S.P. Bradley, J.A. Hausman and R.L. Nolan, *Globalization, Technology, and Competition*, Harvard Business School Press, 1993, p.9.

のであった。つまり，形態も中央集中方式から，個々の中間層の業務を支援するものへと変容していったのであった。

　ノランは，この時代を「創造的破壊の期間」，つまり，「過渡期経済」とし，コンピュータをマイクロコンピュータと紹介している。ちなみにマイクロコンピュータとは大型化から小型化へとダウンサイジングされたデスクトップのコンピュータのことを示している。

　このマイクロコンピュータの普及により，表計算，ワープロ，設計に用いるCADなどプログラマーを必要としないソフトを活用することができ，中間管理職の生産性をより向上させることになった。また，従来のメインフレームコンピュータはそのプログラムの構築やプログラム集積に高額を要したが，このマイクロコンピュータの出現により，どの企業でもより安価にコンピュータを

持つことができ，企業のコンピュータ活用の可能性を広げることになった。

実際，データ処理時代のコンピュータは，業務に対し適応の幅が狭く，企業組織がコンピュータに適合してきた経緯がある。ところが逆に，このマイクロコンピュータは，可動範囲が広く，業務支援をスピーディに行うことができた。この結果，企業はこのマイクロ時代の中で，コンピュータを積極的に導入し，LANシステムのような「オンライン」や「コンピュータネットワーク」を生み出す土壌を造っていったのであった。つまり，このマイクロ時代のネットワーク化は，データ処理時代の中央集中方式による垂直的なネットワークから，より分散化された水平的ネットワークへの移行期であり，組織の情報の共有化が図られてきた時代なのである。

しかし，このような情報の共有を目指したネットワーク化は，同時にその共有化した情報が第3者に窃取されやすいといった環境を生み出す結果となった。そのような事態を受け，経済協力開発機構（OECD）は，1992年に「情報セキュリティに関するガイドライン」[4]を策定し，情報窃取を防ぐ方策を打ち出した。

つまり，この時代から科学的管理法を貫徹し，加えて情報のリスク管理を行う情報管理になっていったのである。

3. ネットワーク時代（1990年～）

この時代は，マイクロ時代のLANのような限定されたエリアでのネットワークから，より広範囲でのネットワーク，つまり，インターネットといわれるネットワーク活用の時代である。

ノランは，この時代を「新しい企業形成の期間」である「情報経済」と呼んだ。また，インターネットをワイドバンド・ネットワークと称し，LANの限界を超えたネットワークと紹介している。実際，LANは組織内といった限られた範囲での情報の共有しか行えなかったのに対し，インターネットは，オープンシステムであり，しかも，クライアント・サーバーであったため，地理的

に離れた他の組織間との情報の共有を可能にすることができた。

　また，LAN の構築は，確かにメインフレームよりも安価であったが，しかし，インターネットは LAN よりもさらに安価で技術的にも扱いやすいものであった。そのためシステムの修正が容易にできるようになった。

　その意味で，インターネットは企業経営の効率的な管理を可能とし，かつ経営戦略にも有効なツールであるとされた。実際，アメリカでは，インターネットが経済を活性化させるものと考えられ，1991 年「スーパーハイウェイ構想」が強力に打ち出された。わが国もそれを受け，インターネットの普及に全力を上げていくのである。

　この時代の特徴は，オープンシステムであったため，社内・外にネットワークの構築が容易にできるようになった。また，企業においては垂直的情報伝達および水平的情報伝達が可能になり，組織構造をより強固にすることができた。さらに，他の企業間との関係もスピード感を持って行うことができ，新たな企業の関係性の中から，新たなビジネスが創造された。

　この時代の高度化した情報ツールは，インターネットによりあらゆる情報を外部に送信することを可能にした。同時に，外部のあらゆる情報を受信することをも可能にした。

　しかし，このように「いつでも・どこでも・誰とでも」アクセスできるインターネットのメリットは，マイクロ時代に発生した問題よりもさらに企業にとって深刻な問題を生じさせることになるのである。

　たとえば，不正アクセスや情報の盗聴，さらに情報の破壊などの問題のような企業に多大な損害を与える事件が多発していること。また，従来では考えつかないような虚偽情報に惑わされ，ステークホルダーに対しても損害を生じさせてしまう事件が頻繁に発生していることがあげられる。

　次節では，以上のような時代的変遷を辿って変化していった情報管理を整理し，実態を明らかにする。

第3節　わが国の情報管理

　前節において，情報管理がコンピュータといった情報技術の進展によって変容してきたことを学んだ。それは，情報管理が科学的管理を基軸とした情報活用に加え，情報セキュリティといった危機管理にも目を向けなければならなくなったことを意味する。

　確かに，1960年代当時も情報窃取は企業において大きな問題になったはずである。しかしながら前述のように，当時は，現在のような広範囲なエンドユーザーではなく，専門的な知識を持つ者だけが，コンピュータによって生み出された情報を入手することができた。したがって，企業が情報窃取を防ぐための投資を積極的に行うことはなかった。というのも，1980年代後半までは，企業においてはコンピュータを根付かせ経営強化のツールにすることが第一前提であったからである[5]。

　しかし，1990年代から，インターネットの活用によりネットワーク網が広域化する中で，インターネットの持つメリットが，実は，反社会的な集団にとっても有効な手段となり，不正アクセスから生じる情報窃取やテロなどさまざまな問題を生じさせた。さらに，このような問題から，企業におけるセキュリティの脆弱性を露呈させることになってしまった。

　このような結果を受け，経済協力開発機構（OECD）は，1992年，「情報システムのセキュリティのためのガイドライン」を策定した。わが国もこの経済協力開発機構のガイドラインを受け，効率的・総合的に情報システムを運用し，事務の生産性を向上させてきた情報管理の考え方に，情報窃取をはじめ，ウイルスや不正アクセス等に対応するリスク管理を加えていくのである。以下にこれら2つの流れを確認する。

1. 情報を効率的・総合的に運用する情報管理

　1960年代,わが国の産業界は商用のコンピュータを導入し,第二次世界大戦の敗戦から経済を復興させ,国際競争力の向上を目指した。当時の経営者らはこのコンピュータの能力を過信し,社内業務の効率化,合理化はもとより,意思決定まで行うツールと信じていた。そしてこの万能なコンピュータが生み出す情報システムを経営情報システム (MIS：Management Information System) と呼んだ。そしてわが国の産業界は,MISをわが国に導入するため,1967年,「訪米MIS使節団」を組織し,アメリカのコンピュータを駆使する企業,銀行,研究所,各省を視察した。

　報告書には,業務の効率化・合理化だけでなく意思決定の質的向上にコンピュータが有効に機能することが明記されており,したがって,多くの経営者らは,このようなコンピュータの活用により,情報革命がわが国でも起こるのではないかと期待した。

　そこで,多くの企業はこの情報化の推進のために,まず経営管理,特に科学的管理法の徹底を図り,その上で,情報化の維持発展が可能になると考えた。具体的には,「作業の標準化や時間研究の徹底」,「事務の標準化」の必要性を訴えた。これは,まさに情報化を推進するための環境整備であり,その意味で,わが国初の情報管理は,このような経営管理の強化の一環として始まったのである[6]。

　その後,このMISでは常に高質な意思決定を生み出すことは不可能であることが判明したため,MIS構想は失敗に終わった。しかし,企業はコンピュータが業務の効率化・合理化に有効であることに着目し,企業の経営強化のツールとしてコンピュータは生き残っていくのである。

　実際,企業においては,それぞれの時代に最新のコンピュータを導入し,マーケティング,販売,物流,生産,会計等の各分野で活用され各分野の業務の効率化・合理化を実現してきた。

現在，企業で最も進んでいる情報システムは「財務会計システム」と「人事・給与システム」であり，この２つのシステムがどの企業においてもほぼ80％以上導入されていることから，これらのシステムは企業活動にとって必須の情報システムであるといえよう。

続いて，「販売管理システム」，「グループウェア，社内情報ポータル」が企業のほぼ半数以上に導入されており，これらのシステムが企業活動においても優先度の高いシステムであると考えられる。

その他,「在庫管理システム」「購買・調達システム」「顧客情報システム」「生産管理システム」「文書管理システム」「営業支援システム」「物流管理システム」「経営管理システム」などがある[7]。

また，企業間取引を効率的に行うためのSCM（Supply Chain Management）システムも企業にとって生産性を向上させる重要なシステムの１つである。このシステムは取引先との受発注，資材の調達から在庫管理，製品の配達までのモノ，情報の流れをITを活用することにより総合的に管理するシステムで，余分な在庫などを削減し，コストを引き下げて，全体の最適化を行うための経営手段となっている。

しかし，このように生産性の向上が図られる情報システムが導入されても，それが成果として数値に表れることは難しい状態にある。実際，「財務会計システム」や「人事・給与システム」などと違い，他のシステムはケースにもよるが，生産性に結びつき，数値的に成果を表す性格のものではないのである[8]。

さらに，これまで構築されてきたシステムが，その部門や全社的に適合しているか否かという問題がある。たとえば，「ハードウェアの障害」，「ネットワークの障害」，「テストにおけるミスやテスト不足」，「操作ミス等運用上のミス」，「要求定量・設計のミス」，「性能・容量等の不足」などがシステムの不具合の原因としてあげられよう[9]。またSCMにおいても，これまでこのシステムが目指した生産性の向上を実現することは厳しい状態であった。

これらの原因として考えられることは，このシステムの導入と同時に企業内

の業務プロセス改革や，SCMに至っては，企業間取引関係の見直しをしてこなかったことにある。よって以上のシステムの不具合を解消するには，この2つの問題を組織的に改革し，取り組む必要がある。

　以上，企業活動がITによる情報システムの導入によってより強化され，さらにこのシステムが正常に稼働するよう維持管理していくことこそ，企業における情報を効率的・総合的に運用する情報管理なのである。

2. リスク管理から見た情報管理

　企業が，さまざまな形で情報を作成，入手，加工，複製，配布，共有，利用することで生成された情報資産を保護することが情報セキュリティである。具体的には，情報資産とは企業の営業情報，社員情報，経理情報，顧客情報などであり，さらに「競合他者が欲しがり」「相手が価値のあるもの」といった意味が情報に加味されれば，情報資産の意味は，さらに拡大していくものと考える。

　そのような情報資産を安全に守るといった，わが国の情報管理の新たな考え方が認知され始めたのは，1990年，通商産業省（現：経済産業省）が「コンピュータウイルス対策基準」を告示し，わが国にインターネットが活用され始めた頃からであった[10]。

　また，その2年後の1992年に，経済協力開発機構（OECD）においても「情報システムのセキュリティのためのガイドライン」が策定され，情報セキュリティの必要性を世界に知らしめたことは，前述の通りである。

　このガイドラインでは，情報セキュリティの目的を，「情報システムに依存する者を，機密性（Confidentiality），完全性（Integrity），可用性（Availability）の欠如に起因する危害から保護することである」と定義し，情報セキュリティの国際標準を構築した。その意味で，コンピュータを活用する企業がこのガイドラインを理解し，情報セキュリティを強化することは必須といえよう。

　現在，この機密性，完全性，可用性は，情報セキュリティの3要素と呼ばれ，

情報セキュリティを考える上で重要な概念となっている。以下に，その3要素の意味を確認する。

①機密性：情報へのアクセスを許可された人だけが情報を使うことができるようにすること。
②完全性：情報および情報の処理方法が正確であり，完全であるようにすること。
③可用性：情報へのアクセスを許可された利用者が，必要なときはいつでも情報や情報システムにアクセスできるようにすること。

ガイドラインでは，この3つの要素の頭文字からなるCIAの意識を持つ重要性を説き，特に，その意識の下で，「責任の原則」「情報提供の原則」「倫理性の原則」「多面的考慮の原則」「比例性の原則」「統合の原則」「適時性の原則」「再評価の原則」「民主主義の原則」といった9つの原則を提示し，世界に向けて，企業における情報セキュリティとは何かを説明した。さらに，このガイドラインは，セキュリティを貫徹するために法律の確立まで示唆している[11]。

では，企業がCIAを意識した情報セキュリティを実現するにはどうすればよいのか。それにはまず，企業組織全体に情報セキュリティに取り組む姿勢が浸透しているか否かにかかっている。そのためには，組織全体が情報セキュリティの実現に推進できるよう「情報セキュリティポリシー」を確立しなければならない。

さらにその情報セキュリティポリシーが企業全体に浸透することができれば，攻撃者の的となる脆弱性（セキュリティホール）に対する最適な対策を打ち出すことができよう。

では情報セキュリティポリシーとは何であろうか。一般的には基本方針，対策基準，実施手順の3つを併せたものが情報セキュリティポリシーと考えられているが，基本方針のみを指す場合もある。この3つを併せたものを情報セキュリティポリシーというのは，基本方針や対策基準だけでは，理論的に納得で

きても，実効性の段階で全社的な理解を得ることは難しい。したがって，実施手順までも提示することで全社の支持を得ることができるのである[12]。以上，情報セキュリティを通じリスク管理の情報管理を確認した。

第4節　情報セキュリティの脅威の動向

『情報化白書2009』において，「情報セキュリティと向き合ったわが国の10年」という特集が組まれた。Y2Kといった2000年問題で多くのコンピュータ関係者が，その問題に翻弄された内容から始まり，現在に至るまでのITといった情報化に関わる諸問題を取り上げていた[13]。

　折しも，この白書が発売された同年，ガンブラーウイルスといった今まで存在しなかった新型ウイルスが猛威をふるった。ただWebサイトを閲覧しただけで，ウイルスに感染してしまうというものであった。しかも，このWebサイトは，ウイルスに対しセキュリティ体制を万全にしているはずの大企業のものである。攻撃者は，まさに閲覧者らが信頼を寄せている大企業のWebサイトを書き換え，多くの閲覧者らをウイルスに感染させてしまったのである。『情報セキュリティ白書2010』では，「ガンブラーウイルス」と「内部犯罪による情報窃盗事件」の大企業に起こった2つの事例に焦点をあて，2009年，企業に起こった脅威を1位から10位にまとめ，10大脅威としている。以下にその内容を紹介し，リスク管理から見た情報管理の現状を確認する。

1. ガンブラーウイルスについて

　ガンブラーウイルスでは，次のような3つの脅威とそれぞれのリスクがあげられる。

①　自社のWebサイトが改ざんされる脅威
自社のWebサイトが，ウイルスを領布するサイトへ改ざんされる脅威の結

果，自社のサイトに訪れた利用者に対して攻撃者になってしまう。結果として，セキュリティ対策が不十分な組織であるとみられてしまう。

② 利用者の情報が窃取される脅威

改ざんされたWebサイトを閲覧した利用者がウイルスに感染した場合，その利用者の個人情報等が盗まれてしまう脅威がある。その結果，組織の信頼が低下する。

③ 自社内のネットワークを攻撃される脅威

自社内のネットワークを攻撃される脅威がある。その結果，攻撃者による自社内の重要な情報の窃取や，ネットワークや重要なシステムを利用停止に陥らせるといった攻撃をされるリスクが考えられる。

このようにガンブラーウイルスに感染してしまった場合，企業は，事業継続の観点から事前・事後対策を行う必要がある。

① 事前対策

ガンブラーウイルスのような今まで経験したことがないウイルスに感染した場合，企業はルールと体制を整備しなければならない。というのも，ガンブラーでは，自社内だけでなく，ウェブサイトの運営委託先までも含めてIDやパスワードが窃取されてしまったことが大きな原因であるからである。したがって，委託先等の関係組織に対するセキュリティ対策も考慮すべきであると考えられる。つまり，この事前対策とは，自社をはじめ，すべての関係組織に，できうる限りの対策を講ずることを意味する。

② 事後対応

「事業継続計画（BCP）策定ガイドライン」等を参考に考える必要がある。たとえば事後対応は，次の順序で行う。まず，担当者による情報の一元化を図り，

情報の管理を徹底する。次に外部の専門調査機関を利用するなどし，漏えいした項目，量等を分析する。また，顧客，潜在顧客，株主，関係省等の関係者と情報を共有し，連携する。最後に継続的な情報開示によって，対策の進捗状況を明らかにし，再発防止を目指す。

2. 内部犯罪による情報窃取事件

　企業における内部者による情報窃取の脅威は，外部からの攻撃による情報窃取の脅威に比べて重要な情報を窃取される可能性が高い。実際，そのような犯人が重要な情報にアクセスする権限を持っていた場合，情報を容易に盗むことは可能である。このように内部者は，故意に情報を盗んでいるため，その情報が悪用される可能性が非常に高い。

　顧客情報や機密情報等が窃取されてしまい，悪用されると，組織の信頼失墜だけでなく，競争力が低下する等のリスクが考えられる。このリスクによって，企業は甚大な損失を被ることになる。

　① 事前対策
　まず，事前対策として，重要な情報が保存されているシステムがある部屋へのアクセスを制限する等の「物理的な側面」と，社員のPCアクセスを制限する「システム的な側面」の双方でのアクセス制御を行うことである。また，重要な情報へアクセスして作業をする際は，二重チェックする等のルールを適用することも有効になる。

　② 事後対応
　事業継続における影響を最小限に留めることを前提に行動する。事後対応は，ガンブラーと同様の対策が必要である。内部犯罪のように重要な情報を盗まれてしまうような事態では，特に顧客や提携企業，警察等の関係者に対するリスクコミュニケーションが重要である。継続的な情報開示によって，対策の

第 16 章　現代企業における情報管理　265

進捗状況を明らかにしていく[14]。

3. 企業における 10 大脅威

　ここでは，2009 年，上述の 2 つの事例に関わる脅威を，1 位から 10 位にまとめ説明する[15]。

・1 位：変化を続ける Web サイト改ざんの手口
　　ガンブラーウイルスでは，改ざんされた Web サイトからウイルスを拡散させてしまうなど，その手口は多様化を極め，企業にとって重大な脅威となった。

・2 位：アップデートしていないクライアントソフト
　　攻撃者の格好の的にならないようクライアントソフトをアップデートし，そのソフトが持つ脆弱性を修正し，セキュリティの強化を図る。

・3 位：悪質なウイルスやボットの多目的化
　　攻撃者の手足となるボット（bot）は，金銭の窃取，情報の窃取，特定の箇所への攻撃，迷惑行為など，攻撃者のさまざまな目的に利用されている。

・4 位：対策をしていないサーバ製品の脆弱性
　　管理者がサーバ製品をアップデートさせてこなかったため，攻撃者に脆弱な部分を攻撃され，不特定多数の利用者に被害が及んでしまう。

・5 位：あわせて事後対応を！　情報漏えい事故
　　情報漏えいの原因は，人間の問題であるため，事前対応だけでなく，内部者の意識を高めるなど，事後の対応も必要である。

・6位：被害に気づけない標的型攻撃
　　攻撃者は経営者層の気づかないうちに機密情報を窃取するなど，経営者層は攻撃者の格好の標的である．このため，対策としてアップデートが考えられる．

・7位：深刻なDDoS攻撃
　　DDoS攻撃は，サーバーやルーターの脆弱性をつく攻撃と，サーバーやネットワーク回線の持つ限界を超えた大量のリクエストを送付する攻撃があげられる．

・8位：正規のアカウントを悪用される脅威
　　ユーザーIDやパスワードであるアカウント情報は，Webサイトの改ざん，オンラインバンキングやネットショッピングなどの不正取引，SNSでの詐欺行為などで悪用されてきた．

・9位：クラウドコンピューティングのセキュリティ問題
　　クラウドコンピューティングは，情報の共有に対して即座に対応できるモデルである．しかしクラウド環境に対し，さまざまな攻撃を受けている．

・10位：インターネットインフラを支えるプロトコルの脆弱性
　　攻撃者は，インターネットのインフラを支えるプロトコルの脆弱性を狙い，DoS攻撃を行うなどし，通信機能を麻痺させたり，さらに通信暗号を解読する．

　これらのことから次のことが明らかになった．
　まず，情報セキュリティというものはコンピュータによるセキュリティシステムをいくら強固にし，完璧を求めても，そこに関わる人間が不正を犯せば，その情報セキュリティはいとも簡単に破られてしまう．つまり，人間の問題と

いう課題を解決しなければ，情報セキュリティの問題を乗り越えることは難しい。

では，なぜこのように人間の問題が出てくるのであろうか。ビエガ (Viega, J.) は，このような問題を生み出すのは経済格差が原因であると述べている[16]。だからこそ，われわれは，情報管理を強化するため，その環境を整え，それに関わる人材の教育をする必要がある。さらにITを活用し，経済格差を無くす努力をすべきなのである。その結果，少なからずもこのような問題を減らすことができるのではないかと考えるのである。

第5節　これからの情報管理

　これまで情報システムの進展とそれに伴う情報管理の変遷を確認してきたが，今日の情報管理は企業が情報を効率的・総合的に運用するといった機能だけではなく，リスク管理といった情報セキュリティの面にも重点が置かれるようになった。改めて情報システムと情報管理を整理すると，データ処理時代の情報システムはメインフレームといった中央集中方式がとられ，リスク管理が容易にできる環境にあった。さらにメインフレームが垂直型であったために統制がとりやすかった。しかも当時の情報ツールは専門知識を有しなければコンピュータを操作することができず，そのため犯罪も少なかった。

　しかし，マイクロ時代，ネットワーク時代と中央集中方式から分散化へとコンピュータシステムが移行し，メインフレームからクライアント・サーバーといったオープンシステムになった時，情報システムも垂直型から水平型へと移った。このことはエンドユーザーの人口を一気に増やし，さらに，それほど専門性が高くなくとも攻撃者になることを可能にしてしまう。そのため，コンピュータによる犯罪が多発していく。つまり，このオープンシステムで，しかも情報ツールの高度化が，実は犯罪者を生み出す温床にもなっているのだ。

　これは情報セキュリティを強化したにもかかわらず，さらに強力なコンピュータ犯罪を生み出していることからも明らかであろう。

このような中で，クラウドコンピューティングというシステムが登場した。

クラウドコンピューティングの「クラウド（Cloud）」とは雲の意味であるが，一般的にインターネットを図で表す際，雲のような絵を使うため，このクラウドはインターネットを意味している。

すなわちこのクラウドコンピューティングとは，インターネットそのものがコンピュータの持つサーバーのCPUであったり，アプリケーションを稼働させるプラットフォームであったり，さらにはアプリケーションソフトウェアそのものになることを意味する。

つまり，Webサイトさえあれば，これらのリソースにアクセスすることができるということである。したがって，コンピュータの能力は高性能である必要がない。携帯電話やスマートフォン，さらにゲーム端末であっても，インターネットにさえ接続できればさまざまなリソースが活用できるのである[17]。

こういったことが可能なのは，オープンメインフレームといったハードとソフトが統合されているシステムを活用しているからである。しかも，同一のメーカーやそれらのグループがすべてリソースを提供するので，組合せの手間が不要である。さらに業界の標準的な技術にも準拠するクライアント・サーバーの持つオープンシステムの特徴も兼ね備えているので，日本企業においても導入し始めた企業が徐々に出てきている[18]。

以上より，このクラウドコンピューティングは，オープンメインフレームとクライアント・サーバーの持つオープンシステムの特徴を兼ね備えているので，情報の効率的で総合的な運用の面で有効に機能すると考えられる。つまり，このクラウドコンピューティングは企業利益を生み出す情報の管理においては有効であった。

では，情報セキュリティといったリスク管理の面ではどうであろうか。

クラウドコンピューティングは種類の違いを問わず，コードがサーバー側に存在するので，攻撃者などがそのコードを入手することはきわめて困難である。また仮にコードが入力できなくてもサーバー攻撃は不可能ではないが，このシステムに関して言えば，安全は確保できる。つまり，このクラウドコンピ

ューティングは，情報セキュリティの面でも有効に機能するのである[19]。

　しかし，その一方で，第3節で述べたように，クラウドコンピューティングへの攻撃は，そこに脆弱性が存在する限り，止まることはない[20]。たとえば，ガンブラーウイルスのようにサーバーに存在するコードが盗まれてしまえば，クラウドコンピューティングといえども，セキュリティを確保することは難しい。

　したがって，企業の存続を願うならば，いかような体制であったとしても情報セキュリティを緩めることはできない。つまり情報管理は，そこに情報システムがある限り，情報システムそのものとそこに関わる環境をつねに意識し，強化していくものなのである。

第6節　結　び

　クラウドコンピューティングの出現はわれわれにとって朗報であったが，情報セキュリティのほころびである脆弱性は攻撃者に必ず見つけ出されるであろう。

　ではわれわれは何をすべきなのか。このような問題が発生してしまうさまざまな要因の前提，つまり，企業における人間の問題を解決しなければ，情報管理は行き詰まっていくであろう。

　実際，企業の不祥事が後を絶たない中で，情報管理の問題も企業不祥事によるところが大きい。したがって，情報管理の問題を解決する前提として，まず，企業の持つ根幹の問題の解決を行うべきなのである。

【注】
（1）独立行政法人情報処理推進機構『情報セキュリティ白書2010』，2010年，13ページ。
（2）1999年第二版の大辞林から，情報管理とは，「情報を有効に利用するために，効率的・総合的に運用する」ことと「情報が故意または事故などによって漏えいしないように管理する」といった2つの面の意味を持つと定義している。しかし，1988年

の初版の大辞林では，まだ情報漏えいについて触れていなかった。つまり1990年代にインターネットが登場してから，情報漏えいの問題が発生してきたのである。

（3）S.P. Bradley, J.A. Hausman and R.L. Nolan, *Globalization, Technology, and Competition*, Harvard Business School Press, 1993, pp.8-13.

（4）情報処理振興事業協会セキュリティセンター『平成13年OECD情報セキュリティガイドラインに関する調査』，2001年，60〜85ページ。

　このガイドラインは，目的，適応範囲，定義，セキュリティの目的，原則，実施の6章から構成されている。その目的は，リスク対応の必要性を認識させ，対策に関する一般的な枠組みを提供し，対策においては官民が協力を推進し，情報システムの信頼性を高め，情報システムの国際的な利用を促進，情報セキュリティを達成するために国際的協力を推進するというものであり，このガイドラインが，セキュリティの国際基準となっている。

（5）独立行政法人情報処理推進機構『過去の情報政策と情報産業に関する調査・分析について調査報告』，2004年，9ページ。

　現在，情報処理推進機構は，情報セキュリティ対策の中軸を担っているが，1970年に設立当時は，国産のソフトウエア開発を推進するため，各企業の開発費の債務保証を行う場であった。

（6）公益財団法人日本生産本部『アメリカのMIS・訪米使節団報告書』，1968年，6ページ。

（7）財団法人日本情報処理開発協会編『情報化白書2009』，2009年，76〜77ページ。

（8）上掲書，72〜75ページ。

（9）経済産業省『平成21年情報処理実態調査報告書』，2010年，31〜32ページ。

（10）独立行政法人情報処理推進機構『情報セキュリティ教本』実教出版，2010年，情報セキュリティ関連年表より。

　1986年，ドイツ人の攻撃者が筑波の高エネルギー研究所に侵入した時が，わが国初の情報セキュリティに関する事件であった。また，この通商産業省（現：経済産業省）の「コンピュータウイルス対策基準」は，コンピュータウイルスに対する予防，発見，駆除，復旧等について実効性の高い対策をとりまとめたものである。

（11）『平成13年OECD情報セキュリティガイドラインに関する調査』，62〜85ページ。

（12）『情報セキュリティ教本』，30〜35ページ。

（13）『情報化白書2009』，3〜14ページ。

（14）『情報セキュリティ白書2010』，142〜145ページ。

（15）上掲書，146〜165ページ。

（16）J. Viega, *The Myths of Security*, O'REILLY, 2009（夏目　大訳『セキュリティの神話』オライリージャパン，2010年，28〜29ページ）。

（17）『情報セキュリティ白書2010』，52〜53ページ。

(18)「クラウド時代の 10 年へ進化の第一歩」『日経コンピュータ 10 月 27 日号』日経 BP，2010 年，28 ～ 31 ページ．
(19) Viega, *op. cit.*（同訳書，239 ～ 244 ページ）．
(20)『情報セキュリティ白書 2010』，162 ～ 163 ページ．

◆参考文献◆

Bradley, S.P., Hausman, J.A. and Nolan, R.L., *Globalization, Technology, and Competition*, Harvard Business School Press, 1993.

Viega, J., *The Myths of Security*, O'REILLY, 2009（夏目　大訳『セキュリティの神話』オライリージャパン，2010 年）．

経済産業省『平成 21 年情報処理実態調査報告書』，2010 年。

公益財団法人日本生産本部『アメリカの MIS・訪米使節団報告書』，1968 年。

財団法人日本情報処理開発協会編『情報化白書 2009』，2009 年。

情報処理振興事業協会セキュリティセンター『平成 13 年 OECD 情報セキュリティガイドラインに関する調査』，2001 年。

独立行政法人情報処理推進機構『過去の情報政策と情報産業に関する調査・分析について調査報告』，2004 年。

独立行政法人情報処理推進機構『情報セキュリティ教本』実教出版，2010 年。

独立行政法人情報処理推進機構『情報セキュリティ白書 2010』，2010 年。

『日経コンピュータ 10 月 27 日号』日経 BP，2010 年。

《著者紹介》（執筆順）

浦野倫平（うらの・のりひら）　担当：第1章，第4章
　九州産業大学経営学部教授

矢口義教（やぐち・よしのり）　担当：第5章，第12章
　東北学院大学経営学部講師

山口厚江（やまぐち・あつえ）　担当：第7章
　日本大学商学部，作新学院大学経営学部非常勤講師

犬塚正智（いぬづか・まさとも）　担当：第8章，第9章
　創価大学経営学部教授

金　在淑（きむ・ちぇすく）　担当：第13章，第14章
　日本大学経済学部助手

石井泰幸（いしい・やすゆき）　担当：第16章
　千葉商科大学サービス創造学部教授

《編著者紹介》

佐久間信夫（さくま・のぶお）　担当：第2章，第3章，第6章，
　　　　　　　　　　　　　　　　　　第10章，第11章，第15章
明治大学大学院商学研究科博士課程修了
現職　創価大学経営学部教授　博士（経済学）
専攻　経営学，企業論

主要著書

『企業集団研究の方法』（共編著）文眞堂，1996年，『現代経営学』（編著）学文社，1998年，『現代経営用語の基礎知識』（編集代表）学文社，2001年，『企業支配と企業統治』白桃書房，2003年，『企業統治構造の国際比較』（編著）ミネルヴァ書房，2003年，『経営戦略論』（編著）創成社，2004年，『増補版　現代経営用語の基礎知識』（編集代表）学文社，2005年，『アジアのコーポレート・ガバナンス』（編著）学文社，2005年，『CSRとコーポレート・ガバナンスがわかる事典』（共編著）創成社，2007年，『コーポレート・ガバナンスの国際比較』（編著）税務経理協会，2007年，『コーポレート・ガバナンスと企業倫理の国際比較』（共編著）ミネルヴァ書房，2010年など。

（検印省略）

2011年2月20日　初版発行
2012年3月20日　二刷発行　　　　　　　　　略称―経営概論

経営学概論

編著者　佐久間信夫
発行者　塚田尚寛

発行所　東京都文京区　　株式会社　創成社
　　　　春日2-13-1
　　　　電　話　03（3868）3867　　FAX　03（5802）6802
　　　　出版部　03（3868）3857　　FAX　03（5802）6801
　　　　http://www.books-sosei.com　　振　替　00150-9-191261

定価はカバーに表示してあります。

©2011 Nobuo Sakuma　　　組版：ワードトップ　印刷：S・Dプリント
ISBN978-4-7944-2358-0　C3034　製本：カナメブックス
Printed in Japan　　　　　落丁・乱丁本はお取り替えいたします。

――――― 経営・マーケティング ―――――

経営学概論	佐久間信夫	編著	2,700円
現代経営管理要論	佐久間信夫／犬塚正智	編著	2,600円
現代経営学要論	佐久間信夫／三浦庸男	編著	2,700円
経営戦略論	佐久間信夫／芦澤成光	編著	2,400円
CSRとコーポレート・ガバナンスがわかる事典	佐久間信夫／水尾順一／水谷内徹也	編著	2,200円
企業経営の情報論 ―知識経営への展開―	白石弘幸	著	2,400円
経営戦略の探究 ―ポジション・資源・能力の統合理論―	白石弘幸	著	2,700円
環境経営戦略の潮流	高垣行男	著	2,600円
経営戦略の理論と実践	高垣行男	著	2,300円
現代組織の構造と戦略 ―社会的関係アプローチと団体群組織―	磯山優	著	2,500円
ITマーケティング戦略 ―消費者との関係性構築を目指して―	大﨑孝徳	著	2,400円
現代マーケティング論	松江宏	編著	2,900円
マーケティングと流通	松江宏	著	1,800円
現代消費者行動論	松江宏	編著	2,200円
近代経営の基礎 ―企業経済学序説―	三浦隆之	著	4,200円
すらすら読めて奥までわかるコーポレート・ファイナンス	内田交謹	著	2,600円
経営財務論	小山明宏	著	3,000円
昇進の研究	山本寛	著	3,200円
共生マーケティング戦略論	清水公一	著	4,150円
広告の理論と戦略	清水公一	著	3,800円

(本体価格)

――――― 創成社 ―――――